영국의
지역정책

영국의 지역정책

저　　자 | 최영출
발 행 처 | 도서출판 개신 (충북대학교 출판부)
발 행 인 | 임동철
주　　소 | (361-763) 충북 청주시 흥덕구 성봉로 410
전　　화 | (043) 261-2952, 3014
팩　　스 | (043) 274-1256
이 메 일 | presscbu@chungbuk.ac.kr
등　　록 | 1983-2001-7호
초판 1쇄 | 2009.8.30
디자인·인쇄 | (주)윤일문화 02)498-6161

ISBN 978-89-7295-160-5 93330

값 23,000원

* 이 저서는 2006학년도 충북대학교 학술연구지원사업에 의하여 발행되었음.
(This work was supported by the research grant of the Chungbuk National University in 2006)

영국의 지역정책

도서출판 개신

머리말

선진국으로서의 영국은 우리나라와 면적이나 인구면에서 근접한 나라이고 동시에 연방제가 아니라 단방제를 가지고 있는 나라이다. 광역자치단체나 기초자치단체의 규모면에서도 영국은 우리나라와 상대적으로 볼 때, 대단히 근접하다. 아울러 런던권의 집중화를 방지하기 위해서 다양한 지역균형발전정책, 특히 정부기관의 지방이전이라는 특단의 정책들을 지속적으로 추진해 오고 있는 점에서도 우리나라에 대하여 많은 정책적 시사점을 주는 나라이다. 이러한 영국에 대하여 지역정책의 관점에서 우리나라에서도 많은 연구를 진행해 왔으나, 미세한 정책적인 부분에 대해서는 충분한 연구가 수행되지 못한 것이 사실이다. 본 서는 바로 이 같은 문제인식하에서, 현재 우리나라가 당면하고 있는 지역정책의 과제들을 직시하면서, 영국적 경험으로부터 시사점을 얻는다는 목적에서 연구되었다. 비록 문화와 여건이 다르기 때문에 영국의 정책경험을 그대로 한국에 이식 시키는 데에는 한계가 있겠지만, 준거의 틀로서 활용하는 데에는 충분한 의의가 있을 것이라고 생각한다.

이 책을 집필하는 과정에서 준비된 원고들을 학회나 학보에 게재하는 과정을 통하여 건설적 코멘트를 최대한 반영해 보고자 하였다. 그러나 시간적 제약과 본 연구자의 능력의 한계로 충분히 반영하지 못한 점이 있다고 생각한다. 이러한 점은 향후의 연구과제로 남겨 두고자 한다. 이 책을 집필하는데 있어서 지원을 해 주신 충북대학교 임동철 총장님과 출판부장을 맡고 계신 홍성후 교수님께 진심으로 감사말씀을 올리고자 한다.

2009년 8월

저자 씀

ENGLAND

목차

머리말

제1부 영국 지역정책의 기초 8

제1장 영국의 행정문화 11

제2장 영국의 중앙 · 지방의 기능분담 19

제3장 영국 지방정부의 조직구조 51

제4장 영국의 지역경쟁력 강화와 자치계층구조변화 64

제2부 유럽과 영국의 지역정책 거버넌스 108

제1장 OECD 주요국의 지역거버넌스 111

제2장 영국의 지역거버넌스:스코틀랜드사례 126

제3부 영국의 주요 지역정책 내용 158

제1장 영국의 지역균형발전정책 161

제2장 영국의 지역갈등과 조정방안 189

제4부 영국의 지역혁신체제 224

제1장 영국의 지역혁신정책 거버넌스 227
케임브리지 테크노폴을 중심으로

제2장 한국, 영국 및 아일랜드의 지역혁신체제의 293
네트워크 작동과정

색인 325

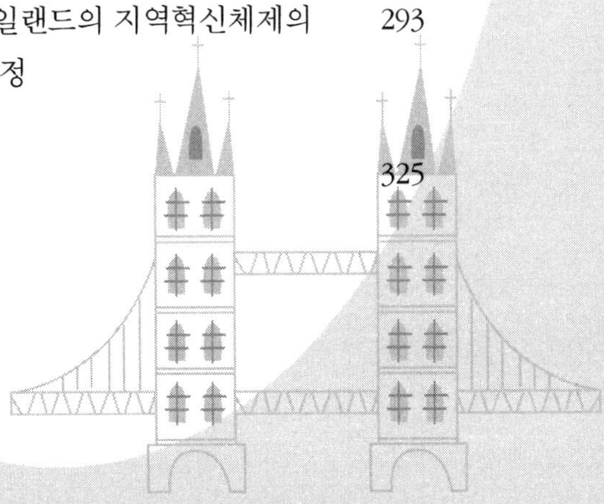

Regional Policy in the UK

제1부

영국 지역정책의 기초

제1부 영국 지역정책의 기초

제1장 영국의 행정문화

제1절 행정문화의 의의

행정문화에 대한 몇몇 학자들의 정의부터 살펴보기로 한다. Schachter(2002: 89)는 행정문화(administrative culture)를 '이야기, 신화, 전설, 슬로건, 일화 및 우화와 같은 상징적 수단들에 의하여 전달되는 지배적이고 일관성이 있는 공유된 가치체제'를 핵심요소로 들면서 주어진 조직의 문화는 법률적, 사회적 및 경제적 프레임워크에 의존한다고 하고 있다. 동시에 하나의 정치체제 내에 있는 서로 다른 조직들의 문화는 그들의 역사, 임무, 제공하는 서비스, 직원들의 퍼스낼리티 등에 따라 달라질 수 있다고 한다. 하나의 조직내에 있는 서로 다른 부서들도 근본적으로 서로 다른 문화들을 가질 수 있다. 따라서 문화(culture)가 아니라 문화들(cultures)이란 말이 보다 필요함을 지적하고 있다. 문화의 다양성 강조에서 더 나아가 Schachter는 문화의 동적인 성격을 강조한다. 문화는 동적인 성격(dynamic property)을 가지고 있어서 심지어 한 조직내에서 직원들에게 공유된 가치들도 불가피하게 시간이 지나면서 변한다는 것이다.

Sharma는 행정문화(administrative culture)란 행정가들(administrators)의 문화, 보다 구체적으로 말한다면, 그들의 활동이 행정적 환경에 국한되어 있는 참여자(공무원)들의 문화로 정의한다. 가령, 행정공무원이 행정대상 또는 사회내의 일반사람들에 대해서 어떻게 행동하는지가 행정문화의 일부가 된다(Sharma, 2002: 67)고 한다. Sharma는 행정문화의 차이를 가져올 수 있는 변수들로서 합리성(rationality), 자율성(autonomy), 진실성(integrity), 투명성(transpancy), 공정성(impartiality) 또는 중립성(neutrality), 비개인성(impersonality), 법 적용에 있어서 엄격성(rigidity), 번문욕례주의(red-tapism) 및 비융통성(inflexibility), 경직성(immobility)을 제시하고 이러한 변수들은 행정공무원들의 행동패턴에 큰 영향을 미치고 있다고 한다. 동시에 이러한 변수들은 행정공무원들의 문화를 평가하기 위한 평가지표로서 활용될 수 있음을 제시하고 있다.[1)]

영국에 있어서 가장 유명했던 전통적인 행정학 교과서중의 하나인 Public Administration in Britain(Greenwoon & Wilson, 1982: 3-4)는 공공행정가들의 의사결정이나 조직변화에 있어서는 환경적 요소들이 영향을 미치며, 환경적 요소들중 지배적인 사회적. 정치적 문화는 행정행위나 조직변화가 일어나도록 하는 프레임워크를 제공한다고 하고 있다. 이들은 더 나아가 영국에 있어서 정부조직들에게 영향을 미치는 세가지 중요한 문화적 제약요건들은 공공책임성(public accountability), 형평성(equity) 및 전문화(specialisation)라고 주장한다. 여기서 공공책임성은 정부부처로 하여금 의회에 책임을 질 수 있는 방법으로 업무를 수행할 것을 요구한다. 형평성은 동일한 상황에서 시민들을 동등하게 처우할 것을 요구하는 것이며 전문화는 정부조직의 다기능적 특성(multi-functional)상 광범위한 기능을 수행해야 하기 때문에 공무원들의 기술과 전문적 지식에 기초하여 업무를 서로 다른 집단과 개인들에게 할당하는 것을 의미한다. 한편, Pitt & Smith(1982) 역시 정부조직에 있어서 조직생명은 정치환경에 의해 만들어진 규칙 및 압력들에 의해 영향을 받는다는 점을 강조하고 있다.

---

1) Shrma는 이들 10개 변수들 중 합리성, 자율성, 진실성, 투명성 등의 변수에 대해서는 조작화를 통한 측정이 가능할 정도로 상세히 다루고 있다(Sharma, 2002: 66-73).

공공개혁에 대한 문화적 모델들은 긴 역사를 가지고 있으나(Pettigrew, 1979) 1980년대 공공부문 변화관리에 있어서 특히 영향력이 증대되었다. 이러한 접근법들은 간단히 말하자면, 가치추진적(value-driven)인 조직들이 보다 개혁 또는 변화에 있어서 성공적인 것으로 인식되어진다는 점이다. Pettigrew et. al(1992: 21)은 영국에 있어서 1980년대의 측정지향적인(measurement-oriented) 관리스타일을 정부조직에 도입하는 것과 함께 조직문화에 대한 관심이 제기되었다고 한다. 특히 영국의 NHS(National Health Service)에서 지속적인 정부개혁의 실패에 대한 인식은 행정조직문화에 대한 보다 심층적인 의문을 야기시켰다. Metcalfe & Richards(1987)에 의하면 공공조직의 신념체계는, 정치적으로 강요된 어떠한 변화노력이 가져올 가능성을, 철저히 반대하도록 하는데 기여했다.

영국 감사위원회(Audit Commission)는 공공조직의 문화 및 가치에 대한 관리를 관리과정의 핵심에 두었다(Flynn, 1990: 148). Flynn(1990: 149)은 공공조직내의 공무원들의 가치관은 전반적으로 사회로부터 파생되는 것인 반면에 조직내의 리더쉽에 의해서도 또한 영향을 받을 수 있음을 나타내 주고 있다. 그는 공공부문에 있어서 현재의 풍토상 세가지 근본적인 의문이 있다고 제기한다. 첫 번째는 모든 공무원들이 같은 가치관을 공유하는 조직을 만드는 것이 가능한가? 두 번째는 조직내의 모든 공무원들이 같은 가치관을 공유하는 것이 반응성있는 서비스전달(responsive service delivery)을 위해서 필요한 것인가? 셋째는 근본가치가 공유되지 않는다 하더라도 공무원들이 잘 근무할 수 있는 구조를 창조함으로써 그들의 행태에 영향을 미치는 것이 가능한 일인가? 등이다.

Peters & Waterman(1982)은 성공적인 조직은 가치관이 공유되는 문화를 개발한다고 하면서 공공개혁이나 훌륭한 조직관리를 위한 처방안 중의 하나로서 '실천적인 가치 추진적 관리' (hands-on value driven management)를 포함시키고 있다. Richard Norman(1984)은 '문화와 철학' (culture and philosophy)을 공공서비스 관리에 대한 그의 접근방법에 있어서 가장 중심적인 위치에 둔 바 있다. 한편, Hill(2002: 127-9)은 정책집행과정에 있어서 집행기관의 전체적인 조직성향과 일선직원들의 행태가 집행의 성과에 중요한 영향을 미치는 것으로 보고 이러한 요인들의 중요성을 강조하고 있다. 그는 새로운 정책에 대해서 행정조직내의 경직성과 저항 때문에 많은 문제들이 야기된다고 하면서 몇가지 사례중심으로 행정문화의 중요성을 강조하고 있다.

제2절 영국 행정조직에 있어서 행정문화변화(culture change)시도

영국의 행정조직에 있어서 행정문화변화를 위한 노력들은 1979년 대처정부가 들어오면서부터 그 태동을 발견할 수 있다. 대처정부에서는 정부의 역할, 공공서비스 공급방식 등에서 하나의 전환기를 맞이하게 되었는데 가장 기본적인 가정들이 이러한 제도변혁의 중심에 있었다. 기본가정들은 정부조직은 무반응적인 관료제이며, 너무 비대하고, 민간기업 경영방식이 공공행정운영방식보다 우수하며 따라서 공공부문의 문화는 기업적인 문화(entrepreneurial culture)로 변화되어야 한다는 것이었다. (Driscoll and Morris, 2001, 804). 이러한 공공조직의 문화변화를 가져오는 방식은 신공공관리(new public management)에서 나타나고 있다. 기업가적 정부(entrepreneurial government) 또는 신공공관리를 수단으로 행정문화를 변화시키기 위한 광범위한 조치들이 취해져 왔다고 할 수 있다. 이른바 문화변화관리 프로그램(culture change management programmes)들이 영국의 행정조직속에 도입되었는데 5가지 프로그램들이 가장 두드러진다고 할 수 있다(Discoll and Morris, 2001: 807-9). 간단히 다섯가지 프로그램들을 살펴 본다. 먼저, Raner 정밀성 진단(Raner Scrunities)인데 이는 소규모 팀을 통하여 능률성을 향상시키는데 목적을 두고 있다. 두 번째는 재정관리제도(Financial Management Initiative)인데 이는 재무행정권한을 분권화시키는데 목적을 두고 있다. 셋째는 넥스트 스텝(Next Steps)제도인데 이는 중앙행정기관의 기능을 책임운영기관화 하는 것이며 넷째는 시민헌장(Citizen' s Charter)으로서 고객과 산출지향 적인 행정을 목표로 한 것이다. 다섯째는 품질을 위한 경쟁(Comepeing for Quality, Market Testing)인데 일정 행정기관 부서들이 서비스 제공에 있어서 민간기관과 경쟁입찰을 하도록 한 것이었다. 이러한 제도적 노력 들은 효율성, 고객만족등을 달성할려는 목적 자체보다도 행정문화, 행정 공무원들의 가치관 변화에 본질적인 목표가 있었다고 할 수 있었으며 (Driscoll and Morris, 2001: 808) 1997년 노동당 정부가 들어선 이후에도 정책기조는 비슷하게 유지되어 오고 있다.

제3절 영국의 행정문화 유형

행정문화는 비록 가변적이고 같은 조직내에서도 부서가 서로 다르면 다른 행정문화를 가질 수 있다. 이러한 인식을 바탕으로 하더라도 영국의 경우 전통적인 행정문화는 3가지로-영속성(permanence and continuity), 중립성(impartiality), 익명성(anonymity)- 요약할 수 있다(Pilkington, 1999: 44-8).

◆ 영속성

영국의 정부는 총선거이후 정치적 색채를 바꿀 수 있으며 정부의 장관들은 수상의 의지에 따라 새로 충원되기도 하고 개편되기도 한다. 그러나 장관밑에서 일하는 공무원들은 마치 아무일도 일어나지 않은 것처럼 그들의 업무를 지속하며 행정의 안정성과 지속성을 유지한다. 이는 선거때마다 고급공무원들이 바뀌는 미국식 체제와는 크게 다르다. 영국의 경우 장관들은 임명될 때 해당 부처 업무에 대해 잘 알지 못하며 대신 고급공무원들은 전문행정가로서 오래 한 분야에 근무하였기 때문에 충분한 전문성과 경험을 가지고 있다. 따라서 부처 업무의 영속성이 항상 유지된다. 이러한 현상은 공무원들입장에서는 모험적인 업무태도를 갖지 못하게 하는 원인이 되기도 한다. 왜냐하면, 공무의 영속성은 현재의 상태와 이전의 정책으로부터 크게 벗어나지 않음으로써 영속성을 유지할 수 있으며 공무원들은 불안한 정책변화를 회피하는 경향을 띠기 때문이다.

◆ 중립성

행정의 영속성 문화는 공무원들로 하여금 어떤 정치적 색채를 지닌 정부가 집권하던지 간에 자신들의 정치적 견해를 드러내지 않고 어떤 집권자에게도 봉사하도록 하게 하는 중립성을 유지하도록 하게 되었다. 결국 공무원들은 정책을 결정하지 않고 정치인들에 의하여 결정된 정책을 단순히 집행하도록 하게 만들었다. 이는 공무원들이 정치적으로 중립적이고 비당파적인 성격을 띠도록 하게 만든다. 공무원들은 국가적 수준에서 어떤 정치활동을 해서는 안되며 정부여당이나 야당의 정파적 이익에 봉사하는 것으로 해석될 수 있는 어떤 행위를 하여서는 안된다. 또한 정치적으로 논쟁이 된 이슈에 대해서 공적으로 발언하거나 글을 쓰는 것이 허용되지 않는다.

◆ 익명성

전통적으로 공무원들은 정책과 관련하여 그들의 이름이 외부에 노출되지 않는데 그 이유는 다음의 두가지이다. 첫째는 특정 정책형성과 관련하여 공무원들의 이름이 외부에 노출되지 않으면 이익집단에 의하여 뇌물이나 위협에 노출될 수 없다. 익명성을 유지함으로써 공무원들은 중립성을 유지하는 것이 보다 용이함을 알고 있다. 두 번째는 공무원들의 익명성이 유지됨으로써 공무원들은 그들의 장관들에게 결정적인 조치를 취하거나 솔직한 정책자문을 할 때 두려워할 이유가 없으며 설령, 그들의 조치나 자문이 잘못되었다 하더라도 비난받을 수 없기 때문이다. 그러나 이러한 익명성유지가 절대적이라거나 보편적이라는 것은 아니다. 주로 하위공무원들, 가령 대민관련 공무원들은 명찰을 달고 일반대중들과 대면접촉을 해야하기 때문에 노출되게 된다. 그럼에도 불구하고 특히 고급공무원들의 경우에는 그들의 익명성이 보장됨으로써 국가의 이익이나 공직수행면에서 유리하다고 인식하고 있다.

참고문헌

Greenwood, J.R. & Wilson, D. (1982). London: George Allen & Unwin.

Pitt, D. & Smith, B. (1981). *Government Departments*. London: Routledge & Kegan.

Pettigrew, A., Ferlie, E. & McKee, L. (1992). *Shaping Strategic Change. London:* SAGE.

Metcalfe, L. & Richards, S. (1987). *Improving Public Management*. London: SAGE.

Pettigrew, A. M. (1979). On Studying Organisational Culture. *Administrative Science Quarterly,* 24(4). pp. 570-81.

Ingraham, P. W., Thompson, J. R.& Sanders, R. P. (1998), *Transforming Government: Lessons from the Reinvention Laboratories*.

Flynn, N. (1990). *Public Sector Management*. Hertfordshire: Harvester Wheatsheaf.

Norman, R. (1984). *Service Management: strategy and leadership in service businesses*. Chichester: Wiley.

Sharma, R. (2002). Conceptual Foundations for Administrative Culture-an Attempt at Analysis of Some Variables. *International Review of Sociology*. Vol. 12, No. 1.

Schachter, H. (2002). Administrative Culture and Metaphor Change. *International Review of Sociology*. Vol. 12, No. 1.

Driscoll, A. & Morris, J. (2001). Steeping Out: Rhetorical Devices and Culture Change Management in the UK Civil Service. *Public Administration*. Vol 79, No. 4.

Hill, M. & Hupe, P. (2002). *Implementing Public Policy: Governance in Theory and in Practice*. London: SAGE.

Pilkington, C. (1999). *The Civil Service in Britain*. Manchester: Manchester University Press.

제2장 영국의 중앙 · 지방의 기능분담

제1절 중앙 · 지방의 기능분담

영국은 다른 나라에 비해서 정부간 기능배분이 비교적 잘 정립된 국가이다. 쉽게 말해서 국가가 하는 일과 지방정부가 하는 일이 매우 분명히 구분되어 있다. 예를 들어, 사회보장 · 연금은 중앙정부가, 대인사회서비스는 지방정부가 감당하는 것으로 명확히 구분된다. 그리고 사무배분과 재원배분이 상당히 잘 연계되어 있다. 영국의 중앙정부는 국방, 외교, 해외원조, 통화관리 등 국가 차원의 거시적 기능을 담당하는 한편 주민의 일상생활과 밀접한 복지 및 편익에 관한 대부분의 기능-교육, 주택, 사회서비스, 환경서비스, 경찰 및 소방, 지역개발, 쓰레기 처리 등-은 지방정부가 담당하는 실정이다. 지방의 기능은 대체로 지역성과 주민복지와 밀접한 서비스를 제공하는 데 치중한다.

영국의 정부간 기능 및 역할분담은 역사적으로 변천해 왔으며, 그 변화의 주된 원동력은 주민수요, 경제원리, 정치적 역학관계가 복합적으로 작용한 것으로 일반적으로 분석된다. 이러한 경향은 당분간 계속 전개될 것으로 예상되며, 특히 미래에는 유럽연합의 정치적 환경변수가 지방정부의 기능에 큰 영향을 미칠 것으로 예상된다.

영국 공공부문의 기능별 지출내역을 살펴봄으로써 거시적 관점에서 국가와 지방간의 기능배분 상태를 대강 짐작할 수 있다. 1992년의 경우 지출항목의 규모별로는 사회보장이 36.3%로 가장 많고 그 다음으로 보건(15.2%), 교육(13.6%), 국방(10.8%), 주택 · 환경(5.9%) 등의 순이다. 이러한 기능별 세출내역을 국가와 지방으로 구분해 보면 양자간의 기능분담은 다음과 같이 구분될 수 있다(〈그림 1-2-1〉 참조).

· 국가주도: 국방, 보건, 사회보장, 산업 · 교통, 해외원조
· 지방주도: 교육, 주택, 환경
· 국가 · 지방주도: 치안 · 사법, 생활서비스

지방정부의 권한과 기능이 국회법에 의해서 주어지지만 지방정부가 자유재량에 의해서 사업을 수행할 수 있는 제한된 기능들도 있고 지역의 특수성, 서비스 공급방식의 차이 등으로 인하여 지방정부의 기능을 일률적으로 설명할 수는 없다. 그러나 대체로 볼 때 지방정부는 교육, 주택, 환경, 대인사회서비스, 치안 · 사법, 여가 · 문화, 소비자보호 등의 기능을 담당한다.

〈그림 1-2-1〉 영국의 중앙 · 지방정부간의 기능분담(기능별 세출기준, 1992)

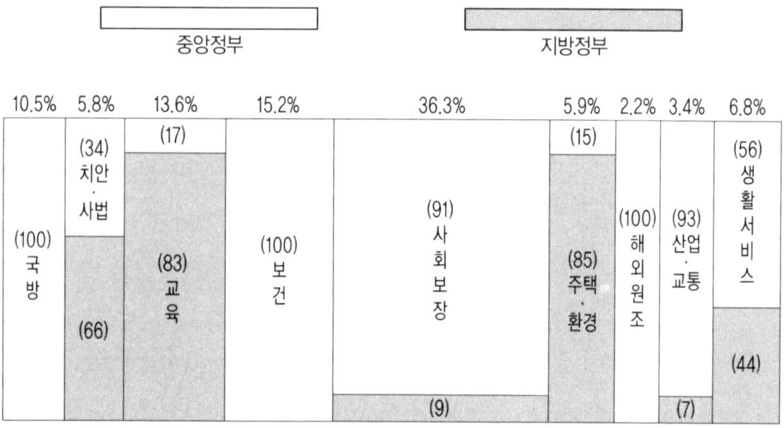

자료: CSO, United Kingdom Accounts, 1993(高寄昇三, op. cit., p. 30에서 재인용).

제2절 영국의 정부간 기능분담의 특징

영국의 정부간 기능분담이 지니는 몇 가지 특징을 간단히 정리하면 다

음과 같다.

첫째, 국가와 지방간의 사무분담이 매우 분명하며, 그것은 서로 다른 정부간의 행정책임을 보다 명확히 해준다. 가령, 쓰레기 수집(refuse collection)은 기초자치단체, 쓰레기 처리(refuse disposal)는 광역자치단체의 기능 등으로 구분되어 있다. 즉, 쓰레기를 동네마다 다니면서 수집하는 것은 기초자치단체가 담당하고 이를 매립하고 소각하는 권한 및 책임은 광역자치단체가 담당하는 식으로 되어 있다. 우리나라는 특정 기능에 대해서 계획하는 권한은 광역, 집행하는 권한은 기초자치단체가 담당하는 식으로 되어 어디까지가 계획이며 어디까지가 집행인가가 명확하지 않다. 집행하는 과정에서 계획이 수정되어야 하는 일도 많기 때문에 기초와 광역간의 권한다툼이 있을 수 있으나 영국의 경우에는 이러한 문제가 생길 소지가 거의 없다는 것이다.

둘째, 영국의 경우 우리나라와 같이 사무를 지방에 주고 권한은 중앙이 갖는 방식은 것의 존재하지 않는다. 즉, 사무배분에 다른 권한분담이 잘 정립되어 있다.

셋째, 지방정부간에도 사무배분이 잘 되어 있으며, 행정서비스 공급과 연관이 있는 재정지출면에서 통상 광역지방정부의 지출이 기초지방정부의 지출보다 훨씬 많다.

넷째, 1980년대 이후 공공부문과 민간부문의 기능분담이 재정립되면서 종전에 비해 민간부문의 기능이 보다 활성화되는 동시에 관·민협동체제도 발전하고 있다. 특히 1980년대 이후 2000년대 현재까지 지방정부는 행정서비스를 직접 공급하던 방식으로부터 민영화를 통한 간접공급방식으로 정책을 선회하였다. 특히 2000년도부터 시작된 최선의 가치(best value)제도에 의하여 지방정부에게 다양한 서비스 공급선택권을 부여하고 있다. 즉, 지방정부가 지방서비스를 제공하는 데 있어서 직접공급, 민영화, 내외부 경쟁입찰, 민간위탁 등의 방식을 자발적으로 선택하도록 하고 중앙정부는 이후 서비스제공결과의 질에 대하여 평가를 하는 방식이다. 이러한 과정에서 민과 관이 같이 협동하는 파트너십 관계가 많이 발전하고 있다.

다섯째, 행정서비스의 공급방식에 있어서 특별기구(ac hoc body) 내지는 특별행정기관을 활용하는 경향이 많으며, 지방공기업의 기능과 영역이 매우 제한적이다. 지방차원의 특별행정기관들은 대도시형 지방정부에게 두드러지게 발견된다.

제3절 영국의 지방정부 기능

1. 개관

영국에 있어서 지방정부의 권한과 책임, 구조 및 기능, 그리고 지방재정 등에 관한 사항은 기본적으로 국회에서 제정된 각종 법률에 기초를 두고 있다. 즉, 영국의 지방정부는 국회법이 허용하는 범위 내에서만 정부기능을 발휘할 수 있다. 국회법에 대한 해석은 법정에서 결정하며 사안은 법적 선례로서 작용한다.

이와 같이 지방정부는 국회법의 엄격한 제한을 받지만 매우 제하된 범위 내에서는 재량권을 갖기도 한다. 그 대표적인 예로 1972년도 지방정부법에 의하면 지방정부가 고용증진, 경제개발, 자문 · 복지사업, 지역환경계획 등을 수행하는 경우 주민 1인을 기준으로 일정 금액의 재정을 재량적으로 활용할 수 있다.

지방자치와 관련된 주요 법률로는 지방정부법(Local Government Act 1972, 1985, 1992, 2000), 스코틀랜드 지방정부법(Local Government(Scotland) Act 1973), 런던 정부법(Government of London Act 1963), 을 비롯하여 도시 및 농촌계획법(Town and Country Planning Act 1990), 계획 및 보상법(Planning and Compensation Act) 등을 들 수 있

다. 이 중에서도 지방정부의 업무와 연관하여 가장 기본법적 성격을 지니는 것으로는 1972년에 제정된 지방정부법이다.

앞서 기술한 바와 같이, 1972년도 지방정부법은 2001년 현재까지 런던 및 6대 도시를 제외한 대부분의 지방정부의 조직과 운영에 기초가 되는 법으로 작용하고 있다. 특히 동법 제111조항은 지방정부의 전반적인 권한에 관하여 잘 기술하고 있다. 그러나 이 조항에도 불구하고 영국의 지방정부는 현실적으로 중앙정부의 재정지원과 통제를 받기 때문에 법상의 권한을 행사하는 데 사실상 상당한 제한을 받고 있다.

2. 지방정부의 기능

영국의 지방정부는 전통적으로 교육을 비롯하여 주택, 지방 환경서비스(쓰레기 수거 · 처리), 대인사회서비스(사회복지, 주민건강, 레크리에이션), 도서관 · 박물관 · 예술, 경찰 · 소방, 도로 및 수송, 계획, 일부 경제기능 등을 담당하고 있다. 이 중에서도 특히 지방정부가 중점적으로 담당하는 업무는 교육, 주택, 환경 세 부문이며 이들이 전체 지방재정지출의 70% 이상을 차지한다. 영국 지방정부의 기능별 지출에 관한 보다 자세한 내용은 제3부에서 다루어진다.

2001년 현재 영국의 지방정부가 공급하는 공공서비스는 1997년까지의 보수당정부 때와는 크게 달라지고 있다. 그것은 노동당 정부가 들어서면서 최선의 가치(Best Value)라는 새로운 제도를 도입하여 실행하고 있기 때문이다. 이 제도의 특징은 후술하는 바와 같이(제4부) 한편에서는 지방정부의 서비스 공급주체결정권을 확대해 주고, 다른 한편으로는 서비스 제공내용에 대하여 중앙정부가 엄격한 품질검사를 함으로써 중앙정부의 관여폭을 넓힌다는 데에 있다.

보수당정부때의 의무경쟁입찰(Compulsory Competitive Tendering)제도에 의하면 법률로 명시한 서비스에 대해서는 지방정부가 의무적으로 민간부문의 입찰을 허용해서 서비스 공급주체권을 결정해야 되었다. 법률에 정하지 않은 서비스는 물론 지방정부가 자체적으로 제공할 수 있었다. 그러나 최선의 가치 제도가 도입되면서 부터는 지방정부가 제공하는 모든 서비스를 직접제공, 민영화, 민간위탁, 공무원과 민간인과의 공개경쟁입찰, 관·민합동 방식에 의한 제공 등의 다양한 방법 중에서 지방정부가 제한 없이 택하도록 선택권을 주는 동시에 중앙정부는 매년도 각 지방정부의 서비스 품질내용을 평가한다. 이러한 면에서 최선의 가치제도가 중앙정부의 지방정부에 대한 권한을 오히려 강화시켰다고 주장하는 사람도 있다. 최선의 가치제도의 절치 및 운영기준 등은 제4부에서 보다 상세히 다룬다.

제4절 주요기능의 지방정부간 배분실태

이 절에서는 지방정부의 주요 권한과 기능들이 광역과 기초지방정부간-특히, 카운티와 디스트릭간-에 실제로 어떻게 배분되고 있는가에 관하여 살펴보고자 한다. 여기에서는 지방정부가 담당하는 기능들 가운데서 가장 중요한 기능에 속하는 교육, 환경서비스, 지역계획, 주택, 수송 등에 관하여 중점적으로 기술하고자 한다. 1980년대 중·하반 이후 지방정부의 기능 가운데 전통적으로 중요한 교육, 주택부문에 상당한 타격이 주어지는 데 주목할 필요성이 있다.

기본적으로 2층제를 취하는 영국 지방정부의 기능은 상·하위정부간에 기능상의 분담이 이루어지며, 또한 단층구조를 지니는 대도시권 지방정부의 기능은 2층구조를 지니는 비대도시권 지방정부의 기능과 상이하다.

광역지방정부에 해당하는 상위 지방정부는 거시적·대규모기능을 담당하고, 기초자방정부인 하위 지방정부는 소규모이면서 주민복지와 직결되는 기능을 담당한다. 비대도시권의 경우 상위 지방정부는 교육, 전략계획, 교통계획, 경찰, 소방과 같은 대규모기능을 담당하고 총지방지출의 80% 이상을 사용한다. 하위 지방정인 디스트릭은 지역특성과 주민복지와 밀접한 사업을 수행하며 총지방지출의 20% 미만의 예산을 사용한다.

단층제를 취하는 대도시권에서는 디스트릭 또는 바러(런던의 경우)가 교육, 주택, 쓰레기수거, 사회서비스, 지역계획 등을 수행하고 경찰, 소방, 민방위, 대중교통 등 광역적 특성을 지니는 사업들은 몇 개의 지방정부가 공동으로 운영하는 합동위원회를 설치하거나 기타 중앙정부기구(DoE, DSS), 도시개발공사(UDCs), 민관파트너십(Public-Private Partnership), 준정부기관(QUANGO) 등을 활용하여 서비스 공급을 하고 있다. 그리고 전기 · 가스 등 공익사업은 비록 민영화가 되었지만 실무적으로 계속 지방정부와의 협조관계가 지속되어야 하므로 이들 부문과 지방정부와의 업무관계도 무시할 수 없다.

잉글랜드의 경우 카운티가 교육, 대인사회서비스, 경찰 및 소방기능을 담당하며 이들 부문에 카운티 재정의 80% 이상을 사용하는 실정이다. 디스트릭은 주택을 비롯하여 도시 및 농촌계획, 공중보건, 쓰레기수거, 상업지구관리, 대중교통문제 등을 책임지고 있다. 그러나 대도시지역에선 대도시 디스트릭이 교육을 비롯하여 주요 기능을 담당하며 이들 부문에 지방재정의 약 75% 수준을 사용하고 있다. 단, 런던의 경우는 예외적으로 교육청(ILEA: Inner London Education Authority)이 별도로 설치되어서 이곳의 교육기능을 담당한다.

그러나 지방정부 내에서 카운티와 디스트릭간의 기능 및 책임분담은 반드시 일정하게 구분되지 않고 지리적, 사회 · 경제적 환경변수들에 의해서 지역별로 조금씩 차이를 보인다.

1. 교육

영국의 지방정부는 일부 교육분야에서만 중앙의 통제와 감독을 받을 뿐 전반적인 교육서비스의 제공 주체로서 역할을 담당한다. 일반적으로 영국의 중앙정부는 교육관련 기본정책, 의무교육 연령, 교사임금의 결정, 대학 · 연구기관에 대한 재정보조에 있어서 감독 및 권한을 행사하고, 그 밖의 모든 사항은 지방정부의 자유재량에 맡겨두고 있다.

지방정부는 교육, 특히 의무무상교육에 해당하는 초 · 중등교육(primary and secondary school)을 주로 담당하고 있다. 기본적으로 무상교육과 특수교육에 대한 책임은 지방교육청(Local Education Authorities)인 카운티(비대도시권), 대도시 디스트릭, 런던바러(대도시권)가 담당하며, 그에 필요한 재원은 각 지방정부의 예산에 의해서 충당된다. 지방교육청에서는 전국적으로 동일한 커리큘럼을 만드는 사항이나 종교교육 및 교내 집단예배, 교과목의 확보 및 평가에 대한 전반적인 사항을 관장한다. 그 밖에 지방정부는 교사와 교직원의 고용, 학교 및 직장 내 훈련, 학교급식제공, 통근버스, 성인교육, 청소년서비스(청소년클럽, 특수센터 등), 고용, 훈련, 청소년직업훈련 등 직 · 간접적인 교육관련 서비스를 제공하고 있다.

그러나 1988년도에 교육개혁법(Education Reform Act 1988)이 제정되면서 영국의 교육제도에 일대 혁신을 가져왔다. 동법은 1944년도 이후 가장 혁신적인 교육개혁으로 평가되며 교육부문에서의 대중참여, 책임성, 효율성, 시장성 등을 그 중심개념으로 하고 있다. 동법은 고등교육(higher education)을 포함하는 교육제도 전반에 걸치는 광범위한 정책개혁과, 학교에 대한 행 · 재정 통제, 교과목 선정, 학교설립 및 등록에 관한 제도변화를 담고 있으며, 동시에 종전 지방정부가 관장하던 종합기술대학(polytechnic) 및 일부 고등교육기관에 대한 제도변화를 시도하고 있다. 1988년도 교육개혁법의 주요 내용을 요약하면 다음과 같다.

· 전국커리큘럼 작성: 학생의 학업상태측정, 학부모권한 강화 등

· 각급 학교들은 학부모의 동의를 얻는 등 일정조건을 갖추면 지방정부의 권한으로부터 벗어나 중앙정부(교육부)의 보조금을 받을 수 있음(opt-out 허용).
· 입학정원의 부분 철폐(1979년도 입학상한까지 허용)에 다른 학부모의 학교 선택혹 확대
· 종합기술대학을 비롯한 고등 · 성인교육기관을 지방정부의 통제로부터 벗어나도록 함.
· 1990년 4월부터 내러던지역의 교육을 관장하는 내런던교육청(ILEA)을 철폐

한마디로 1988년도 교육법은 지방정부의 교육기능과 권한을 상대적으로 약화시키는 한편 교육재정의 관리에 있어서 종전에 비해 효율성과 시장화, 그리고 기업경영방식을 강조하는 특징을 보였다.

이 가운데서 지방정부에게 가장 큰 타격을 준 것은 지금까지 지방정부가 관할하였던 학교들에 대하여 학부모의 투표를 거친 다음 지방정부의 관할로부터 벗어날 수 있는 선택권(opt-out right)을 부여한 것이다. 그 후 1990년대에도 계속적으로 지방정부의 교육기능을 약화시키는 일련의 법제정이 이루어졌다. 예컨대, 1993년도 교육법에 의해서 1993년 4월부터는 16세 이상의 계속교육에 관한 책임이 지방정부로부터 성인교육지원위원회(Further Education funding Council)로 이양되었다.

이러한 조치가 취해진 다음 현재까지는 전체 학교들 중 1% 내외의 학교들만이 지방정부 관할로부터 벗어나 중앙정부의 보조를 받는 선택을 한 것으로 나타났다. 그러나 종합적으로 볼 때, 일련의 교육개혁정책으로 인하여 통상 지방정부 지출의 절반을 차지하는 교육부문이 조금씩 감소추세를 보이는 것은 분명하다. 향후 영국의 교육은 지방정부가 주도하는 가운데 중앙정부와 민간부문이 더불어 경쟁, 견제하는 체제가 성립할 것으

로 전망된다.

2. 환경보전

전통적으로 잉글랜드와 웨일즈의 지방정부는 쓰레기수거 및 처리기능을 담당해 왔으나, 최근 지방의 민영화 과정에서 그러한 기능의 상당 부분이 민간기업들에게 이양되는 현상을 보이고 있다.

(1) 쓰레기 규제

1990년도 환경보호법(Environmental Protection Act 1990)에 따르면 쓰레기규제에 대한 책임은 쓰레기규제청(WRAs: Waste Regulation Authorities)이 맡도록 되어 있다. 대개 카운티와 대도시 디스트릭이 쓰레기규제청으로서 기능을 하지만 광역런던과 광역맨체스터, 그리고 머시사이드의 경우에는 특별지방정부가 그 기능을 맡고 있다.

(2) 쓰레기 수거 및 처리

잉글랜드의 경우 쓰레기 수거업무는 디스트릭과 런던바러가 기본적으로 담당하고, 쓰레기처리업무는 카운티, 대도시 디스트릭이 맡고 있다. 광영맨체스터, 머시사이드, 광역런던에서는 자치구 연합방식의 특별지방정부가 쓰레기 처리업무를 전담한다. 연합방식을 채택하는 경우 업무책임은 해당 자치구가 진다. 웨일즈의 경우 단층자치단체가 중심이 되어 쓰레기수거와 처리업무를 통괄하고 있다.

그 밖의 가로청결과 자원재생은 카운티 · 디스트릭 · 런던바러가 담당하며, 덤핑통제는 카운티가, 그리고 토양오염(contaminated land)은 디스트릭과 런던바러가 담당한다.

(3) 대기오염 규제

지방정부는 관계 중앙부처와 긴밀한 연계성을 가지면서 대기오염에 대한 규제권한을 지닌다. 특히 지방정부는 유독성이 있거나 위험한 물질에 대해서는 그것을 직접적으로 조사 · 검사 · 압수할 수 있는 권한을 지닌다. 그뿐 아니라 지방정부는 금연구역의 설정, 매연금지, 특정 매연공장의 굴뚝높이 제한에 관한 정책을 수립할 수 있다.

대기오염의 규제권한을 갖는 지방정부는 디스트릭, 런던바러, 그리고 항구보건청(port health authorities)이다. 그리고 방사능 물질에 대해서는 카운티 · 디스트릭 · 런던바러가 기본적인 책임을 지며, 각종 공해- 소음, 담배연기, 분진, 악취 등-에 대한 규제권은 디스트릭과 런던바러가 갖는다.

(4) 상하수도

상하수도사업은 전통적으로 지방정부가 주 기능을 담당해 왔으나, 1970년대를 전후로 지방정부의 권한에서 조금씩 벗어나기 시작하였다. 상하수도사업은 1970년대 들어 지역단위의 광역 · 종합체계로 변화되었고, 1980년대 말 이후 특히 상수도사업은 모두 민영화되었다.

1945년도 수도법(Water Act 1945)은 그동안 각기 다른 시에서 관장하던 상하수도사업을 여러 지방정부가 다같이 참여하는 광역수도체계로 발전할 수 있는 기틀을 마련하였다. 그 후 잉글랜드의 경우 종전 지방정부 단위로 운영되던 수도사업이 1973년도 수도법에 의하여 9개의 지역수도공사(regional water authorities)로 광역화되어 운영되었다. 광역수도기구는 최근 영국 전체를 휩쓴 민영화 붐을 타고 1988년 민간부문으로로 이양되었다. 그 결과 현재 잉글랜드의 지방정부는 수도업무를 직접적으로 관장하지 않는다. 이에 비해 스코틀랜드에서는 1994년 현재 상하수도 사업이 여전히 지방의 공공기능으로 남아 있다. 그러나 최근 스코틀랜드에서도 수도사업의 민영화 논의가 사회적으로 활발히 진행되고 있다.

3. 주택

영국의 지방정부는 전통적으로 주택부문의 투자 · 관리주체로서 적극적인 기능을 해왔다. 예를 들어, 1961년에는 약 450만 호의 주택을 지방정부가 보유하였고 그것은 1980년에 680만 호로 크게 증가하였다. 이와 같이 영국의 주택부문은 공공부문, 특히 지방정부가 주도하였고 이러한 현상은 우리나라와 매우 다르다. 이러한 공공주택정책은 영국의 복지정책과도 밀접한 관련을 가지는 동시에 사회주의적 정치이념을 반영하는 단면이기도 하다.

지방정부는 주택법(Housing Act)에 의해서 주택을 공급할 수 있는 권한을 가지며 많은 도시들이 자체의 공영주택, 즉 카운슬주택(Council housing)을 소유하고 있다. 지방정부가 갖는 주택기능 중에서 가장 중요한 것이 바로 공공주택인 카운슬주택을 건설하고 관리하는 업무이다. 주택기능은 디스트릭이 담당하며, 여기에는 공공주택의 건설 · 관리를 비롯하여 불량주택 개선, 실수요자에 대한 영구숙박시설 제공, 무주택자에 대한 숙소제공 등이 포함된다. 이에 대한 약간의 예외로서 장애인이나 고질병자에 대한 주택임대권은 카운티에 주어진다.

그러나 지방정부의 전통적인 주택사무는 최근 급격히 감소하였다. 그에 대한 가장 큰 원인은 효율적인 재정운영과 주택부문의 민영화 정책으로 인하여 중앙정부의 지방정부에 대한 주택보조가 급격히 삭감되었기 때문이다. 이에 관한 보다 자세한 내용은 제4부에서 다루어진다.

1980년도 주택법(Housing Act 1980)을 비롯하여 1980년대의 각종 주택정책이 공공부문의 주택건설 기능을 축소시키는 방향으로 전개되었다. 중앙정부는 공공주택 임대료에 대한 국고보조를 중단하는 한편 지방정부의 신규 주택건설에 필요한 자금융자를 급격히 삭감하는 조치를 취하였다. 그리고 과거 대처정부는 국민의 주택소유를 적극적으로 장려하는 주택정책을 추진하였다. 영국 사회는 우리와 달리 공공임대주택이 잘 개발되어서 그동안 많은 국민들이 자가주택을 소유하지 않았다.

이러한 대처정부의 주택정책으로 인하여 지방정부가 소유하였던 공공주택의 상당부분이 민간에게 매매되거나 이양되는 현상이 발생하였다. 그에 따라서 대부분의 지방정부는 주택건설을 중단해야만 하였고, 경우에 따라서는 기존의 건물을 유지하고 보수하는 데 급급할 수밖에 없게 되었다. 현재 지방정부가 담당하는 주택기능은 무주택자에게 적절한 숙소를 제공해 주는 역할이다.

1986년 사회보장법(Social Security Act 1986)에 의하면 지방정부는 공공주택 임대자에 대한 임대료환불(rent rebate)과 저소득 민간전세자에 대한 임대료수당의 경우 지방정부가 부담하는 비용은 지방정부의 주택수입계정(HRA: Housing Revenue Account)에서 충당되고 그것은 기본적으로 중앙정부의 주택수입계정 보조금(HRA subsidy)을 통해서 보조된다. 비주택수입계정 임대자(non-HRA tenants)에 대한 임대료수당과 임대료환불은 일반자금(General Fund)으로 충당되는데, 그 비용의 95%는 사회보장부(Department of social security)에 의해서 보조되고, 나머지 5%는 지방정부의 일반비용에 의해서 충당된다.

4. 계획

영국의 정부 계획제도(planning system)는 크게 국가차원의 계획과 지방차원의 계획 두 종류로 구분된다. 국가차원의 계획은 중앙정부가 중심이 되어 거시적인 국토개발과 규제정책을 만드는 것이고, 지방차원의 계획은 국가정책과 특히 환경 · 교통 · 지방부장관이 작성하는 지역계획지침(RPG: Regional Planning Guidance)을 토대로 지방에서 작성하는 계획이다. 두 계획제도 모두 공익증진을 목표로 적절한 토지이용과 개발규제를 실시하는 데 그 초점을 맞추고 있다.

영국의 지방계획은 중앙정부에 의해서 기본적인 제약을 받는다. 예를 들어, 지방계획을 수립하는 과정에서 만일 그 계획안이 국가정책이나 환경 · 교통 · 지역부의 지역계획지침과 상충되는 경우 환경 · 교통 · 지역부장관은 언제든지 그 계획에 개입할 수 있는 권한을 지닌다.

통상 지역계획지침은 환경 · 교통 · 지역부장관의 훈령(Notes) 형태로서 주어지며, 지방정부가 자체의 기본계획을 수립하는데 필요한 기본틀 내지는 판단준거로서의 역할을 한다. 일반적으로 지역계획지침은 특정 지방에 국한하지 않고 기본계획의 공간범위를 넘는 보다 거시적인 사항들을 주로 다루고 있다. 그러므로 지역계획지침은 여러 지방정부를 포괄하는 광역권의 종합적 계획개념(틀)이라 할 수 있다.

지방정부의 개발계획 기능에 관해서는 1990년도 도시 및 농촌계획법(Town and Country Planning Act 1990)의 제2부(1991년도 계획 및 보상법에 의해서 수정되었음)에 제시되어 있고, 세부사항들은 도시 및 농촌계획규칙에 잘 담겨 있다.

지방단위 계획의 계획주체(planning authorities)는 개발계획의 구상문제와 개발통제에 그 역점을 두고 있다. 지방계획은 크게 기본계획(Structure plan)과 디스트릭 계획(District plan)으로 구분된다. 기본계획이란 개발계획 및 규제에 관하여 비교적 광범위한 기준을 제시해 주는 것으로 지방의 광역적이고 장기적인 계획이라 할 수 있다. 기본계획은 통상 카운티 계획청(County Planning Authorities)이 담당한다. 다만, 예외로서 잉글랜드의 국립공원 중 두 지역(Peak Park, Lake District)에 대해서는 해당 카운티가 계획을 수립하지 않고 특별위원회가 기본계획을 수립하도록 되어 있다.

디스트릭 계획이란 디스트릭이 주체가 되어 수립하는 지방계획으로서 기본계획에 비해서 지역의 여건과 특성을 구체적으로 반영하는 계획이다. 디스트릭 계획은 구체적이고 상세한 계획이어야 하며, 특히 상위정부인 카운티 계획청의 기본계획과 전반적으로 일치해야 한다. 한편 디스트릭 계획청의 관할구역이 국립공원의 일부를 포함하는 경우 그 지역에 대한 지방계획은 국립공원청에서 수립한다.

카운티 · 디스트릭 계획청은 계획을 수립하는 과정에서 상호 긴밀한 협조관계를 유지해야 하며, 필요시에는 유관단체들과도 계속적인 유대관계를 유지해야만 한다. 특히 1991년도의 개발계획규칙(Development Plan Regulations)에서는 지방의 계획주체가 계획을 수립하는 과정에서 반드시 협의를 거쳐야 하는 유관단체들-예컨대, 교구-에 대하여 규정하고 있다.

대도시형 카운티와 런던바러는 대도시가 지니는 광역성과 복합성을 고려하여 관할지역에 대한 기본계획과 지방계획을 합치면서 광물 및 폐기물처리 정책을 포함하는 단일개발계획(UDPa: Unitary Development Plans)을 수립하도록 되어 있다. 단일개발계획을 수립하는 판단기준으로는 전략지침(Strategic Guidance)이 있으며 이것은 중앙정부에 의해서 주어진다. 전략지침은 비교적 상세한 사항을 다루고 있으며, 종전에는 모든 대도시형 카운티를 대상으로 주어졌지만 현재는 런던에 한해서만 주어지는 것으로 개정되었다.

앞으로의 계획제도는 점점 지역계획지침과 전략지침을 종합하는 방향으로 변화할 것으로 전망된다.

(1) 개발규제기능

지방정부의 개발규제기능은 토지이용 및 개발과 연관된 모든 측면을 포함하는데, 그 중에서도 주로 지방에서 신청된 개발계획사업을 결정하고 개발과정을 규제하는 데 중점을 두고 있다. 계획규제는 런던바러에서 행하며, 카운티는 일부 책임만 진다. 특히 개발규제는 소방을 비롯하여 환경보전, 건물규제와 밀접한 관련성을 지니므로 각 계획주체들은 국립하천공사(National River Authority), "영국의 자연(English Nature)", "영국유산(English Heritage)" 등의 관련 공공기관들과 수시로 협의해야만 한다.

그 밖의 계획분야들은 대부분 디스트릭과 런던바러가 책임을 담당하되, 해당 토지가 국립공원 내에 위치하는 경우에는 일반적으로 국립공원청이 지방정부에 우선하여 그 권한을 행사하도록 되어 있다. 예를 들어, 옥외광고의 경우 국립공원 내에 위치하는 토지에 대해서는 국립공원청이, 그리고 도시개발지구 내에 있는 토지에 대해서는 도시개발공사가 그 권한을 갖는다.

(2) 광물계획(Mineral Planning)

영국의 경우 계획분야는 광물계획과 쓰레기계획을 수립하도록 되어 있다. 지방광물계획이란 지방정부가 환경 및 토지이용을 종합적으로 고려하면서 부존광물을 활용할 수 있는 종합적인 계획을 의미한다. 지방정부 중에서는 런던바러와 대도시 디스트릭이 광물계획의 담당주체가 되고, 셔 카운티의 경우 카운티 계획청이 광물계획의 주체가 된다. 국립공원들 가운데 두 지역(Lake District, Peak District National Park)에 대해서는 특별위원회가, 그 밖의 국립공원에 대해서는 해당 카운티 계획청의 국립공원위원회가 광물계획을 담당한다.

카운티 계획청과 7개 국립공원청은 자신의 담당구역을 중심으로 지방광물계획(mineral local plans)과 지방쓰레기계획(waste local plans)을 준비하고 채택할 책임을 지닌다. 이들 기관에서 두 계획을 준비하는 과정에서는 반드시 디스트릭 계획청과 긴밀한 협조관계를 유지하고 가능한 그 의견을 반영하는 방향으로 계획을 수립해야 한다.

대도시 디스트릭과 런던바러는 해당지역의 광물계획과 쓰레기계획 모두에 대해서 책임을 진다. 국립공원에 대한 개발규제는 국립공원위원회(National Park Boards and Committee)가 책임을 지며, 이 기관은 광물 및 쓰레기문제들에 대한 결정권을 지닌다.

(3) 기타

토지개간 및 간척업무를 비롯하여 사용되지 않거나 활용도가 낮은 토지를 일반주민이 이용할 수 있게 하는 기능은 카운티, 디스트릭, 런던바러가 관장한다. 그리고 건물의 신축 및 중 · 개축업무는 디스트릭과 런더바러가 기본적으로 관장한다.

건축미, 역사성, 보전의 필요성 등 여러 가지 이유로 인하여 구역 내 특정지역을 보전지구로 지정하는 권한은 카운티와 디스트릭 양자에게 주어져 있다. 그런데 카운티 계획청이 보전지구를 지정하고자 하는 경우에는 반드시 사전에 디스트릭 계획청과 협의해야 한다. 국립공원(대도시 카운티 밖)의 경우 카운티의 국립공원위원회나 (공동)특별위원회에 의해서 보전지구가 지정된다. 그러나 어느 경우이든 해당 지방정부는 "영국유산"과 긴밀한 협조를 유지하도록 규정되어 있다.

5. 국립공원

현재 잉글랜드에는 7개의 국립공원이 있으며 그것은 자연경관의 보호 · 증진과 공공의 위락을 증진시키는 데 주 목적을 두고 있다. 국립공원은 주로 국립공원청(National Park Authority)이 관리한다. 국립공원청은 국립공원의 본래 목적을 유지하면서 해당지역의 사회 · 경제적 복지를 증진시키는 사업에도 깊은 관심을 나타내고 있다.

국립공원은 기본적으로 국립공원위원회에 의해서 운영되지만 그에 대한 예외도 있다. 잉글랜드의 국립공원들 중 두 지역은 독립적인 특별위원회가, 그리고 그 밖의 국립공원에 대해서는 해당 카운티와 디스트릭의 국립공원위원회가 운영 · 관리한다. 국립공원위원회는 국립공원이 위치하고 있는 지역의 카운티와 디스트릭에서 임명하는 사람들(총구성원의 2/3)과 환경 · 교통 · 지역부장관이 임명하는 사람들(나머지 1/3)로 구성된다. 국립공원청은 자신이 관장하는 구역전체에 대하여 지방계획을 비롯하여 광물 및 쓰레기계획을 수립할 의무가 있다.

그 밖에 국립공원은 아니지만 습지경관, 수로 및 다양한 야생동식물 서식이 혼재되어 국내외적으로 독특한 중요성을 지니는 "브로즈(The Broads)" 지역에 대해서는 국립공원과 비슷한 위상이 주어진다. 이 지역은 1988년도 「노르폭 및 서폭 브로즈법(Norfolk and Suffork Broads Act 1988)」에 의해서 지정되었고 브로즈청(Broads Authority)에 의해서 관장되고 있다. 계획차원에서 보면 브로즈청은 디스트릭 계획청과 같이 취급된다. 브로즈청은 지방계획을 수립하는 권한을 지니면서 각종 계획신청을 접수받지만 광물 및 쓰레기계획을 수립할 책임은 지지 않는다.

6. 도로 및 대중교통

영국의 지방정부는 중앙정부와 함께 종합적인 도로망 체계를 계획 · 건설하고 유지하는 책임을 담당하는 한편 지역도로에 대한 교통관리와 안전책임을 지고 있다. 그리고 지방정부는 적절한 대중교통서비스를 확보할 책임을 진다. 현재 많은 지방정부는 중앙정부의 보조금에 힘입어 교통부문을 독점하거나 또는 시영버스회사를 수립하여 민간부문과 경쟁하는 상태이다. 도로 · 교통기능을 담당하는 지방정부는 주로 카운티이며, 지역에 따라서는 디스트릭이 맡기도 한다.

교통수단(버스, 전차 등)의 투자 · 공급은 지방정부가 민간부문과 더불어 담당하기도 하며, 경우에 따라서는 합동위원회와 같은 특별기관을 통하여 이루어지기도 한다. 여기에서 영국의 지방정부가 담당하는 주요 도로 · 교통기능에 관하여 소개하면 다음과 같다.

(1) 도로

도로의 건설은 도로의 기능과 특성에 따라서 국가와 지방이 분담한다. 국가기간도로의 건설 및 유지 · 관리는 중앙정부가 담당하며, 그 밖의 도로는 지방정부가 담당하고 있다. 도로 가운데서 국가가 관장하는 것은 전체 도로의 5% 정도에 불과하고 나머지는 지방이 중심이 되어 관장한다.

(2) 고속도로(highways)

일반적으로 고속도로의 건설 · 관리는 국가기간도로법(Trunk Road Act 1936, 1946)에 의해 국가가 직접 담당하지만 민간부문과 지방도로공사도 제한적인 범위내에서 고속도로 건설에 참여할 수 있다. 디스트릭은 지방도로공사는 아니지만 일부 도로건설기능을 담당하고 있다. 예를 들어, 디스트릭은 간선도로나 등급이 주어지지 않는 도로-도시의 소로, 골목길 등-와 가로등 관리업무를 담당한다.

(3) 가로관리

지방정부는 해당구역에 위치하는 각종 도로를 효율적으로 관리할 의무를 지닌다. 여기에는 도로 · 거리명 지정, 번지, 가로등, 벤치, 담장, 동물규제, 음료수대, 기타 공로기능 보장이 포함된다. 가로관리기능은 주로 디스트릭과 런던바러가 담당한다.

(4) 주차

주차를 비롯한 각종 교통규제와 연관되는 조례제정 및 업무수행은 카운티, 대도시 디스트릭, 런던바러가 주로 관장한다. 그러나 카운티는 통상 조례제정권을 디스트릭에 위임한다.

(5) 차량검사

환경 · 교통 · 지역부장관은 1988년 도로교통법(Road Traffic Act 1988)에 의해서 차량정비검사(MOT Test) 기능을 지방정부에게 일임하였다.

(6) 대중교통

대도시권에서는 주로 지방정부간의 연합방식에 의해 광역교통체계를 구축하고 있다. 런던의 경우 1984년에 런던광역수송(London regional Transport)체계가 수립되었고, 그 속에 런던광역수송공사가 100% 주식을 소유하는 런던버스회사와 런던지하철공사가 설치되었다.

(7) 런던지하철

역사적으로 런던지하철은 국가가 주도하던 방식에서 지방주도로 바뀌었다가 다시 국가주도방식으로 변환되었다. 2000년 광역런던시가 부활되면서 이 기능은 광역런던시(GLA)의 소관이 되었다.

· 1966년 수송재정법(Transport Finance Act 1966)에 의해 런던지하철에 대한 국고보조 시작 및 국가책임

· 1969년 런던수송법(Transport (London) Act 1969)에 의해 런던지하철에 대한 책임이 광역런던으로 이양

· 1984년 런던광역수송법(London Regional Transport Act)에 의해 다시 국가가 책임을 담당

· 1999년 광역런던지방정부법(Grater London Authority Act)에 의하여 광역런던시(GLA)가 담당

7. 항구 · 도선 및 공항

지방정부는 통상 수운과 국지적 선착기능을 하는 지방항의 관리책임을 맡지만 매우 예외적으로 국가 무역항을 관장하기도 한다. 지방항을 관장하는 지방정부는 카운티와 디스트릭이다.

지방정부는 공항사업을 수행하거나 그와 연관되는 항공회사의 주식을 소유할 수 있다. 1986년도 공항법(Airport Act 1986)에 의해서 공항에 관한

권한이 특정 수준의 지방정부에게 국한되지 않고 희망하는 모든 지방정부에게 주어지게 되었다.

종합적으로 제3부의 지방공기업 관련자료에서 나타나듯이 지방정부가 담당하는 항구, 도선, 공항기능은 매우 제한적이며 소규모이다. 그 가장 큰 이유는 항구와 공항과 같은 사회간접시설은 건설 · 관리에 막대한 자금이 소요되어서 지방정부 차원에서 기능을 적극적으로 담당하기가 힘들기 때문일 것이다.

8. 대인사회서비스

지방정부는 대부분의 사회서비스(social service) 기능을 전담하고 있다. 사회서비스 가운데서도 레크리에이션 · 도서관 · 예술부문은 지방정부가 행하는 중요기능으로서 지방정부법에 근거하여 중앙정부의 규제를 거의 받지 않는다. 그 대표적인 예로서, 세필드(Sheffield)시가 자체경비를 가지고 유니버시아드 대회를 유치한 것을 지적할 수 있다.

그리고 영국의 지방정부는 박물관을 비롯하여 미술관, 공원, 체육시설, 대중집회장, 오케스트라 부문에 직접적으로 투자하고 관리를 한다. 지방정부가 국제규모의 문화 · 예술 행사를 개최하는 경우에는 통상 민자유치를 비롯하여 민간부문과의 긴밀한 협조를 모색한다.

스포츠와 레크리에이션에 관한 기능(지방정부는 관련시설을 포함하여 관리직원, 교사 등을 제공함)은 디스트릭과 런던바러가 담당하지만, 지역에 따라서는 카운티가 그 기능을 담당하기도 한다.

지방정부의 사회서비스 기능은 특히 1970년대에 그 중요성이 크게 부각되었다. 잉글랜드와 웨일즈에서는 1970년도 지방정부 사회서비스법(Local Authority Social Service Act 1970)에 의해서 사회서비스부가, 그리고 스코틀랜드에서는 1968년도 사회사업법(social Work Act 1968)에 의해서 사회사업부가 탄생되었다. 이러한 법제정을 계기로 지방정부기능 가운데서 사회서비스 기능이 차지하는 중요성이 매우 급속도로 커졌다.

〈표1-2-1〉에 의하면 1971/72년에 사회서비스부문 지출이 지방재정에서 차지하는 비율이 잉글랜드 · 웨일즈(스코틀랜드)의 경우 4.4%(4.6%)이던 것이 1980/81년에는 7.1%(7.1%), 그리고 1990/91년에는 8.7%(9.0%)로 증가하는 경향을 보였다. 이러한 지출증가 추세는 사회서비스 부문에 종사하는 인력면에서도 뚜렷이 파악된다. 예를 들면, 사회서비스부의 종사자 수가 1971년에는 145,000명이던 것이 1981, 1991년에는 각각 250,900명, 306,000명으로 크게 늘어났다.

〈표1-2-1〉 지방재정 부문에서의 사회서비스 부문지출

(단위: 백만 파운드)

구분	1971/72	1980/81	1990/91
잉글랜드 · 웨일즈			
사회서비스 지출(A)	314.4	2,155.5	5,450.0
총지방지출(B)	7,080.7	30,337.5	62,678.0
A/B(%)	4.4	7.1	8.7
스코틀랜드			
사회서비스 지출(A)	33.2	249.6	668.8
총지방지출(B)	721.6	3,536.8	7,429.8
A/B(%)	4.6	7.1	9.0

자료: HMSO: Central Statistical Office, Annual Abstract of Statistics, 1981, 1993.

지방정부의 사회서비스 기능이 증가하게 된 원인은 정부의 복지정책과 복지수요의 질적 · 양적 증가를 들 수 있다. 특히 1970년대 이후 고령화 현상이 두드러지면서 노인층의 사회서비스 수요가 증가하였고, 아울러 아동학대 · 장애인 · 정신질환자에 대한 사회적 인식변화가 사회서비스 수요를 증가시키는 데 기여하였다.

정부와 정치인의 입장에서는 사회서비스가 국민의 복지에 매우 민감한

성격을 지니므로 자연히 이 부문에 중점을 둘 수밖에 없다. 그것은 1980년대에 공공부문의 개혁과 민영화가 전개되는 과정에서도 사회서비스와 건강부문에 대해서 영국정부가 강력한 대안을 제시하지 못하는 현상을 통해서 알 수 있다.

9. 경찰 및 소방

영국의 경우 우리나라와 달리 경찰 · 치안 · 소방기능을 전통적으로 지방정부가 담당하는 특징을 보이고 있다. 영국에는 전국적인 규모의 국립경찰제도는 없지만, 예컨대 전국광부 파업사태와 같은 국가 중대사태가 발생할 때는 전국적으로 경찰공조체계가 이루어지고 있다. 이러한 사실은 경찰기능이 직 · 간접적으로 중앙정부의 통제를 받는 것을 의미한다.

수도 런던의 치안을 담당하는 런던시경(Metropolitan Police)은 지방정부에 속하지 않고 중앙정부(내무부)에 속하다가 2000년부터는 광역런던시(GLA)에 속하게 되었다. 소방업무도 특정 지방정부가 담당하지 않고 「런던 소방 · 민방위(London Fire and Civil Defence)」가 광역기능을 담당한다. 소방 · 민방위 서비스 관련경비는 지방정부의 지방세 부과에 부가시키는 방법을 통하여 조달한다.

런던 이외 대부분의 대도시에서는 소속 지방정부들이 공동으로 참여하는 합동위원회 형식의 특별기관을 통하여 경찰 · 소방 서비스가 공급되고 있다.

10. 지방재정

지방재정에 관한 기능은 1992년도 지방재정법(Local Government Finance ACT 1992)을 비롯하여 1972년도 지방정부법(Local Government ACT 1992), 그리고 1989년 지방정부 및 주택법(Local Government and

Housing Act 1992) 등을 통해서 파악할 수 있다.[2)]

(1) 지방세

지방세 관련 업무는 기초지방정부인 디스트릭과 런던바러가 담당하며, 이들은 지방세의 부과 · 징수와 관련하여 주로 다음의 업무를 수행한다.

① 해당구역 내의 자산에 대한 조사

② 과세대상자의 특성 · 유형별 구분

③ 지방세의 부과 · 징수, 독촉 · 강제, 벌과금 징수

④ 지방세 불복, 이의신청의 접수 · 처리, 행정심판소 및 법정에서 지방정부의 입장 대변

⑤ 비주거레이트에 대한 이의신청의 처리

디스트릭의 상급지방정부인 카운티는 지방세에 대한 징수 · 관리책임이 없다. 다만, 카운티는 디스트릭에 대하여 자신이 필요로 하는 세수입을 결정하고 그것을 징수해 주도록 협조요청(Precept)할 수 있다. 즉, 영국에서는 상급지방정부가 하급지방정부에게 자신의 재정수요를 충당할 수 있도록 지방세를 부가시키는 재정제도를 채택하고 있다.

영국의 지방정부는 전통적으로 지방세 세율을 재정형편에 맞추어 자율적으로 조정하는 과세자주권을 행사해 왔으나, 과세표준에 대한 평가업무는 1948년도 지방정부법에 의해 중앙정부기관인 감정국(Valuation Office Agency)에서 담당하는 2원 체제를 유지하였다.

감정국에서는 카운슬세의 효과적인 운영을 위해서 1992년 5월에 민간

2) 이 중에서도 특히 예산관련기능은 1992년도 지방재정법에 잘 나타나 있다(Section 32 및 40). 재정조달업무에 관해서는 ① 적절한 재무관련업무행정의 책임은 1972년도 지방정부법(Sec. 151), ② 재무회계 및 감사규정(Accounts and Audit Regulations), ③ 주택수입계정은 지방정부 및 주택법(Sec. 74), 그리고 ④ 재무회계의 출간에 대한 업무는 1982년도 지방정부법 등에 규정되어 있다. 그리고 지방정부의 차입에 관하여는 1989년도 지방정부 및 주택법(Sec. 43~45)에 나타나 있다.

감정평가사들을 중심으로 과표평가를 실시하였다. 감정국은 과표의 평가리스트를 유지 · 관리하는 한편 평가리스트의 이의신청에 대한 관할권을 갖는다. 납세대상자가 과표에 대하여 이의신청을 하는 경우 궁극적으로 평가심판소(Valuation tribunals)에서 처리한다.

감정국이 지역 내의 비거주용 자산을 대상으로 작성하고 정리한 지역레이트 표(local rating list)를 기초로 지방정부는 비주거레이트를 징수할 책임을 진다. 1989년도 지방세법 개정에 의해서 지방에서 징수한 비주거레이트 수입은 종전과 달리 중앙정부에 의해서 공동관리되면서 각 지방정부에게 재배분된다. 비주거레이트를 관리하는 지방정부는 디스트릭과 런던바러이며, 그 밖에 지방의 상공회의소, 지방평가사무소(local valuation office), 평가심판소도 비주거레이트의 징수 · 부과 · 이의신청에 직 · 간접적으로 관련되고 있다.

(2) 주택혜택, 지방세혜택에 대한 재정제도

영국의 사회보장법(Social Security Act)은 지방정부에게 다음과 같은 의무를 부여하고 있다.

① 주택혜택(housing benefit) 대상자에 대한 공공주택 임대료의 환불
② 민간주택의 임대자에 대한 적정수준의 혜택(임대료 지불 등) 부여
③ 카운슬세 혜택대상자들에 대한 카운슬세 납부액의 환급
④ 각종 공공혜택의 수혜가능성이 있는 주민들에 대한 자문 및 수혜방법에 대한 조언
⑤ 공공혜택에 대한 재평가, 하자 및 이의접수
⑥ 사기나 과다지불 등에 대한 적절한 대처

주택혜택과 지방세혜택에 대한 업무는 디스트릭과 런던바러가 담당한다. 지방정부가 수혜대상자들에게 경감 또는 환급해 주는 금액의 대부분은 중앙정부보조금을 통하여 변제된다.

11. 기타

이 밖에도 지방정부는 지역경제개발기능을 비롯하여 소비자보호, 농산물 규제 및 각종 검사의 실시, 병충해 · 가축질병예방 등의 기능을 담당한다. 지방정부는 1950년대, 1960년대에 신도시건설, 지방산업유치를 통한 지역경제개발을 모색하였지만 보다 적극적인 지역경제개발기능을 발휘하기 시작한 것은 1970년대 말, 1980년대에 이르러서이다.

12. 교구 · 커뮤니티의 기능

영국에서 제3층의 제한된 지방정부 역할을 하는 교구 · 커뮤니티는 일반적으로 다음의 네 가지 기능을 지닌다.

첫째, 당해 지역 내의 주요 현안이나 관심사를 주민들과 함께 토론할 수 있는 광장을 제공하고 여기에서 결정된 사항들을 상위정부에게 적절히 보고 · 건의하는 기능을 갖는다.

둘째, 여유자원(free resource)에 대한 사용권을 갖는다.

셋째, 지역계획이나 개발사업과 관련하여 지역적 특수사항을 상급 지방정부에 건의하고 자문 · 협의하는 기능을 갖는다.

넷째, 주민회관 · 운동장 · 위락시설 · 가로등 관리, 공용보도 · 광장 · 소도로 · 버스주차장 · 화장장 등과 같은 지역과 밀접한 서비스를 디스트릭과의 협의하에 제공하는 기능을 담당한다.

이상의 네 가지 기능 가운데 첫 번째 기능이 교구 · 커뮤니티로서는 가장 중요하다. 그리고 교구 · 커뮤니티는 지방세 징수기관인 디스트릭에 대하여 자체기능을 수행하는 데 필요한 재원을 요청할 수 있는 권한을 갖는다. 앞서 언급한 바와 같이, 디스트릭은 카운티에게 세원의 일부를 나누어 줄 뿐 아니라 교구에 대해서도 지방세 수입의 일부를 준다.

13. 스코틀랜드와 북아일랜드의 지방정부 기능

(1) 스코틀랜드

스코틀랜드는 전술한 바와 같이 1996년에 모든 지방정부들이 단층자치단체로 바뀌게 되면서 광역―기초 구분이 없어지게 되었다. 이러한 단층자치단체들이 모든 지방정부서비스를 제공하게 되었는데, 경찰 · 소방 · 상수도서비스 등은 대규모 및 광역적으로 수행될 필요가 있어서 공동위원회로 운영되고 있다.

(2) 북아일랜드

북아일랜드는 디스트릭 중심의 단층제 지방정부 구조를 갖고 있으며, 잉글랜드, 웨일즈, 스코틀랜드와 달리 지방정부의 기능이 매우 약하고 제한적이다. 이러한 사실은 지방정부의 순지출규모(1990/91)가 북아일랜드 총재정 지출의 2.5% 수준에 불과한 사실을 통하여 알 수 있다.

· 지방정부는 소규모의 매우 제한된 행정서비스를 공급한다.
· 대부분의 기간 행정서비스―교육, 도서관, 보건, 대인사회서비스―는 중앙정부에 속하는 각종 위원회(Area Board)에 의해서 제공된다.
· 상당부분의 행정기능―예컨대, 계획, 도로, 상하수도 사업―은 중앙정부의 북아일랜드부(Northern Ireland Office)가 선정한 기관이 담당하며, 북아일랜드부는 환경 · 교통 · 지역부 소관사무를 전담한다.
· 주택기능은 런던의 환경 · 교통 · 지역부가 관장하는 아일랜드 주택기구(Northern Ireland Housing Executive)가 담당한다.

제5절 종합

지금까지 기술한 내용들을 토대로 주요 기능의 지방정부간 배분에 관하여 종합적으로 정리하면 [표 1-2-3]과 같다. [표 1-2-3]에 나타나 있는 기능구분은 특정 지방정부가 해당기능을 전담하는 것이라기보다는 주도하는 것으로 해석하는 것이 바람직하며 여기에는 예외도 있다.

〈표 1-2-2〉 영국 지방정부의 기능에 관한 최근 동향

- · 교육, 주택기능의 권한 축소
- · 기술서비스(쓰레기수거, 청소, 음식공급, 수선 · 관리 등)와 전문서비스의 민간이양 추세
- · 직접선거와 무관한 공공기관에 의한 서비스공급의 증가 경향(신도시새발공사(New Town Development Corporations), NHS 등)
- · 단일목적 특별지방정부에 대한 권한이양 증거(Urban Development Corporations, Trading Enterprise Councils, Housing Action Trusts 등)
- · 준정부기관(QUANGO)의 서비스공급 기능 확대

1990년대를 전후로 지방정부에 대한 구조 · 조직개편과 정부의 운영 및 관리방식에 큰 변화가 일고 있는 가운데 지방정부의 기능상에 상당한 변화가 뒤따르고 있다. 지방정부의 전통적 기능에 해당하는 교육, 주택기능에 대한 권한이 축소되는 동시에 각종 행정기능들이 민간부문에 이양되거나 민간부문과 직접적인 경쟁관계에 놓이게 되고 있다. 이와 함께 주민의 직접선거와 무관한 각종 공공기관들이 출현하여 지방정부의 기능과 역할에 직 · 간접적인 영향을 미치고 있다. 그 가운데 관 · 민파트너십(public-private partnership)도 새로운 서비스공급방식의 하나로서 부상하고 있다. 이러한 가운데 스코틀랜드의 상수도, 잉글랜드와 웨일즈의 경찰기능 등이 지방으로부터 중앙으로 권한이양이 되어야 한다는 주장도 제기되고 있다.

〈표1-2-3〉 잉글랜드 · 웨일즈 지방정부의 주요서비스에 대한 업무분담

정부기능		잉글랜드대도시		잉글랜드비대도시		런던		잉글랜드, 웨일즈, 스코틀랜드	
		공동 위원회	바러/디스트릭 카운슬	카운티 카운슬	디스트릭 카운슬	바러 카운슬	GLA	공공/특별기관	단층 자치단체
사회복지서비스			○	○		○			○
교육			○	○		○			○
도서관			○	○		○			○
박물관 및 미술관			○	○	○	○			○
주택			○		○	○			○
도시계획	전략적계획		○	○			○		○
	지방계획		○		○	○			○
고속도로			○	○	○	○	○		○
교통관리			○	○		○	○		○
승객수송		○		○			○	○	○
운동장 및 수영장			○	○	○	○			○
공원 및 오픈스페이스			○	○	○	○			○
쓰레기 수집			○		○	○		○	○
쓰레기 처리		○	○	○		○	○	○	○
소비자 보호			○	○		○	○		○
환경보건			○		○	○	○	○	○
경찰		○		○			○	○	
소방		○		○			○	○	

자료: Tony Byrne, 2000, pp.84~85.

제6절 주요 국가의 지방정부 기능

주요 국가를 개괄적으로 파악할 때 공공서비스가 중앙정부와 지방정부 간에 어떻게 배분되는 것이 합리적인가 하는 문제에 대하여 일반적이고 체계적인 원리를 발견하기는 힘들다. 예를 들어, 경찰기능의 경우 대부분의 국가에 있어서 중앙정부 또는 지역정부가 담당하는 데 비해 영국에서는 전통적으로 지방정부가 수행하고 있다. 교육기능의 경우 프랑스에서는 중앙정부가 관장하는 반면 미국에서는 학교위원회(school boards)가,

그리고 영국에서는 지방정부가 담당하는 실정이다. 이러한 예들은 전기·가스사업을 비롯하여 보건 및 병원운영 등에 있어서도 흔히 발견된다.

그뿐 아니라 최근의 민영화 추세에 따라서 공공·민간부분간의 기능이 재정립되고 있고 그 현황이 각국마다 천차만별이므로 지방정부의 기능을 일률적으로 표준화시키기는 힘들다. 그러므로 국가간의 비교를 통해서 서로 다른 정부간의 기능분담에 관한 일반적이고 정형화된 결론은 도출하기는 매우 힘들다. 이러한 사실을 인식하면서 이 절에서는 몇몇 선진국을 대상으로 주요 공공기능의 중앙·지방간 분담상태에 관하여 개괄적으로 살펴보고자 한다.

미국, 캐나다, 독일과 같은 연방국가에서는 지방정부가 교육, 치안, 복지기능을 주로 담당하며, 교육기능은 대부분 독립적인 학교구가 담당하는 실정이다. 연방국가에 있어서는 지방정부에 비해 주의 권한이 상대적으로 강하며 재정면에서도 주정부가 지방정부에게 재정지원을 해주고 있다.

이에 비해 단일국가 형태를 취하는 영국, 일본, 스웨덴, 노르웨이, 덴마크, 프랑스에서는 지방정부가 교육, 주택, 대민복지, 건강, 지역계획·지역개발, 경찰·소방, 도로·교통 등의 업무를 담당한다. 이 중에서 주택과 경찰기능은 국가에 따라서 지방정부가 담당하지 않는 경우도 있다. 특히, 스칸디나비아 3국—덴마크, 노르웨이, 스웨덴—의 지방정부는 튼튼한 지방재정을 바탕으로 다른 어느 나라의 지방정부보다 적극적인 복지 및 소득보장기능을 맡고 있다. 교육기능의 경우 지방정부가 담당하는 것은 주로 의무교육에 해당하는 초·중등교육이며, 성인교육·직업교육은 국가가 맡는 경우가 많다.

단일형 국가간에도 지방정부의 구조와 각국이 처한 사회·정치·경제·역사적 환경이 다르기 때문에 표준화되고 정형화된 기능배분 유형을 발견하기 힘들다. 이러한 사실은 주요 국가별 정부간 기능분담 현황을 개괄적으로 보여주는 〈표 1-2-4〉를 통해 알 수 있다.

〈표 1-2-4〉를 통하여 알 수 있는 사실은 교육 · 사회서비스 · 경찰기능과 같은 주요 공공기능들은 대체로 상위 지방정부가 담당하는 반면, 쓰레기 서비스 · 여가 · 복지기능 등은 대체로 하위 지방정부가 담당한다는 것이다. 이에 비해 교통 및 수송기능은 서로 다른 정부간에 기능이 분담되는 경우가 많이 있다. 그것은 무엇보다도 이들 부문이 원활한 기능수행을 하기 위해서는 상호 협조체제가 잘 이루어지는 것이 매우 중요하기 때문이다.

〈표 1-2-4〉 각국의 정부간 기능분담 상태

교 육	1	2	3	4	고등교육	1	2	3	4	주 택	1	2	3	4
오스트리아	●				오스트리아	●	●			오스트리아		●		
벨지움		●		●	벨지움		●		●	벨지움			●	●
덴마크			●		덴마크			●		덴마크	●		●	
프랑스				●	프랑스	●	●			프랑스				●
독 일		●	●		독 일	●	●			독 일		●	●	●
아일랜드	●				아일랜드		●	●		아일랜드		●	●	
이탈리아	●		●		이탈리아	●	●	●	●	이탈리아				●
네덜란드	●		●		네덜란드	●				네덜란드	●		●	
뉴질랜드	●				뉴질랜드	●				뉴질랜드	●			
노르웨이	●	●	●		노르웨이	●				노르웨이	●	●	●	
포르투갈	●				포르투갈	●				포르투갈	●		●	
스페인	●	●	●	●	스페인	●				스페인		●		
스웨덴		●			스웨덴	●	●			스웨덴			●	
영국	●	●			영국	●				영국		●	●	
미국	●		●	●	미국		●			미국				●
사회서비스	1	2	3	4	보 건	1	2	3	4	쓰레기	1	2	3	4
오스트리아	●	●	●		오스트리아		●	●		오스트리아		●	●	
벨지움	●	●		●	벨지움		●			벨지움			●	●
덴마크		●			덴마크	●			●	덴마크			●	
프랑스	●				프랑스			●	●	프랑스				●
독 일	●			●	독 일			●	●	독 일				●
아일랜드	●				아일랜드					아일랜드		●	●	
이탈리아		●		●	이탈리아		●		●	이탈리아				
네덜란드	●	●			네덜란드	●	●			네덜란드		●	●	
뉴질랜드	●				뉴질랜드	●				뉴질랜드			●	
노르웨이	●	●			노르웨이	●	●	●		노르웨이	●	●	●	
포르투갈	●			●	포르투갈	●				포르투갈			●	
스페인	●	●	●	●	스페인	●	●	●	●	스페인				●
스웨덴	●	●	●		스웨덴		●	●		스웨덴				
영국		●			영국	●				영국		●		
미국		●	●		미국					미국				●

수 도	1	2	3	4
오스트리아		●		
벨지움			●	●
덴마크			●	
프랑스				●
독 일			●	
아일랜드		●	●	
이탈리아		●		
네덜란드	●		●	
뉴질랜드			●	
노르웨이		●	●	
포르투갈			●	
스페인	●			●
스웨덴			●	
영국				
미국				●

문 화	1	2	3	4
오스트리아	●	●	●	
벨지움		●		●
덴마크	●	●		
프랑스				●
독 일		●	●	
아일랜드		●	●	
이탈리아		●	●	●
네덜란드	●		●	
뉴질랜드			●	
노르웨이	●	●	●	
포르투갈	●		●	
스페인	●	●	●	●
스웨덴	●	●	●	
영국		●		
미국				

여 가	1	2	3	4
오스트리아		●	●	
벨지움		●		●
덴마크			●	
프랑스				●
독 일				●
아일랜드		●	●	
이탈리아				
네덜란드			●	
뉴질랜드			●	
노르웨이	●	●	●	
포르투갈	●		●	
스페인	●	●	●	●
스웨덴			●	
영국		●		
미국		●	●	●

교 통	1	2	3	4
오스트리아	●	●	●	
벨지움	●		●	●
덴마크	●	●		
프랑스	●	●	●	●
독 일	●	●	●	
아일랜드	●	●	●	
이탈리아		●	●	●
네덜란드	●	●	●	
뉴질랜드		●	●	
노르웨이	●	●	●	
포르투갈	●		●	
스페인	●	●	●	●
스웨덴	●	●	●	
영국	●	●	●	
미국		●	●	●

경제개발	1	2	3	4
오스트리아	●	●		
벨지움	●		●	●
덴마크	●			
프랑스	●			
독 일				
아일랜드				
이탈리아				●
네덜란드	●			
뉴질랜드			●	
노르웨이	●	●	●	
포르투갈	●			
스페인	●	●		
스웨덴	●			
영국		●	●	
미국				

전 기	1	2	3	4
오스트리아		●		
벨지움	●		●	
덴마크			●	
프랑스	●			
독 일		●	●	
아일랜드				
이탈리아				
네덜란드				
뉴질랜드				
노르웨이	●	●	●	
포르투갈	●		●	
스페인				
스웨덴	●		●	
영국				
미국				●

교 육	1	2	3	4
오스트리아		●	●	
벨지움				●
덴마크			●	
프랑스				●
독 일		●	●	●
아일랜드			●	
이탈리아				
네덜란드	●		●	
뉴질랜드	●			
노르웨이	●		●	
포르투갈			●	
스페인		●		●
스웨덴			●	
영국		●		
미국				●

고등교육	1	2	3	4
오스트리아	●	●	●	
벨지움	●			●
덴마크	●			
프랑스	●			
독 일		●		
아일랜드	●			
이탈리아		●		●
네덜란드	●		●	
뉴질랜드	●			
노르웨이	●	●		
포르투갈	●		●	
스페인	●	●		●
스웨덴	●			
영국	●	●		
미국			●	●

자료: Guy Hollis, Local Goverment Finance, LGC, Black Bear Press, 1994, pp. 11~13.

주 1: 1은 국가 수준을, 그리고 4는 최하 지방정부 수준을 의미함.

주 2: 연방국가의 경우 1은 연방정부, 2는 주정부, 그리고 3 · 4는 지방정부를 의미함.

단일국가의 경우 2는 광역지방정부, 그리고 3 · 4는 기초지방정부의 성격을 지님.

각국의 경우를 살펴볼 때 지방정부는 1차적으로 각종 공공서비스를 주민에게 제공하는 주체로서 역할을 하면서 2차적으로 지역의 대변자 또는 옹호자로서의 기능을 담당하는 경향을 보인다. 후자는 지역주민의 다양한 수요를 파악하고 다양한 제도와 기관을 통하여 지역의 주체를 고양시키는 것을 의미하는데 각국마다 차이를 보이고 있다.

특히 최근 들어서는 지방정부가 행정서비스의 공급주체로서의 역할을 초월하여 주민이 필요로 하는 서비스를 구체적으로 파악하고 그것을 적절히 공급할 수 있도록 공공·민간부분과 비영리·자원봉사 부문을 종합적이고 적극적으로 활용하는 시도가 각국에서 전개되고 있다. 이러한 시도는 앞으로 지방정부가 담당하는 고유기능을 상당히 유연하고 탄력성 있게 변화시킬 것으로 전망된다.

제3장 영국 지방정부의 조직구조

제1절 계층구조

영국의 지방정부 구조는 우리 나라와 같이 전국적으로 단일체제가 형성된 것이 아니라 이중구조를 가지고 있다. 근대 이후 영국의 지방정부 구조는 대체로 2층 내지 3층구조 형식을 취하여 왔으며, 그 명칭과 기능은 시대적 상황과 지역에 따라서 조금씩 달랐다. 2001년 현재 영국의 지방정부는 기본적으로 2층 구조를 지니며, 지역에 따라서는 단층 또는 3층 구조를 지니기도 한다.

2층구조는 1996년 이전의 잉글랜드와 웨일즈의 경우 카운티-티스트릭이며, 스코틀랜드의 경우 리젼(region)-디스트릭이다. 우리 식으로 표현하자면 카운티와 리젼은 광역지방자치단체, 그리고 디스트릭은 기초지방자치단체에 해당한다. 단층구조는 대도시형 지방정부를 중심으로 형성되어 있으며 런던 바러(London borough)와 대도시 디스트릭(metropolitan district)이 이에 해당한다. 1996년 이후 스코틀랜드와 웨일즈 모두 그동안의 2층제에서 단층제 자치단체로 바뀌어 가고 있다. 2000년 현재 스코틀랜드와 웨일즈에서 2층제는 존재하지 않으며 단층제 자치단체만 구성되어 있다. 이와 관련된 자세한 내용은 뒤에서 설명된다.

3층구조는 카운티-디스트릭의 2층구조에다 대개 농촌지역을 중심으로 형성되어 있는 교구(parish)를 포함하는 계층구조, 즉 카운티-디스트릭-교구로 되어 있다. 웨일지와 스코틀랜드에서는 교구에 해당하는 것으로 커뮤니티(community)가 있다. 따라서 1966년 이전의 웨일즈의 경우 3층구조는 카운티-디스트릭-커뮤니티이며, 스코틀랜드의 경우는 리젼-디스트릭-커뮤니티이다. 기능과 권한면에서 스코트랜드의 커뮤니티는 웨일즈의 커뮤니티보다 약하다.

교구나 커뮤니티는 매우 제한적인 기능을 가지며 특별한 경우를 제외하고는 통상 영국에서는 기간 지방정부(principal local authorities)로 간주하지 않는다.

북아일랜드의 경우 영국 내의 다른 세 지역들과 달리 디스트릭 중심의 단층지방정부체제가 형성되어 있다. 그러나 북아일랜드의 경우 지방정부가 존재하기는 하지만 그것이 담당하는 기능이 매우 제한적이라서 사실상 중앙정부에 의한 통치가 이루어지고 있다고 해도 과언이 아니다. 이러한 현실의 배경에는 오랜기간 동안 북아일랜드 지역과 런던의 중앙정부간에 빚어진 역사적 갈등이 담겨있다.

2001년 1월 현재 영국의 지방정부 계층구조는 〈그림 1-3-1〉과 같다.

〈그림 1-3-1〉 영국의 지방정부 계층구조(2001)

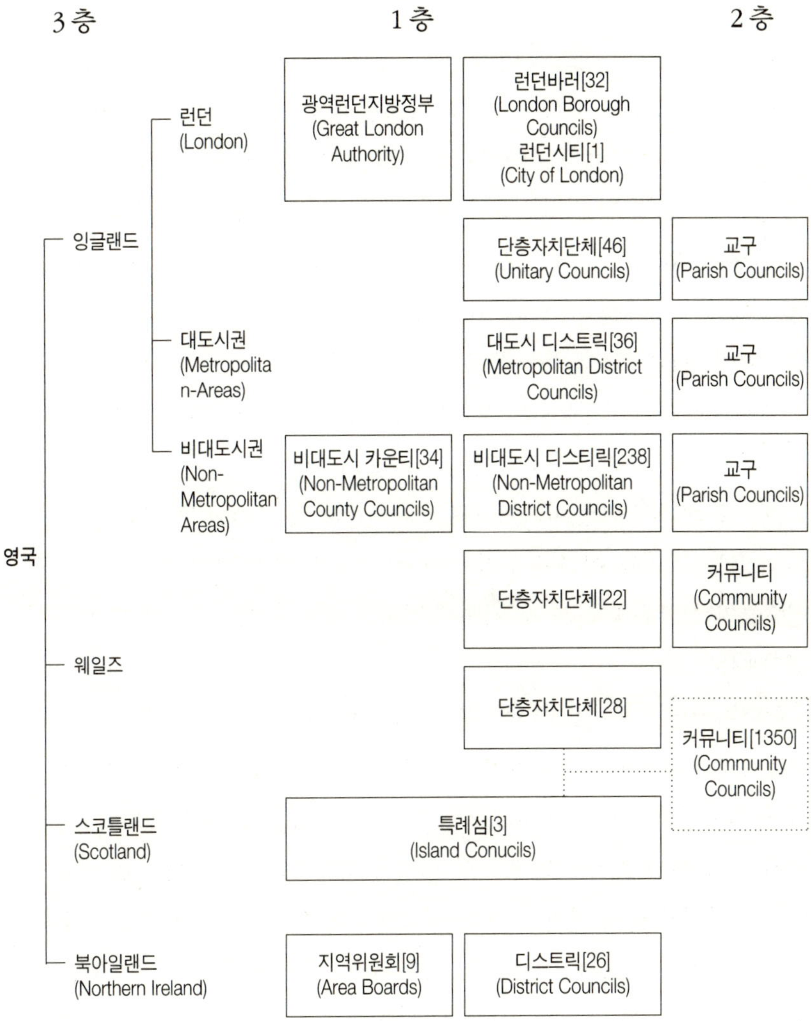

주: Byrne(2000)을 참조하여 필자가 재구성한 것임.
[ ] 안의 숫자는 해당 지방정부의 수를 의미.

제2절 잉글랜드와 웨일즈의 지방정부 계층구조

2001년 현재 잉글랜드와 웨일즈의 지방정부 계층구조는 기본적으로 비슷하며, 지방정부의 특성과 환경적 요인을 바탕으로 크게 대도시형 특성을 보이는 그룹과 비대도시형 특성을 보이는 그룹으로 구분되고 있다. 전자에는 수도인 런던을 비롯하여 잉글랜드 내의 6개 대도시 지역-서 미들랜드(West Midland), 머시사이드(Merseyside), 광역맨체스터(Greater Manchester), 서 요크셔(West Yorkshire), 남 요크셔(South Yorkshire), 타인 · 웨어(Tyne and Wear)-가 포함되며, 후자에는 이들을 제외한 나머지 지역에 속하는 지방정부들이 포함된다. 참고로 잉글랜드에서 대도시권은 총인구의 40%, 그리고 총면적의 약 10%를 차지한다.

이와 같은 대도시권-비대도시권으로 구분한 것은 이들 두 지역간의 사회 · 경제 · 지리적 여건이 뚜렷이 다르고 그 결과 지방정부의 구조와 행정수요가 상당히 달라서 각 지역에 적합한 행정조직을 마련할 필요성이 있기 때문이다.

런던지역은 1985년도 대처정부 시절 지방정부법에 의해서 종전의 2층구조로부터 단층구조의 지방정부 체제로 변화되었으나 토니 블레어 정부가 들어서면서 광역런던시(Greater London Authority)가 부활되어 다시 종전의 2층제 구조로 바뀌게 되었다 현재 GLA산하에는 32개의 런던바러와 런던시티가 속해 있다. 그리고 잉글랜드에 속하는 6개 대도시 지역의 경우는 여전히 대도시 디스트릭(metropolitan district)의 단층 지방정부로 구성되어 있다. 그러나 여기서 추가할 것은 기존의 비대도시 디스트릭에 속해 있던 기초자치단체들이 몇 개씩 통합되어 단층자치단체로 승격하고 있다는 사실이다. 이 단층자치단체들은 1992년에 구성된 지방정부위원회(Local Government Commission)가 고안해낸 정책대안인데 복잡한 계층제로 인한 관료주의 절차를 거치지 않고 효율적인 서비스 제공을 위한다는 취지로 생긴 것이다. 이에 대해서는 찬반양론이 있었으며 일부 카운티에서는 반발하여 재판을 청구하기도 하였다. 그러나 결국 1996년 4개의 카운티-Avon, Cleveland, Humberside 및 Berkshire-가 폐지되고 그 안에 있던 기초자치단체들이 단층자치단체의 법적 지위를 갖게 되었다. 2001년 1월 현재 46개의 단층자치단체들이 존재하는데 이들은 비대도시지역의 기초자치단체이면서도 카운티에 속하지 않고 카운티의 권한을 가지면서 바로 중앙정부와 직결된다는 점에서 큰 의의를 가진다.

웨일즈의 경우에도 단층자치단체로 전환되어 1997년 4월에 22개의 단층자치단체가 수립되어졌다. 이들을 제외한 대부분의 농촌지역들은 비대도시 카운티(non-metropolitan county)로 구성되어, 잉글랜드에 34개가 있다.

비대도시 카운티는 기본적으로 자신의 하위정부에 해당하는 디스트릭(district conucil)들로 구성되며, 2001년 현재 잉글랜드에 238개가 있다. 평균적으로 보아 각 디스트릭의 인구는 약 10만 명이고 평균면적은 약 4만 ha이다. 디스트릭 중에는 인구 규모가 약 100만 명인 버밍햄(Birmingham)시로부터 불과 2~3만 명에 해당하는 작은 곳도 있다. 인구면에서 보면 카운티는 평균적으로 우리나라의 도보다 규모가 작고, 디스트릭은 군보다 조금 크며 중소도시와 비슷하다.

디스트릭 중에서도 어떤 디스트릭은 "시티(city)" 또는 "바러(borough)"라고 불리는데 이것은 공식적인 행정명칭이라기보다는 역사나 전통과 관련이 있는 명칭이다. 역사적으로 바러는 국왕의 칙허에 의해서 특권을 부여받은 자치도시였다. 그 중 일부가 시티라는 명예를 갖게 되었고, 그 장을 시장(mayor)이라고 명명하였다. 당시 바러에 대해서는 카운티에 통제를 받지 않는 독립적인 법인격이 부여되었고 독립선거구의 형성과 시장개설 권한이 부여되었다. 1972년도 지방정부법에 의해서 바러의 특별지위가 폐지되었고, 현재 바러라는 명칭은 런던의 32개 바러 이

외에는 거의 사용되지 않는다.

〈그림 1-3-2〉 잉글랜드의 지방정부 계층구조

자료 : Tony Byrne, Local Government in Britain, 2000, P. 56.
주 : [ ]안의 수치는 해당 지방정부의 수임.

잉글랜드와 웨일즈에는 교구(Parish council) 또는 커뮤니티(community council)가 있다. 통상 각 디스트릭하에 여러 개의 교구가 존재한다. 이들은 종교적인 배경하에 중세부터 전통적으로 존재해 왔는데 이들이 지방정부로서 지니는 기능과 책임은 사실상 매우 제한적이다. 영국의 교구는 유럽대륙의 교구와 달리 종교적 기능을 가지면서도 일부 행정기능을 수행하였다. 특히 1601년에 극빈자를 구호할 목적으로 구빈법이 제정되고 1834년에 그것이 개정될 때까지 교구의 행정기능은 상당히 강화되었다.

오늘날의 교구는 1972년도 지방정부법을 근거로 존재하며 현재 약 10,200개의 교구가 있다. 그 중 약 8,200개가 지방의회를 구성하며 약 70,000명의 의원을 보유하고 있다. 교구들 가운데는 주민이 10명 미만인

곳에서 5만 명 이상인 곳에 이르기까지 천차만별이다. 선거인이 200명 이하인 소규모 교구들은 의회를 구성하지 않고 주민회의를 통해서 지역의 업무를 수행한다. 통상 각 교구는 1년에 한 번 교구회의를 개최해야 하지만 경우에 따라서는 2년에 1번 개최하기도 한다.

이와 같이 교구 · 커뮤니티는 수가 많음에도 불구하고 실제 이들이 지방정부에서 차지하는 중요성은 그다지 크지 않다.[3] 영국에서는 카운티나 디스트릭과 같은 것을 "기간 지방정부(principal local authorities)"라 한다. 교구는 일부 도시를 제외하면 대부분 통촌형 디스트릭을 중심으로 발달해 있으며, 특수한 경우를 제외하고는 타운 카운슬(Town Council)로 불리는데(일부지역에서는 커뮤니티 카운슬로도 불림) 도시지역에서는 거의 없는 편이며 주로 농촌지역에 존재한다. 이는 매우 제한된 권한을 행사하는데, 가령 마을의 주차규제, 가로등, 해충구제 및 지방환경 관리 등에 관한 권한을 행사한다. 이 교구는 전문가가 아닌 서기(clerk)에 의해 조직화되며 열성적인 지방주민들이 직원으로 활동한다. 회의는 자주 있지 않으며 교구의 행정책임은 그다지 크지 않다. 정당들이 거의 관여하지 않기 때문에 자원봉사적인 직원을 확보하기 쉽지 않다. 때로는 주민 여론을 알기 위하여 논쟁거리가 되는 이슈가 생기면 회의가 열리기도 한다. 그러므로 교구를 영국에 있어서 직접 민주정치의 예로 보기는 힘들다(McNaughton, 1998 : 23~24).

교구는 인구면에서 잉글랜드 인구의 약 25%에 해당하는 약 1,400만 명을 포괄하고 있지만 재정면에서는 인구에 걸맞지 않게 통상 소규모 예산을 갖는다. 잉글랜드의 경우(1990) 교구의 총예산은 1.08억 파운드이며 평균 교구원수는 26,400명이다.

---

3) 일반적으로 영구의 지방정부에 관하여 논하는 경우 특별한 언급이 없는 한 교구와 커뮤니티를 포함시키지 않는 경향이 있다. 그것은 교구와 커뮤니티의 규모나 기능이 미미하기 때문이다.

(1) 잉글랜드

2001년 1월 현재 잉글랜드의 지방정부는 94개의 카운티, 238개의 디스트릭, 36개의 대도시 디스트릭, 46개의 단층자치단체, 광역런던시, 그리고 32개의 런던바러와 런던시티로 구성되어 있다. 기본적으로 2층구조를 지니고 있으나 6대 대도시 지역 단층자치단체, 그리고 씰리 제도(Isles of Scilly)는 단층제로 되어 있다(〈표 1-3-1〉).

〈표 1-3-1〉 잉글랜드의 지방정부 개요

지방정부의 유형		정부수	지방의원수
카운티 카운슬		34	2,471
런던	런던 바러 카운슬	32	2,068
	광역런던시	1	25
대도시 카운슬		36	2,478
비대도시 디스트릭		238	10,820
단층자치단체		46	2,433
합 계		388	20,295

자료 : Tony Byrne, op. cit.

카운티는 우리 나라의 도에 가까우며 중세 이후 계속 광역행정기구로 존재해 오면서 전통적으로 "샤이어 또는 셔(Shire)"라고 불리웠다. 1972년도 지방행정법에 의해 카운티 바러가 폐지되면서 이 명칭은 일부 카운티의 이름 뒤에 붙는 역사적 명칭이 되었다. 카운티는 평균인구 77만 명, 평균면적 3,100㎢, 평균 의원수 77명을 지니고 있다. 인구규모면체서 카운티는 인구 127,000명(Isle of Wight)으로부터 1,578,000명(Hampshire)에 이르기까지 다양하다.

우리의 기초자치단체에 해당하며 시 · 군과 비슷한 기능을 갖는 디스트릭은 평균인구가 10만 명이며, 평균면적 400㎢, 평균 의원수 77명을 가진다. 따라서 1개 카운티는 평균적으로 8개의 디스트릭을 보유하는 셈이다.

우리 나라의 자치구와 비슷하면서도 기능 · 위상면에서 상당한 차이가 있는 대도시 디스트릭과 런던 바러는 각각 평균인구가 31만 명, 20만 명, 그리고 평균 면적이 각각 200㎢, 50㎢이다[4].

카운티는 디스트릭에 비해 보다 많은 권한과 예산을 지닌다. 카운티의 평균 예산은 3억 6,000만 파운드인 데 비해 디스트릭의 평균예산은 2,500만 파운드에 불과하다. 카운티는 자신이 직접 지방세를 부과하지 않고 디스트릭에게 징수를 요청한다. 카운티는 자신에게 속한 지방정부(디스트릭)에게 카운티 재정에 필요한 재원의 일부를 충당할 수 있도록 지방세 징수를 요청한다. 이것을 영국에서는 "프리셉트(precept)"라 한다.

(2) 웨일즈

웨일즈 지방정부의 경험과 패턴은 잉글랜드의 그것과 밀접히 연관되어 있다. 웨일즈에서는 1994년 지방정부법(Local Government(Wales) Act)이 통과되면서 그동안의 2층 자치단체 구조가 단층자치단체 구조로 변화하였다. 그 결과 1997년 4월 1일을 기준으로 22개의 단층자치단체가 발족되게 되었는데 이러한 단층자치단체는 각자가 기본적으로 모든 지방정부 기능을 수행하도록 만들어졌다. 그러나 잉글랜드처럼 일부 서비스는 공동으로 처리되도록 조치되었다. 예를 들어, 3개의 소방부서가 전 웨일즈의 소방서비스를 공동으로 제공한다. 또한 광역적 기능을 처리할 목적으

---

4) 카운티, 디스트릭, 대도시 디스트릭, 바러에 대한 번역을 독자들이 이해하기 쉽게 우리 나라의 행정조직 개념과 1 : 1 대응식으로 표현하고자 노력해 보았으나 여러 가지 면에서 우리가 뒤따르는 것 같아서 결국 원어의 한글표기방식으로 나타내기로 하였다. 우리 나라의 행정조직과 비교할 때, 카운티와 비대도시 디스트릭은 각각 도와 시 · 군에 가장 근접하고, 대도시 디스트릭과 런던의 바러는 자치구에 근접하지만 실제로는 인구 · 면접 · 재정 · 기능 등의 측면에서 양국간의 차이가 있으므로 우리 나라의 지방행정조직 체계로 번역하는 것은 다소의 무리가 있을 뿐 아니라 독자에게 오해를 불러일으킬 소지가 있다고 판단된다.

로 많은 구역위원회(area committees)가 설치되었고 이들이 공동업무 처리를 담당하기도 한다. 잉글랜드처럼 지방정부의 명칭도 다양하여 사실 기능적으로는 동일한 단층자치단체이면서도 지방정부의 명칭은 다양하게 명명되고 있다. 예컨대, 수도인 카디프는 Cardiff County로 불리며 Bridgend County Borough처럼 카운티 바러를 붙이는 지역도 있고, Gwynedd Council처럼 단순하게 부르고 있는 지방정부도 있어서 다소 복잡한 명칭체계를 가지고 있다.

제3절 스코틀랜드와 북아일랜드의 지방정부조직

(1) 스코틀랜드

스코틀랜드는 인구와 면적에 있어서 각각 영국 전체의 9%, 32%를 차지한다. 따라서 인구밀도가 낮은 편이다. 스코틀랜드에는 아일랜드에서 넘어온 켈트족이 많이 거주하여서 켈트문화의 잔재가 많다. 지형적으로는 남부의 저지대(low land)와 계곡, 고원, 호수가 상당부분을 차지하는 북부의 고지대(highlands)도 뚜렷이 구분된다. 인구와 산업은 남부지역에 밀집되어 있으며 스코틀랜드 총면적의 2/5를 차지하는 북부 고지대에는 불과 20만 명 정도만 살고 있다.

한마디로 스코틀랜드의 지방정부 계층구조는 잉글랜드와 다르다. 스코틀랜드에서는 중세부터 바러라는 자치도시가 존재하였고, 특히 15, 16세기 무렵에 바러 카운슬이 생겨나면서 그것이 지방행정의 중심체로서 기능을 하였다. 그 후 잉글랜드가 스코틀랜드를 통합하면서 스코틀랜드의 지방정부는 카운티-디스트릭의 2층 구조가 형성되었고, 그 밖에 카운티로부터 독립한 4개의 특별시(Edinburgh, Glasgow, Aberdeen, Dundee)가 있었다.

현대 스코틀랜드의 지방정부는 1973년도 지방정부법(1975년 5월부터 유효)에 의해서 수립되었다. 동법은 스코틀랜드의 지방정부를 리젼-디스트릭 체제로 변화시키면서 종래의 4대 특별시제도를 폐지하였다. 그리고 지리적 특성을 지니는 3개 도서지역(Shetland, Orkney, Western Isles)만을 별도로 단층제의 지방행정을 허용하였다.

스코틀랜드의 경우 간단히 말해서 지방정부 측면에서 볼 때 두 가지의 큰 현대적 변화가 있었다. 그 첫째 변화로는 1974년에 있었던 휘틀리 위원회(Wheatley Committee)의 권고안에 의해서 2층 지방정부제가 수립된 것을 지적할 수 있다. 이는 〈표 1-3-2〉에서 보는 바와 같다.

〈표 1-3-2〉 스코틀랜드 지방정부 변화(1974~1996)

계 층	형 태	지방정부 수	기능(예시)
제1계층	리젼(Regions)	9	교육, 경찰
제2계층	디스트릭(districts)	53	사회복지서비스, 노인보호
단층	섬(Islands)	3	대부분의 지방행정서비스

자료 : McNaughton(1998 : 15)

이러한 지방정부체제의 특징은 9개 리젼간, 그리고 53개 디스트릭간에 인구, 면적 등에 있어서 격차가 대단히 크다는 것이다. 또한 섬 지역들(Shetland, Orkney 및 Western Isles)은 그들이 처한 지리적 문제 때문에 분할될 수 없어서 단층자치단체의 지위를 가지게 되었다. 두 번째 변화는 1990년대에 생긴 변화이다. 즉, 1996년에는 그 동안의 2층제 구조에서 단층제 구조로 바뀌게 되었으며 그 결과 28개의 단층자치단체가 창설되게 되었다. 잉글랜드의 교구에 비슷한 권한을 가진 커뮤니티 카운슬은 그대로 유지되었으나 이는 실질적인 측면에서 지방정부로 볼 수 없기 때문에 결국 단층체제로 전환되었다고 할 수 있다.

스코틀랜드의 지방정부는 잉글랜드와 웨일즈와는 달리 지방정부의 명칭에 있어서 일관성이 있다. 즉, Stirling Council, Fife Council, Highland Council 등으로 명칭이 일관성이 있으나 어떤 경우는 예외적으로 City of Glasgow처럼 City가 붙는 경우도 있다. 그러나 반면 직접 또는 간접으로 임명되는 공동업무처리기관들이 많아서 좀더 깊이 파고 들면 그 복잡성을 알 수 있다. 이는 잉글랜드와 웨일즈의 경우도 마찬가지이다. 예를 들면 경찰, 소방, 상수도 서비스처럼 광역적인 성격을 띠는 서비스는 공동위원회(Joint Board)에 의해서 처리되는데 여기에는 6개의 경찰서, 3개의 상수도청, 그리고 6개의 소방서가 포함되어 있다.

(2) 북아일랜드

아일랜드에는 원래 켈트문화가 번창하였으나 중세에 영국본토로부터 개신교도들이 이주해 오면서 차츰 민족적 · 종교적 분쟁으로 이어졌다. 1801년의 합병법에 의해서 아일랜드는 마침내 영국(UK)의 일부가 되었다. 합병과정에서 아일랜드인은 다양한 방법으로 저항하였으나 결국 잉글랜드의 힘앞에 무릎을 꿇고 말았다.

1921년에는 카톨릭이 압도적으로 우세한 남부 26개 카운티가 영국으로부터 독립하여 아일랜드공화국(The Republic of Ireland)을 수립하였고, 개신교들의 지배하는 북부 6개 카운티만이 계속적으로 영국에 남게 되었다. 이 지역은 아일랜드 전체 면적의 약 1/6정도되며, 1992년 현재 약 160만 명이 여기에 살고 있다.

인종, 종교, 역사를 배경으로 하는 북아일랜드 분쟁은 20세기 초반부터 1990년대 초반에 이르기까지 끊임없이 계속되었다. 특히 1960년대 이후 무력항쟁을 시도하는 과격파 카톨릭 중심의 IRA(Irish Republican Army)의 테러행위가 영국도처에서 발생하면서 국내외의 관심과 우려를 고조시켰다. 1917년에 결성된 신페인(Sinn Fein)과 후에 결성된 IRA등은 북아일랜드의 독립을 위하여 무력수단을 동원하였다4).

1920년의 통합법에 의해 1921년부터 북아일랜드 의회가 구성되었고, 1922년도 북아일랜드 지방정부법에 의해 지방행정의 체계를 정비하였다. 1972년도 이전의 북아일랜드 지방정부제도는 기본적으로 2층 구조를 채택하였는데, 그 첫 번째 계층은 카운티이고, 두 번째 계층은 비카운티바러(Non-County Borough), 도시디스트릭(Urban District), 농촌디스트릭(Rural District)의 세 유형이 있었다.

현재 북아일랜드에는 주요 거주지역을 중심으로 형성된 디스트릭 위주의 단층 지방정부 체제가 형성되어 있다. 총 26개의 디스트릭이 있으며 디스트릭간에 인구격차(15,000~286,000명)가 심한 편이다. 인구가 많은 수도 벨페스트(Belfast)와 데리(Derry)시는 1973년에 새로운 지방행정제도를 도입하는 과정에서도 시(City Council) 자격을 그대로 유지하였다. 벨페스트는 북아일랜드의 산업·경제 중심지이고 개신교들이 정치·사회·경제를 주도하고 있다. 한편 데리〔잉글랜드에서는 런던데리(London Derry)라고 부름〕에서는 1972년에 카톨릭 신도들이 시가행진을 하는 도중 영국군이 발포하여 유혈사태가 발생하였다. 이 사건이 있은 다음부터 영국정부는 북아일랜드를 직접 통치하기 시작하였고, 1973년도 10월부터 26개의 디스트릭을 설치하는 등 북아일랜드의 지방행정에 상당한 변화가 있었다.

1998년에 체결된 이른바 "굿 프라이데이(Good Friday)" 협정 이후 정치적 상황은 이전과는 완전히 다른 비폭력적 시대로 전환되고 있는 것 같다. 지방자치측면에서 볼 때 북아일랜드의 지방정부는 보다 많은 자치권을 가지게 되면 명실상부한 지방자치시대로 전환될 것으로 예상되고 있다.

---

4) 신페인이란 아일랜드어로서 "우리 자신들(we ourselves)"이라는 뜻이며, 영국 정부는 오랫동안 Sinn Fein을 인정치 않았다. 그러다 1995년도를 전후로 평화무드가 조성되면서 그들과의 접촉을 시도하였고, 당시 Sinn Fein당의 지도자인 아담스(G, Adams)가 런던을 방문하여 영국 내외에 비상한 관심을 불러일으켰다.

제4장 영국의 지역경쟁력 강화와 자치계층구조 변화

제1절 서론

자치계층 구조는 구역문제와 맞물려 우리나라에서도 많은 연구가 진행되어 왔다(김병국, 1997; 안성민, 1997; 김익식, 1997; 홍준현, 1997; 한국지방행정연구원, 1999). 이러한 연구들은 우리나라 행정계층 구조의 문제점을 분석하고 이에 대한 대안을 나름대로 제시하고 있는 것이 특징이다. 이 외에도 많은 연구들이 행정계층과 관련하여 진행되어 왔다. 그러나 대부분의 연구들은 행정계층 및 행정구역 개편의 대안을 제시하고 있으며 이러한 대안들의 실현 과정에 있어서 발생하는 성공조건등에 대해서는 많은 논의가 없는 것 같다. 향후 우리나라의 경우에도 계층구조 문제는 또 다시 논의될 수 있는 여지가 있다는 점 및 중앙정부가 의도하는 지방에 관한 정책이 지방에서 어떻게 효과적으로 집행될 수 있는가 하는 데 관한 시사점을 얻기 위해서도 이 분야에 관한 다양한 사례연구가 필요하다고 생각한다.

이 같은 배경하에서 본 연구는 지역경쟁력 강화를 위해서 지방정부 재조직화라는 이름으로 계층구조 및 구역개편을 이루었던 영국의 사례를 살펴보고 그 개혁과정에서 얻을 수 있는 주요한 정책적 시사점을 도출해 보고자 한다. 연구의 1차적 대상은 1991년부터 1996년까지 이루어졌던 지방정부 재조직화과정이며 2003년부터 진행되고 있는 지방정부 재조직화 과정도 개략적으로 검토 보기로 한다.

제2절 지방자치계층제 개혁과정

영국의 행정학자이면서 지방정부 계층구조 및 구역개편 전문가인 Steve Leach는 지방정부의 계층구조 개편문제는 행정학적, 정책학적 측면에서 많은 흥미로운 이슈들을 제공해 준다(Leach, 1998a: 18)고 하고 있다. 그 이유는 기존의 지방정부에 심대한 이해관계를 미치는 개혁과정에서 중앙정부가 어떻게 지방정부와 주민들을 설득하여 중앙정부의 개혁방향대로 추진해 나갈 수 있는가에 대한 많은 시사점을 줄 수 있기 때문(Wilson & Game, 1994)이라고 한다.

영국의 경우 지방정부 재조직화 과정은 공공행정의 성격에 관한 교훈을 얻는데 있어서 연구자들이나 실무자들에게 중요한 토대를 제공해 주고 있다. 1991년에서 1996년까지 지속된 영국 지방정부 재조직화 과정은 지방정부재검토(Local Government Review)라는 제도를 통해서 이루어졌는 바 이는 정치과정과 정책결정 연구에 있어서 광범위한 이슈를 제공해 주고 있다(Steve Leach & Gerry Stoker, 1997: 1). 아울러 이 LGR 과정은 행정 실무가들에게도 역시 의미있는 것이었는데 이는 정책과정에서 많은 실질적 교훈을 얻을 수 있는 기회가 되었기 때문이다 (Steve Leach, 1998: 2).

1997년 영국의 대표적 행정학 관련 저널인 Public Administration은 Spring 호에서 지방정부 재 조직화를 특집으로 다루고 있는데 여기서는 이 재조직화 과정에 대한 분석을 통하여 얻고자 하는 몇 가지 구체적인 문제제기를 하고 있다. 이는 첫째, 중앙정부입장에서는 명확한 정치적 이익이 없는데도 불구하고 왜 지방정부 재조직화를 시도했는가? 둘째, 5년 동안의 재조직화 과정이 정책 네트워크의 능력에 관련하여 우리에게 주고 있는 교훈이 무엇인가? 셋째, 조직간 이론(inter-organisational theory)

은 재조직화에 관련된 지방정부들의 활동에 어느 정도로 영향을 미치고 있는가? 넷째, 지방정부재조직화 과정에서 지역사회 개념은 어느 정도로 중요했는가? 다섯째, 관련된 주민여론조사의 활용을 하는데 있어서 지방정부 재검토 과정은 어느 정도로 적절한 토픽이 되었는가? 등이다. 이러한 이슈들에 대해서 전문가 및 당시 직접 재검토 과정에 참여한 실무자들의 심층적 분석결과를 담고 있다. 이 중에서 둘째 문제는 지방정부 재조직화 과정에서 생긴 쟁점들을 정책적 관점에서 논의하고 정책적 시사점을 주는데 초점을 두고 있다. 특히, 핵심적인 행위자들에 대한 역할과 주요 과정의 사례를 중심으로 정책과정에 영향을 미칠 수 있는 논점을 제시하고 있다. 이는 두가지 중요한 행정, 정책적 의미를 도출하고 있다. 하나는 오늘날 많은 국가에서 지방정부의 계층구조 개편을 시도하고 있는데 계층구조 개혁을 하는데 있어서 정책적 시사점을 줄 수 있다는 점이며 두 번째는 중앙 대 지방간의 정부간 관계에 있어서 중앙정부의 개혁시도를 지방정부에게 어떻게 실현시킬 수 있는 가 하는 점에서 하나의 접근방법을 제시하고 있다는 점이다(Leach a, 1998: 18-19). 본 연구는 바로 이같은 입장에서 영국 지방정부 재조직화 과정과 관련된 이슈들 중에서 위에서 언급한 두 번째 이슈를 중심으로 정책과정에 영향을 미친 요인들을 중심으로 논의해 보고자 한다.

본 연구에서 분석하고자 하는 연구문제를 정리하면 다음과 같다.

첫째, 지방정부 재조직화의 배경은 무엇인가?

둘째, 지방정부 재조직화 추진의 이념 및 목적은 무엇인가?

셋째, 지방정부 재조직화 과정에서 중요한 행위자들은 누구인가?

넷째, 재조직화의 과정은 어떠한가?

다섯째, 정책의 집행과정에서 지방정부의 저항논리는 무엇이며 어떻게 극복되었는가?

여섯째, 지방정부 재 조직화 정책의 효과는 무엇인가?

일곱번째, 계층구조개편과 관련하여 우리에게 어떠한 시사점을 주고 있는가?

제3절I 영국의 자치계층제 개혁과정에 대한 검토

1. 개요

영국의 경우, 지방자치단체 계층구조와 구역문제는 지방정부 재조직화(Local Government Reorganisation)란 이름으로 진행되어 왔다. 지방정부 재조직화란 지방정부의 통, 폐합, 계층구조 개편 등을 말하는 것으로서 역사적으로 지방정부 검토(Local Government Review)라는 과정을 통해서 시행되어 왔다. 지방정부 검토란 지방정부의 계층구조를 개편하기 위하여 지방자치단체의 면적, 인구, 근접성 등 제 기준을 재 검토하는 제도를 말한다(The Boundary Committee, 2003).

영국의 지방정부 재조직화는 크게 보아서 5단계로 시행되어 오고 있다고 할 수 있다. 이러한 과정은 (1) 1965년도 GLC(Greater London Council)와 32개의 런던 바로우가 만들어진 시기, (2) 1974년으로서 6개의 대도시 카운티가 설립되어 졌으며, 전체적으로 지방정부들이 통합, 경계 재조정이 이루어진 시기, (3) 1986년으로서 GLC와 6개의 대도시 카운티가 폐지된 시기, (4) 1991년에서 1996년 사이에 지방정부경계 및 조직에 대한 재검토후 46개의 단층자치단체(Unitary Authority)가 만들어진 시기이며 이 검토결과에 따라 1995년부터 1998년까지 재조직화가 시행되었다. (5)그리고 마지막으로 2003년부터 진행중인 추가적 단층자치단체의 설립화로 요약될 수 있다. 본 연구의 1차적 대상은 4번째 시기이며 5번째 시기도 개략적으로 살펴 본다. 4번째 시기와 5번째 시기의 개혁과정을 표로 정리하면 다음 〈표 1-4-1〉과 같다.

〈표 1-4-1〉 영국 지방정부 재조직화 단계별 진행과정

April 1995	April 1996	April 1997	April 1998	2007-2009
4번째 시기				5번째 시기
Isle of Wight	Bath & North East Somerset Bristol East Riding of Yorkshire Hartlepool Kingston-upon-Hull North Lincolnshire North East Lincolnshire North Somerset Middlesbrough Redcar & Cleveland South Gloucestershire Stockton-on-Tees York	Bournemouth Brighton & Hove Darlington Derby Leicester Luton Milton Keyness Poole Portsmouth Southampton Stoke-on-Trent Rutland Thamesdown	Blackburn Blackpool Bracknell Forest Halton Herefordshire Newbury Nottingham PeterBorough Plymouth Reading Rochester & Gillingham Slough Southend The Wrekin Thurrock Torbay Warrington Windsor & Mailenhead Wokingham	2009년 4월 1일 부로 9개 단층자치단체 새로 출범

자료: Audit Commission(1996) 및 The Boundary Committee for England의 홈페이지 자료를 이용하여 재작성

2. 1995-1998년의 자치계층제 개혁과정

1) 추진배경

(1) 2층제 구조에 대한 비판 대두

단층제 지방정부의 찬성논리는 오랫동안 지속되어온 이슈이었지만 1969년의 Redcliffe-Maud Commission가 가장 강력히 주장한 바 있다. 여기서 단층자치단체란 기존 자치단체가 그들 구역내에서 광역과 기초자치

단체가 가지고 있던 권능을 모두 가지게 되며 중앙정부와 직거래 할 수 있는 자치단체를 말한다. Redcliffe-Maud Commission에서는 전략적 지방정부들이 파편화되어 있고 책임이 비효율적으로 지방정부간(county, district, county borough)에 비효율적으로 분배되어 있으며 많은 지방정부들이 규모나 재정적 토대면에서 너무 작아서 효율성을 기할 수 없다는 점을 지적한 바 있다. 따라서 이 위원회는 잉글랜드 전역에 걸쳐서 대규모의 단층자치단체의 수립을 권고했으나 정부는 이 권고안을 채택하지 않았다(Byrne, 1999).

그 이후 1969년 스코틀랜드 지방정부에 관한 휘틀리 보고서(Wheatley Report)에서도 규모의 경제가 대규모 광역자치단체의 창설을 정당화시켜 주기에 충분하며 무엇보다도 지방정부의 대부분을 차지하고 있는 사회복지서비스의 책임성을 단순화시켜 줄 수 있다고 주장한 바 있다. 1970년대부터 2층구조는 내생적 긴장과 낭비성이 있는 중복성(built-in tension and wasteful duplication)문제를 내포한다고 계속 지적 받아 왔다. 1989년 Adam Smith Institute는 1000개의 단층자치단체 창설을 하자는 급진적 주장을 하였으며 당시에는 인구규모를 60,000에서 100,000명 선으로 하여 단층자치단체를 만들자는 안을 제시하였다(Craig & Manthorpe, 2000).

1990년도 보수당 당 총재선거에서 단층제 지방정부 구상은 선거공약으로 되어서 쟁점화되었으며, 노동당 쪽에서는 노동당 지방정부들의 권력기반을 약화시키려는 정치적 의도도 포함되었다고 주장한 바 있다. 그러나 전반적으로 볼 때 보수당의 지방정부 정책기조인 단층자치단체안에 대하여 노동당 및 자유민주당도 지지를 보냈으며 같은 입장이었다.

(2) 1992년의 지방정부법의 구체화

법적으로 뒷 받침하기 위해 1992년 지방정부 법속에 재조직화 내용이 포함되었으며 이법의 제14조에서는 구조변화(structural change)의 정의를 "비도시지역(런던 및 6개의 광역대도시지역외)에서 2층제의 지방정부를 1층제로 대치시키는 것 '으로 한 바 있다. 2층제를 1층제로 대치시키는 것은 2가지 형태가 있는데 하나는 해당지역에서 기초자치단체(district)의 기능을 해당 광역자치단체(county)에게로 이양하는 것 및 해당 광역자치단체의 기능을 기초자치단체에게로 이양하는 것이 되도록 하였다.

1992년 법 당시에는 Local Government Commission for England라는 특별조직이 만들어져서 재조직화할 대상이 되는 자치단체에 대한 검토담당권한을 가지도록 하였다. 1992년 지방정부법속에 '지방정부검토제도' (Local Government Review, LGR)를 포함시키고 이 제도를 수행하기 위하여 Local Government Commission for England를 설립하도록 한 것이다. 이 위원회는 모든 광역자치단체(County)를 검토하고 일반주민, 압력집단, 그리고 개별 지방자치단체의 의견에 바탕을 두고 권고안을 만들도록 권한이 주어졌다. 결국 이 위원회의 1기는 25개의 단층자치단체를 설립하게 했고(1992-1995), 그 다음 1995-1998년까지 2기에 걸쳐서 21개의 단층자치단체가 추가 설립된 바 있다.

2) 추진이념 및 필요성

(1) 추진이념

당시 지방정부 재조직화의 추진이념을 간추려 보면 다음과 같다(Craig et al., 2000; Craig & Manthorpe, 2000)

o 능률성 저하: 2층체제는 기능상의 중복과 이중처리 때문에 의사결정

이 종종 느려지고 지연됨

ㅇ 경제성 저하: 2층체제는 비용이 많이 들고, 비경제적임. 이에 반해 단층체제는 지방정부의 전체 숫자를 줄임으로써 행정비용을 감소시킬 수 있음.

-Wheatley Commission의 Wheatley Report(1969)에서는 규모의 경제가 중요하며 이는 보다 규모가 큰 지역자치단체의 창설을 정당화시켜 준다고 주장함.

ㅇ 효과성: 지방정부 기능을 망라하여 단층 지방정부에 부여함으로써 그들로 하여금 서비스를 보다 효율적으로 통합하고 종합적으로 문제를 해결할 수 있도록 함. 단층체제는 서비스 품질 수준을 향상시킬 수 있음.

ㅇ 민주성: 유권자들은 디스트릭트와 카운티 사이의 구분을 혼란스럽게 보고 있으며 동시에 어떤 서비스가 어떤 층의 지방정부에 의해 제공되고 있는지 확신하지 못하는 경우가 많음. 종합기능을 수행하는 자치단체를 설립하면 이러한 혼란을 제거하고 나아가 민주적 과정을 증진시킴. 단층자치단체는 지방정부가 그들이 서비스를 제공하는 주민에 보다 가까이 다가갈 수 있기 때문에 지방민주주의를 높일 수 있음.

(2) 현실적 필요성: 정치적 요인, 위기대응, 현안과제 대응 등

ㅇ 지방정부간 불균형

중앙정부 입장에서 볼 때 기능적, 행정적, 지리적 측면에서 지방정부간의 불균형(불일치)에 대한 우려가 존재했으며 이에 대한 해결책으로서는 단층자치단체의 설립이 중앙정부에 의해 선호되었음.

o 지역정체성 약화

기존 지방정부의 지역적 정체성(community identity)과 민주적 책임성이 결여되었다고 인식됨.

o 중복행정인식

2층제로 인하여 중복행정 및 낭비의 심화 발생이 계속 지적됨.

-이러한 지적들은 결코 새로운 것은 아니었음.

o 경계협소(under-bounding) 및 경계과대(over-bounding)현상에 대한 인식

-같은 수준의 자치단체이면서도 구역규모의 큰 차이가 있어서 자원편차 현상이 크게 발생함.

-경계협소의 경우는 사람들의 활동이 행정공간구역을 초과하기 때문에 확산효과(spill-over effects)를 유발함. 이로 인해 대표성 및 재정상 혼란을 초래함.

-경계과대의 경우는 너무 커서 지역의 공동정체성을 희박하게 하기도 함.

o 정치적 목적의 실현의도

-정부의 당초 입장은 중립적 입장에서 검토한 것이 아니고 새로운 단층제 조직구조를 선호함. 특히 중앙정부와 다른 정당이 지배하고 있는 카운티를 다루기 위한 목적도 있었음.

-1980년대 및 1990년대 초기에 중앙과 지방정부간에는 적대감이 있었으며 이러한 정치적 배경 때문에 일부사람들은 단층자치단체로의 재조직화는 주로 노동당 지방정부에 대한 민주적 권력기초를 손상시킬려는 의도가 있었다고 지적하기도 함

3) 중요 행위자

(1) 중앙정부

집권당의 선거공약으로 채택된 것이어서 정당성이 보장되었으며 특히, 당시 주무장관이었던 Michael Heseltine 의 단호한 의지가 반영되었다고 볼 수 있다. 중앙정부의 2층제 의지표현은 1991년의 자문서(consultation paper)인 'The Structure of Local Government' 에서 구체적으로 나와 있으며 주요한 내용들이 1992년 지방정부법에 포함되게 된 바 있다. 그 내용은 2층구조의 자치단체를 단층자치단체로 바꿀려는 정부의 강한 의지를 반영하고 있다고 볼 수 있다. 지방정부 대표자들은 개혁에 앞서서 지방정부 재정, 선거구 문제, 역할 및 기능 등에 대한 철저한 검토가 선행되어야 한다고 주장했지만 중앙정부는 이를 거절한 바 있다.

(2) 지방정부 위원회(Local Government Commission for England)

지방정부 위원회의 운영과 구성에 관한 몇 가지 특징을 간추리면 다음과 같다.

첫째, 독립적 중립적 기구로서 절대적 권한

1992년 지방정부법에 의거 15명으로 구성된 Local Government Commission for England가 설립되었는 데 중립성을 지닌 독립기구로서 출발하였으며 이는 5년 동안 검토과정을 완성지을 것으로 기대되어졌다. 이 기구는 지방정부 재조직화에 관한 절대적 권한을 가진 독립기구로서 기능하였는 데 2002년 도에 Local Government Committee for England로 명칭이 바뀌어 졌으나 기능은 크게 다를 바 없다.

둘째, 중앙정부의 전략적 접근방법

중앙정부는 Commission을 임명하고 이 위원회가 권고안을 내도록 한 사실 자체가 엄격한 분석적 접근이 채택될 것이라는 것을 암시하였다고 지적된다. Michael Clarke가 지적한 바와 같이 Commission 및 Committee 방식은 증거를 수집하고, 논리와 합리적 논증을 통하여 가능성을 제시하고 정교한 권고안을 제시하는 것이다. 영국의 경우 정책 문제 해결을 위해 Commission 의 임명은 전통적으로 첨예한 지방문제-특히, 지방정부 재조직화 문제-를 해결하기 위해 사용하는 전형적인 방식이다. 지방정부 체제를 재 설계하는 과정의 복잡성 및 의견이 갈라지는 대안들을 균형맞추고 종합화하는 과정에서 생기는 도전들은 중앙정부로 하여금 DIY 방식(Do it Yourself)에 대해 재검토하도록 하였다. 즉, 중앙정부가 강력한 의지를 가지고 처음부터 전략적으로 접근하도록 하게 만들었다는 점이다.

셋째, 정치적 영향을 배제하며 객관적 정책분석에 기초

영국의 전통상 Commission 형태는 합리적 기대(rationalistic expectation)를 가지는 것으로 인정하며 과거의 예를 보더라도 가령 Royal Commission 의 사례에서 보듯이 정책분석과 정치적 영향은 엄격하게 분리되어 처리되었다. 정치적 영향의 경우 위원회의 가동 시초에 권한 범위 등을 정하는데 관여하고 끝날 때, 권고안에 대해 반응을 보이는 정도이며 위원회가 활동하는 과정 동안에는 역할을 하지 않는 것이 전통이다(Leach, 1998: 18).

넷째, 상시적 위원회의 성격

이 위원회는 독립성을 가진 상시적, 전문적, 중립적 위원회로서 두가지 권한을 부여받았는데 첫째는 정부에 의해 지정된 지역들을 검토하고 지방정부 구조, 경계 및 선거구 관련문제들에 대한 권고안을 제시하는 것, 둘째, 주기적으로(10-15년마다)지방정부의 선거구 문제를 재 검토하는 것 등이었다.

다섯째, 지역적 여건을 최대한 고려

이 위원회는 권고안을 작성하는데 있어서 지역 커뮤니티의 정체성 및 지역이익을 최대한 반영하며 동시에 효과적이고 편리한 지방정부를 구성할 수 있어야 한다는 기준을 충족시키도록 요구받은 바 있다.

여섯째, 단계적 재검토 방식에 의한 학습과정

재검토 하는 방법은 전국에 일괄적으로 실시할 것이라는 청사진 대신에 39개의 기존 카운티에 대하여 개별적으로 정밀검토하는 방식을 택하였다. 이러한 검토과정은 5단계로 나누어졌으며 4년이내에 완료하는 것이었다. 그 같은 접근방법은 개별자치단체별로(council by council recommendations) 권고안을 제시하는 형태로 운영되었으며 권고안을 만들어내는 과정에서 많은 긴장감을 유발하였다.

(3) 광역자치단체 협의회(The Association of County Council)

39개 카운티 자치단체들의 협의체인 ACC의 경우 지방정부의 재조직화 과정에 대해서 처음에는 반대했으나 시간이 지남에 따라 조심스런 환영을 보낸 바 있다. 그 이유는 중앙정부의 재정적 자율성 및 재정적 혜택을 추가적으로 보장받았기 때문이다.

(4) 기초자치단체 협의회(The Association of District Council)

296개의 기초자치단체 협의체인 ADC의 경우는 기존 자치단체를 그대로 단층자치단체로 하는 것에는 쉽게 동의하였으나 2-4개정도 통합하여 단층자치단체로 하는 데에는 기본적으로 반대하였다. 특히, 카운티 협의체와는 달리 296개의 자치단체가 처한 각각의 사정이 달라서 합의를 이끌어 내기가 어려운 사정도 있었다. 시간이 지나면서 현상태 유지안과 2-4개 통합하여 단층자치단체로 하는 안에 대하여 선택하도록 되었을 때 결국 후자를 택하는 쪽으로 정리가 되었다. 이렇게 되는 과정에는 지방정부위원회의 비용편익분석 결과와 지역정체성에 대한 객관적 결과를 기초로 한 지방언론사의 홍보가 큰 역할을 차지하였다. 아울러 지역주민들에 대한 세금인하 조건제시도 주민들의 여론조성에 기여하도록 되었다.

(5) 일반주민(The Public)

일반 지역주민들의 경우에는 지역 정체성의 상실을 가장 큰 쟁점으로 삼았으며 지방정부위원회의 비용편익분석 결과와 각종 세금인하 인센티브에 많은 영향을 받았다. 그 결과 대부분의 지역에서 단층제를 선호하는 결과를 낳았으며 일부 제한적으로 부결되는 지역도 있었다.

(6) 지역 언론(The Local Media)

지역언론에서도 다양한 토론의 장을 만들어서 찬, 반 토론의 기회제공을 함으로써 객관적 사실에 입각한 자료들을 제시하는데 크게 기여하였다.

4) 재조직화 과정

지방정부 재조직화 과정은 LGC 가 객관적 분석을 기초로 1차 권고안을 복수로 내고, 다양한 단체들 및 주민의견을 청취하여 2, 3차 권고안을 내며 최종적으로 주민에게 물어서 선택하는 방식을 채택하였다.

재조직화 과정의 주요한 특징을 정리하면 다음과 같다.

첫째, 위험도가 큰 단일의 해결책(high-risk single solution)을 내 놓는 것이 아니라 LGC는 최선의 해결책이, 일정한 실험기간을 거쳐서, 자연적으로 등장하도록 허용했다. 제시된 해결책의 유형상 특징은, 사전연구를 통해서 선택대안을 3개 내지 5개정도 제시하고 각 대안에 대한 장, 단점을 제시한 뒤 이를 수요자(지방정부, 의회, 주민 등)에게 제시하여 토론을 거치고 선택하도록 하였다. 최근의 영국의 지방정부 구조안에 대한 투표제도도 이와 마찬가지 형태이다.

원칙적으로 다섯 개의 형태를 제시했는데 이 중 3개는 성격에 있어서 단층자치단체이고 하나는 변화없음(현상태 유지), 나머지 하나는 혼성형태(단층과 현 상태의 혼합형태)이다.

A. 단층 카운티(Unitary County)

o 이는 하나의 카운티가 단층 카운티(단층 자치단체)로 되는 것

B. 단층 디스트릭(Unitary District)

o 카운티 안에 있는 모든 기초자치단체(디스트릭)이 단층자치단체의 지위를 얻는 것

C. 단층 중간체제(Unitary Intermediate)

o 이는 카운티가 일단의 단층자치단체로 세분되는 것

D. 변화없음(No change)

o 현 상태 유지

E. 혼성형태(Hybird)

o 기존 카운티는 그대로 카운티의 지위를 지니되 카운티 내의 일부 지역(한개 또는 두 개)은 단층자치단체로 독립해 나가는 것

둘째, 지방정부의 역할에 대한 근본적인 기능설정과 재조직화를 연계시켰다.

1992년 지방정부법(Local Government Act)는 LGC로 하여금 어떠한 구조형태가 지역사회의 정체성 및 이익을 잘 반영하며 아울러 효과적이고 편의성이 있는 지방정부를 보장해 줄 것인가 하는 문제를 결정하도록 요구했다. 당시의 2층제는 이러한 요구를 충족시키기 위한 최선의 장치가 아닐 수 있다는 암시가 제시되어 있었다(Steach, 1998, 21). LGC는 곧 세 번째 기준을 추가했는데 이는 '변화가 가치있는 것이어야 하며 시간이 지남에 따라 비용효과적이어야 한다' 는 점이다. 이후의 정책지침은 보다 세부적인 기준들을 제공해 주었다. 특히 지방정부의 역할에 대하여 3가지 기능을 상정하였다. 첫째는 권력분화를 위한 정치적 메카니즘, 둘째는 지역사회의 가치표현 수단, 셋째는 시장을 통해서 제공될 수 없는 재화와 자원을 분배하는 메카니즘. 이 중 첫 번째 기능은 서비스 제공자로서의 기능 이상의 역할문제에 대한 문제제기가 있을 수 있으며 책임성의 형태에 관한 문제도 제기함. 둘째 기능은 지방정부의 토대로서 지역사회의 중심성을 인정한 것임. 셋째 기능은 서비스 공급자로서 지방정부의 역할 반영

셋째, 평가기준들을 가능한 계량화해서 객관적 증거위주로 접근했다.

비용-편익분석을 위해서는 Ernst and Young 회사가 개발한 재정적 절감 추정을 위한 Model 에 의해 추정된 재정 절약효과 제시되었으며 이에 대해 LGC는 이를 그대로 원용했다. 이 결과는 인구규모가 작은 자치단체의 경우 비용이 증가하며(당시 기초자치단체 수의 절반 이상), 자치단체 규모가 커서 인구 백만이 되었을 때 최고의 예산절감이 이루어졌다고 결과가 나온 바 있다[5]. 아울러 지역공동체성(Community Identity) 조사를 위해서는 MORI 서베이 조사결과가 활용되었다. 한편, 지방정부 재검토에서 고려된 평가기준은 다음과 같다.

---

5) 가령, Derbyshire 카운티의 경우 인구 70만으로 조정하여 단층 카운티로 할 경우 매년 약 1천6백만 파운드(약 320억원)를 절감할 수 있다고 함.

A 서비스 제공의 비용-효과성: 지방수요를 충족시키는 비용-효과적 서비스 제공 능력

o 비용과 예산절약

-기존 시스템과 비교하여 볼 때 제시된 새로운 지방정부체제에서 서비스제공할 때 드는 운영비용 및 기존체제에서 새로운 체제로 변경할 때의 전이비용(재 조직화 비용)

o 서비스 제공의 효과성/질적 수준

-기존 시스템과 비교하여 볼 때 제시된 새로운 지방정부체제에서의 서비스 제공의 효과성/서비스의 품질(접근성, 지방수요에 대한 반응성, 서비스간 조정의 신뢰성 및 수준 등에 의해 평가)

B. 지역사회 반응성: 지역내의 지역적 정체성과 행태를 표현하는 능력

o 인지된 정체성

-사람들이 소속해 있다는 정체감, 동일시하는 의식을 의미하는 지역적 정체성을 의미함. 다만 이는 사람들이 현재 속해 있는 공간적 구역에 국한하지 않음

o 활동 패턴

-말로 하는 것이 아니라 실제 행동을 통해서, 교육, 직장, 쇼핑 및 레저를 할 때의 활동 패턴

o 표현된 선호

-주민들이 지방정부 구조와 관련하여 선호하는 내용

C. 민주적 생존성(democratic viability): 건전한 지방 민주주의의 원칙을 표현하는 능력

o 책임의 명료성

-정치적, 재정적 책임성이 구별될 수 있어야 함.

o 대중의 이해가능성

-체제내의 권한/책임분배에 관하여 일반대중이 보여주는 이해 수준

o 정치적 및 주민참여

-지방의원(의원 수 및 의원 역할) 및 지방 주민(참여민주주의 메카니즘)에 의한 적극적 참여를 조장시켜 줄 수 있는 지 여부

D. 통치 능력: 지방정부의 업무를 효과적으로 수행할 수 있는 능력

o 전략적 능력

-지방의 구역내에 미래 투자를 계획할 수 있는 능력 및 광역권내에서 해당지역의 미래에 대한 전략적 관점을 개발할 수 있는 능력(광역권내에서의 개발잠재력)

o 네트워킹 능력

-지방정부가 타 기관(공공기관, 민간기관, 각종 단체 등)과 협력하면서 전략적 우선순위를 성취할 수 있는 범위

5) 추진과정상 주요쟁점과 저항논리

(1) 주요 쟁점

o 규모설정에 있어서 서비스효율성과 민주성과의 상충논리

-지방서비스를 충분히 제공하기 위해서는 규모의 경제를 반영할 수 있어야 된다는 주장과 커뮤니티의 일체성을 주장하여 소규모를 주장하는 논리와 상충이 있었음.

o 비용과 지역정체성 문제

-주요 기준으로 적용된 '비용' (cost)과 '지역정체성' (community identity) 측정문제를 두고 논란이 있었으며 독립연구기관에서 이 비용

문제에 대한 연구를 진행함으로써 많이 완화됨.

-지역정체성 문제 지역주민들의 일체감, 지방세 수준, 직장출근 패턴, 전략적 사회경제적 계획 문제 등이 고려되었으며 외부기관에서 수행하였음.

o 광역과 기초간의 입장차이

-일반적으로 카운티는 반대, 개별자치단체는 찬성

-이 과정에서 개별자치단체의 제안을 받음. 즉, 예를 들면 어떤 소규모 자치단체들은 타 자치단체와 통합하지 않고 단층자치단체가 되기 위해 커뮤니티 "권한부여"(empowerment)안을 내기도 했는데 이 안은 커뮤니티들이 지방적 문제의 운영에 적극적으로 관여하도록 하기 위해 도시 지역 전역에 걸쳐서 일련의 근린 카운슬(neighbourhood council)을 설치하도록 하는 것임. 또 어떤 자치단체는 지역내의 서비스 과정에 있어서 '구역에 바탕을 둔 제도' (area-based systems)를 도입.하여 원스톱 센터 및 정보센터등을 다양한 지역에 설치하는 조건으로 단층자치단체가 되기 위한 가능성을 제시하기도 했음. 재검토 과정은 이러한 아이디어를 추진할 수 있는 영역을 제공하는 기회가 되었음.

(2) 주요 저항집단과 저항논리

o 기존 지방정부 지방의원 및 각 직능단체 및 연합회등은 반대

-단층자치단체가 구성된 지역에 있어서는 지방의원 31%가 감축되었으며(2240명), 평균 자치단체 인구는 1975년의 29,000명에서 1998년에는 129,000명으로 증가.

-웨일즈의 경우 8개의 카운티(광역자치단체)와 37개의 디스트릭트(기초자치단체)를 1994년 지방정부법(Local Government(Wales) Act)에 의해서 22개의 단층자치단체로 통합함

-그 결과 1977명의 지방의원 수가 1273명으로 약 700명 감소됨

-반대한 방법으로서는 법원에 소를 제기함(Humberside County Council)

-자치단체 내부에서도 심한 찬, 반 논쟁이 있었으며 현재에도 예전의 시도에 대해 "용서와 망각"(forgiving and forgetting)의 두 주류가 있는 실정임.

o 국회의원들의 반대
-일부 지역에서는 통합과정에서 선거구개편(gerrymandering)문제가 불가피하게 발생된 관계로 반대했음

-국회의원들이 그들의 카운티를 폐지할려는 제안에 반대함으로써 혼란을 가중시킴. 가장 큰 반대는 Somerset 카운티로 부터 옴. 여기에서는 4명의 국회의원이 카운티 폐지에 강력한 반대를 함. 4명중에는 내각의 차관도 포함되어 있었는데 카운티가 폐지되면 차관직을 그만둘 것이라며 위협함. 결국 환경부 장관은 카운티 폐지를 하라는 위원회의 권고안을 거부함.

o 교사노조, 지방공무원 노조, 사회복지서비스 국장연합회 등 반대
-1996년만 하더라도 6800명의 공무원이 자리를 잃었으며 Glasgow만 해도 약 1500명의 공무원이 자리를 잃었음.
-통합되면서 13개의 국 수가 6개로 줄어드는 등 기구통합이 가져오면서 인력의 구조조정
-공무원들은 조기퇴직(early retirement) 또는 타 자치단체로 가서 직장

을 구해야 할 입장이었음.
-특히, 웨일즈의 경우 저항세력은 노동조합과 노동당이었음.

o 재조직화 비용 문제
-재조직 비용(reorganisation costs)은 다음과 같은 방법으로 조달되었음. 즉, DoE(환경부, 당시의 지방자치기능을 담당하는 부처) 및 그 후속부처인 DETR은 지방정부 지출에 대한 상당한 통제를 행사. 재조직비용을 직접 보조금형태로 주는 대신에 지방자치단체들이 외부차입 등 재정자율성을 부여해 줌으로써 해결했음. 이러한 차입은 재조직후 얻어질 예산절감액으로부터 충분히 상환가능하다고 전제함

-단층자치단체를 추진할 때 목적중의 하나는 통합하였을 때 재정적 절감액분이 초래되는 비용을 상쇄하고도 남을 것이라는 비용측면에서의 확신이 있었음. 실제로는 전환비용(transition costs)이 기대보다 많이 초래되었으며 이 비용이 과소평가된 점이 있음.

-46개 단층자치단체 창설에 소요된 전환비용은 1996/97년 가격으로 6억 7천만파운드(한화 약 1조 3천억원)에 이름. 전반적으로 볼 때 단층자치단체에 살고 있는 사람 1인당 비용은 약 82파운드정도(약 16만원 정도)임.

6) 재조직화의 결과

(1) 적은 규모 기초자치단체의 통, 폐합 효과

o 2개이상의 기초자치단체들을 하나로 묶어서 단층자치단체의 법적권한을 부여하고 이 자치단체에 대해서는 광역 및 기초자치단체의 권한을 부여하여 중앙정부와 직거래하도록 함으로써 통, 폐합 효과가 발생

-일부 단층자치단체는 5개의 기초자치단체가 합쳐져서 창설된 경우도 있음(예: East Yorkshire)

o 1994년과 1998년을 기준으로 볼 때 농촌기초자치단체 수는 296개에서 238개로 58개 축소, 광역은 39개에서 34개로 5개 축소, 단층자치단체는 0에서 46개로 46개 확대 등을 들 수 있음.

-잉글랜드, 스코틀랜드, 웨일즈를 다 포함하면 515개의 광역, 기초 자치단체에서 442개로 축소

(2) 계층의 단순화

지방계층이 단순화되는 효과를 가져옴.

① 개혁이전의 지방구조

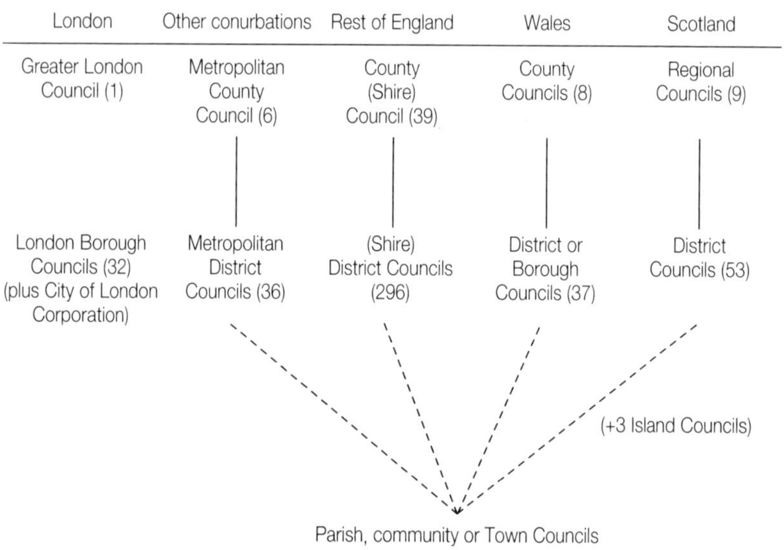

② 개혁이후

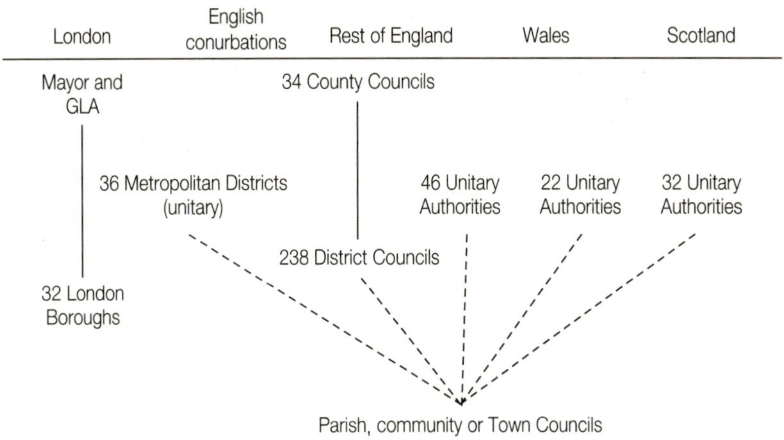

(3) 다양한 형태의 재조직화

자치단체별로 다양한 형태의 재조직화가 이루어졌으며 몇가지 사례를 보면 아래 표와 같다.

〈표 1-4-2〉 몇가지 재조직화 사례 설명

카운티 및 디스트릭트 수	재조직화 내용	비고
Isle of Wight+2개 디스트릭	1개의 단층자치단체	
Cleveland+4개 디스트릭	기존 지역을 그대로 살려서 4개의 단층자치단체 설치	카운티 폐지
Durham+8개 디스트릭	2개의 단층자치단체:Darlington(인구 10만)와 나머지 지역(인구 50만)	
Derbyshire+9개 디스트릭	2개의 단층자치단체: Derby City 및 나머지 지역	
Avon+6개 디스트릭	4개의 단층자치단체	카운티 폐지
Gloucestershire+6개 디스트릭	3개의 단층자치단체: Forest of Dean(1), Cheltenham, Cotswolds and Tewkesbyry(1), Gloucester and Stoud(1)	카운티 폐지
Somerset+5개 디스트릭	1개의 단층자치단체	
Humberside+9개 디스트릭	4개의 단층자치단체	
Lincolnshire+7개 디스트릭	2층제가 그대로 유지	
North Yorkshire+8개 디스트릭	3개의 단층자치단체	
합계: 10개 카운티, 64개 디스트릭	24개 단층, 1개 카운티, 7개 디스트릭	

(4) 조직 및 인력 감축

o 통합된 자치단체의 경우 새로운 조직진단과정을 거쳐 조직과 인력이 크게 감축되었음.

-통합된 자치단체의 경우 1/3정도의 인원이 감소되었으며 중견간부들의 숫자가 크게 감소됨. 국장자리는 약 40%까지 감소.

〈표 1-4-3〉 자치단체, 통합 개편에 따른 인력감축 사례(국, 과장 급)

자치단체 명	통합 전	통합 후
Dorcet	53	37
Hampshire	16	7
Wiltshire	13	7
East Sussex	17	9
Bedfordshire	12	4
Buckinghamshire	12	4
Staffordshire	22	15
Leicester	43	28
Derbyshire	11	4
합 계	199	115

자료: Local Government Chronicle, 97. 4. 11

7) 주요성과 및 문제점

(1) 주요성과(Fenwick & Bailey, 1999; Chisholm, 2002)

o 타 기관과 협조용이

-독자적으로 타 기관-경찰, 보건 기관 등-과 업무협조관계를 용이하게 할 수 있음

-보다 책임성확보(accountable)가 용이하고 두 자치단체계층이 있을 때 보다도 혼란이 없어지게 되었음. 동시에 타 기관과 공동업무추진이 용이해 지게 되었으며 특히 경찰과 보건청등과의 협조가 용이해 짐.

o LGC의 주요 성과는 1단계의 재조직화로부터 8천만 파운드(1,600억원

정도)의 비용절감(cost saving)이 가능

o 단층자치단체는 접근성(accessibility)과 반응성(responsiveness)을 강화시킴

(2) 문제점

① 재조직화 과정에서의 문제점

o 검토 및 분석에 있어서 일관성 결여, 엄격한 분석 미흡 등의 문제점이 발생됨

o 정치적 홍정의 결과로 인하여 소규모로 단층자치단체를 편성하는 바람에 본래의 의도와 목표를 제대로 실현시키지 못한 문제점

② 재조직화후 문제점

재조직화 후 문제점은 특히 소규모 단층자치단체의 경우에(주로 인구 10만 이하의 경우) 많이 발생하고 있다고 지적됨.

o 기존 광역단위에서 수행하던 서비스의 관할규모는 축소, 규모의 경제 상실, 재정기반 약화, 전문적 서비스 역량약화

o 전환비용 과다

o 공무원 및 의원저항

o 인구규모가 적은 단층자치단체의 경우는 규모의 경제상실, 재정기반 약화로 문제발생

3. 2003년의 개혁과정: 2003년이후

1) 단층자치단체의 추가를 위한 검토 실시

o 영국 정부는 2003년 6월 17일부터 2004년 5월 25일까지 시한을 설정

하여 영국의 북동부(North-East), 북서부(North-West) 및 Yorkshire and the Humber 지역의(영국의 9개 권역중 3개 권역에 해당됨) 기초자치단체들에 대한 검토를 하도록 The Boundary Committee for England에 권한을 부여했음.

-이 위원회는 각 자치단체의 서비스전달 패턴, 서비스전달 비용과 같은 문제들을 검토함.

-이 위원회는 해당 자치단체의 서비스 전달기관, 담당공무원, 지방의원 등 모든 관련자들에게 자료제출을 요구할 수 있으며 협조를 받을 수 있음.

o The Boundary Committee for England의 권한

-자치단체의 기능폐지

-새로운 지방정부 창설

-기존 자치단체의 구역변경

-전략적 기능수행을 위해 공동수행장치 설립(특히, 카운티의 권한을 디스트릭트에 이양하도록 했을 경우)

o BCE의 권고안 작성기준

-성과와 인구규모와의 관계, 커뮤니티의 정체성, 자치단체의 경영구조, 집행기능, 자체 감독기능, 커뮤니티의 자치단체 관여, 지방정부의 성과 등을 평가하여 판단기준으로 삼음. 동시에 CPA(Comprehensive Performance Assessment, 감사원의 성과평가 결과), Best Value 지표평가등도 판단에 포함됨.

o BCE는 장관에게서 권한을 부여받은 독립기관으로서 이의 권고안은 유권자들에게 전달되고 장관에게 권고안으로 전달됨. 유권자들이 투

표로 찬성하면 채택됨.

o 2003년도에는 광역의회법(The Regional Assemblies Act 2003)이 제정되어 The Boundary Committee for England를 조직하도록 하였으며 이 위원회로 하여금 기초자치단체에 대한 단층자치단체 가능성을 검토하도록 기능을 부여하고 있음.

-이 위원회는 새로운 자치단체 폐지 및 단층자치단체의 설립을 권고

-지방정부 구역변경등을 권고하며 이 권고안을 바탕으로 지역주민들이 투표를 하여 선택하도록 함. 이 권고안은 2가지 선택안을 주도록 하고 있음.

2) 추진사례

O 영국의 지방정부 경계위원회가 2003년부터 2004년 5월 31일까지 영국의 3개 권역의 6개 광역자치단체에 속한 20여개 기초자치단체의 단층화를 위한 연구보고서 내용을 검토함.

-이 보고서에는 2층제 계층구조를 단층화 할 경우 발생되는 예산절감액을 제시하고 있으며 비용편익 산정시 고려해야할 요소들을 제시해 주고 있어서 방법론상 의미가 있음.

(1) North East

① County Durham

A: Option One: one unitary authority

Unitary authority (constituent parts)	Population(2001)
County Durham (Durham county Council)	493,500

B: Option Two: two unitary authorities

Unitary authority (constituent parts)	Population(2001)
A. North & East Durham (Chester-le-Street, Derwentside, Durham City and Easington)	320,500
B. South Durham (Sedgefield, Teesdale and Wear Valley)	173,000

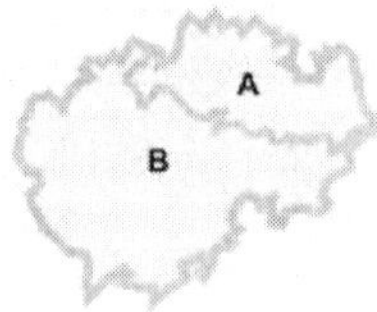

C: Option Three: three unitary authorities

Unitary authority (constituent parts)	Population(2001)
A. East Durham (Durham city and Easington)	181,700
B. North Durham (Chester-le-Street and Derwentside)	138,800
C. Sorth Durham (Sedgefield, Teesdale and Wear Vally)	173,000

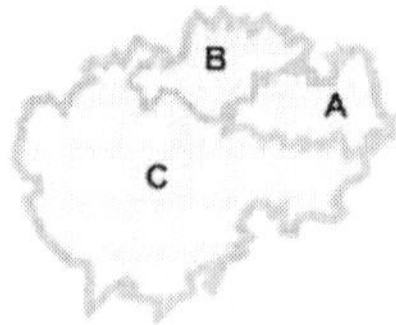

〈표 1-4-4〉 대안별 현황

New Authority	Component parts	Population
County Durham Option 1		
County Durham	Durham county and all districts	493,470
County Durham Option 2		
South Durham	Sedgefield, Teesdale, Wear Valley	173,002
North & East Durham	Chester-le-Street, Derwentside, Durham City, Easington	320,468
County Durham Option 3		
South Durham	Sedgefield, Teesdale, Wear Valley	173,002
North Durham	Chester-le-Street, Derwentside	138,766
East Durham	Durham City, Easington	181,702

<표 1-4-5> 대안별 비용

Configuration	Costs of 'being in business'		
	Corporate and Democratic Core(£m)	service Strategy(£m)	Total(£m)
Currents Costs	14.7	2.8	17.5
Option 1	6.2	3.0	9.2
Option 2	8.7	3.4	12.1
Option 3	10.8	3.9	14.7

<그림 1-4-1> 대안별 비용 절감 그래프

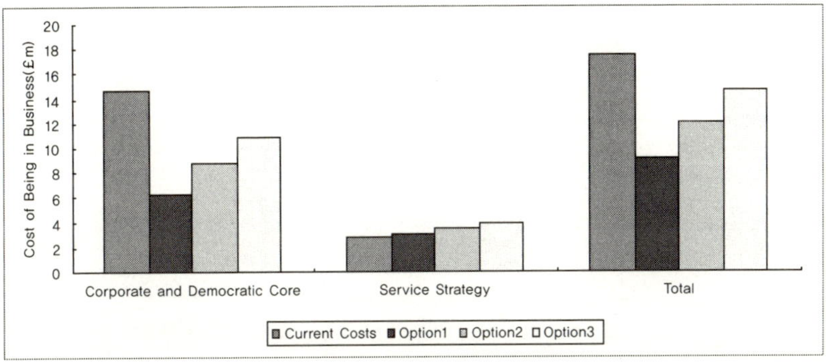

② Northumberland

A: Option One: one unitary authority

Unitary authority (constituent parts)	Population(2001)
Northumberland (Northumberland County Council)	307,200

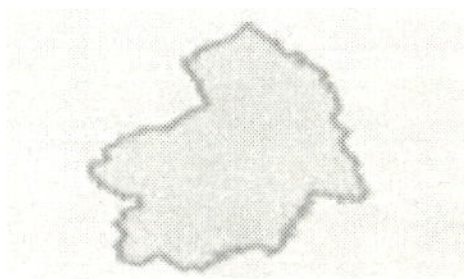

B: Option Two: two unitary authorities

Unitary authority (constituent parts)	Population(2001)
A. North & West Northumberland (Alnwick, Bervick-upon-Tweed, Castle Morpeth and Tynedale)	164,800
B. South East Northumberland (Blyth Valley and Wansbeck)	142,400

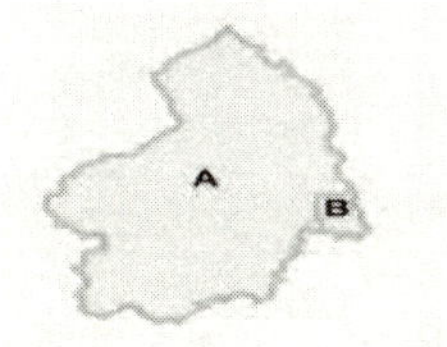

〈표 1-4-6〉 대안별 현황

New Authority	Component parts	Population
Northumberland Option 1		
Northumberland	Northumberland country and all districts	307,190
Northumberland Option 2		
South East Northumberland	Blyth Valley, Wansbeck	142,403
North and West Northumberland	Alnwick, Berwick-upon-Tweed, Castle Morpeth, Tynedale	164,787

〈표 1-4-7〉 대안별 비용

Configuration	Costs of 'being in business'		
	Corporate and Democratic Core(£m)	service Strategy(£m)	Total(£m)
Currents Costs	10.4	2.6	13.0
Option 1	4.9	2.0	6.9
Option 2	7.0	2.6	9.6

〈그림 1-4-2〉 대안별 비용 그래프

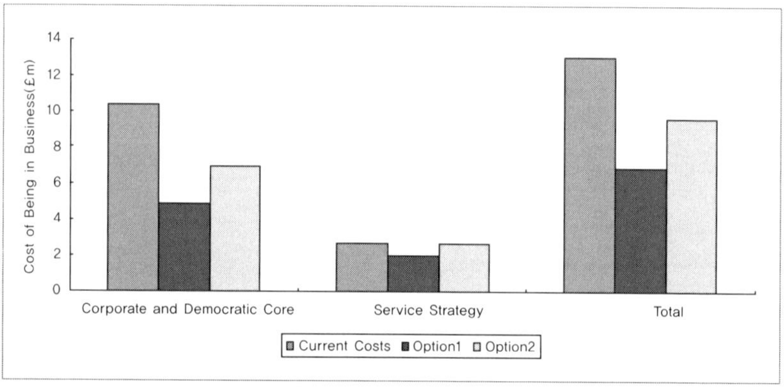

(2) North West

① Cheshire

A: Option One: one unitary authority

Unitary authority (constituent parts)	Population(2001)
Cheshire (Cheshire County Council)	673,800

B: Option Two: two unitary authorities

Unitary authority (constituent parts)	Population(2001)
A. East Cheshire (Congleton, Macclesfield, eastern parts of Crewe & Nantwich and Part of vale Royal)	318,800
B. West Cheshire (Chester City, Ellesmere Port & Neston and Western parts of Crewe & Nantwich and part of Vale Royal)	355,000

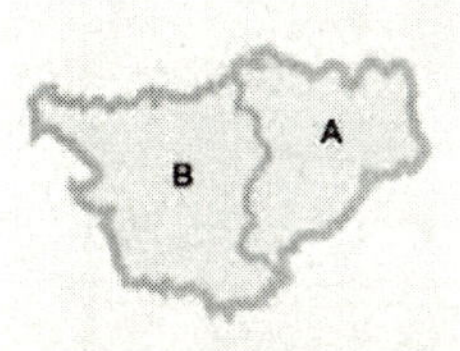

C: Option Three: three unitary authorities

Unitary authority (constituent parts)	Population(2001)
A. East Cheshire (Congleton and Crewe & Nantwich)	240,800
B. Mid Cheshire (Vale Royal and Crewe & Nantwich)	233,000
C. Chester & West Cheshire (Ellesmere Port & Neston and Chester City)	199,900

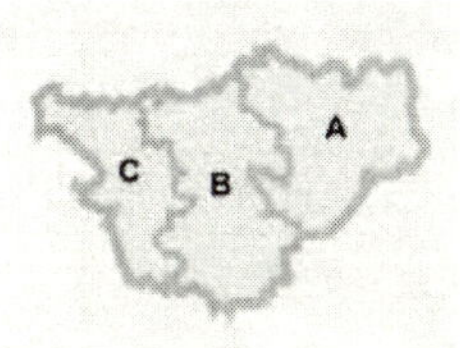

〈표 1-4-8〉 대안별 현황

New Authority	Component parts	Population
Cheshire Option 1		
Cheshire	Cheshire county and all districts	673,788

New Authority	Component parts	Population
Cheshire Option 2		
East Cheshire	Congleton, Macclesfield, Part of Crewe & Nantwich, Part of Vale Royal	319,379
West Cheshire	Ellesmere port & Neston, Chester City, Part of Crewe & Nantwich, Part of Vale Royal	354,409
Cheshire Option 3		
East Cheshire	Congleton, Macclesfield	240,810
Mid Cheshire	Crewe & Nantwich, Vale Royal	233,096
Chester & West Cheshire	Chester City, Ellesmere Port & Neston	199,882

〈표 1-4-9〉 대안별 비용

Configuration	Costs of 'being in business'		
	Corporate and Democratic Core(£m)	service Strategy(£m)	Total(£m)
Currents Costs	20.3	9.7	30.0
Option 1	6.7	3.8	10.5
Option 2	10.4	4.3	14.7
Option 3	12.1	4.7	16.8

〈그림 1-4-3〉 대안별 비용 그래프

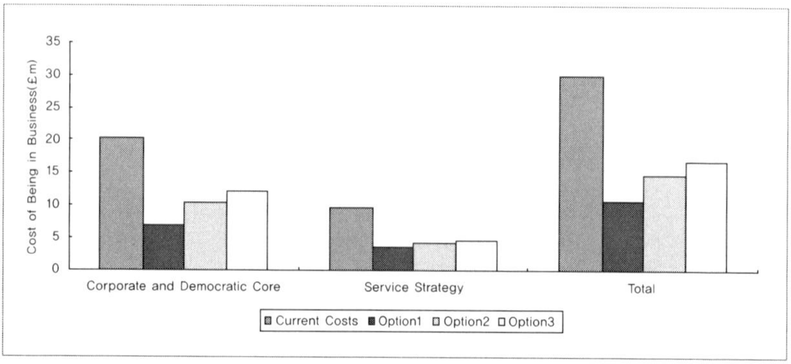

② Cumbria

A: Option One: one unitary authority

Unitary authority (constituent parts)	Population(2001)
Cumbria (Cumbria county)	487,600

B: Option Two: two unitary authorities

Unitary authority (constituent parts)	Population(2001)
A. North Cumbria (Allerdale, Copeland, Carlisle and Eden)	313,300
B. South Cumbria & Lancaster (Barrow-in-Furness, South Lakeland and Lancaster)	308,200

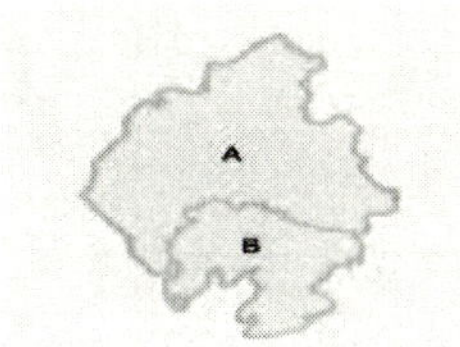

〈표 1-4-10〉 대안별 현황

New Authority	Component parts	Population
Cumbria Option 1		
Cumbria	Cumbria county and all districts	487,607
Cumbria Option 2		
North Cumbria	Allerdale, Copeland, Carlisle, Eden	313,326
South Cumbria & Lancaster	Barrow-in-Furness, South Lakeland, Lancaster	308,195

〈표 1-4-11〉 대안별 비용

	Costs of 'being in business'		
Configuration	Corporate and Democratic Core(£m)	service Strategy(£m)	Total(£m)
Currents Costs	14.8	2.8	17.6
Option 1	6.2	2.9	9.1
Option 2	9.9	4.0	13.9

〈그림 1-4-4〉 대안별 비용 그래프

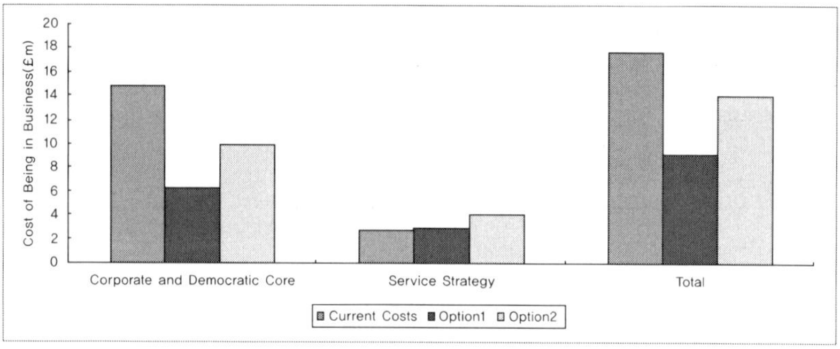

③ Lancashire

A: Option One

Unitary authority (constituent parts)	Population(2001)
A. Lancashire (Lancaster, Ribble Valley, Pendle, Burnley, Hyndbum, Preston, Fylde, South Ribble, Chorley, West Lancashire, Part of Wyre and part of Rossendale)	1,051,400
B. Rochdale (Rochdale and part of Rossendale)	212,600
C. Blackpool (Blackpool and part of Wyre)	218,500

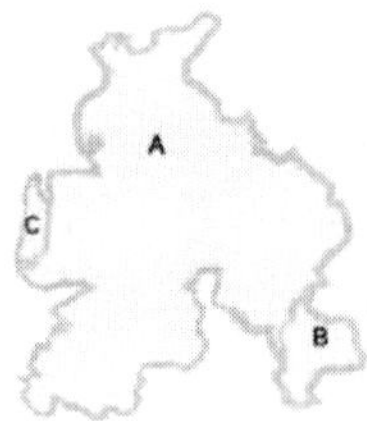

B: Option Two

Unitary authority (constituent parts)	Population(2001)
A. Central Lancashire (Preston, South Ribble, Chorley, part of Wyre and part of Fylde)	384,400
B. East Lancashire (Blackburn with Darwen, Burnley, Pendle, Hyndburn, Ribble Valley and part of Rossendale)	510,100
C. Fylde Coast (Blackpool, part of Wyre and part of Fylde)	270,600

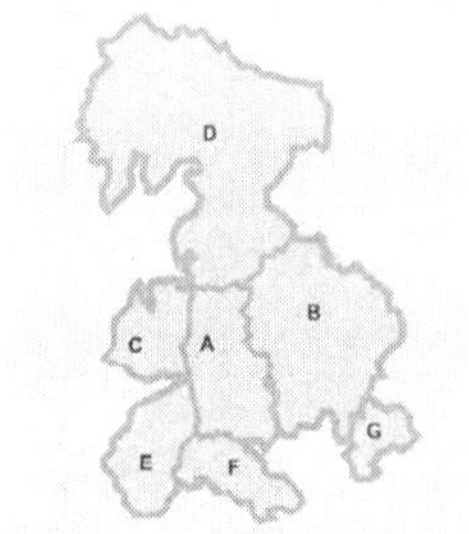

Unitary authority (constituent parts)	Population(2001)
D. South Cumbria & Lancaster (Barrow-in-Furness, South Lakeland and Lancaster)	308,200
E. Sefton & West Lancashire (Sefton and part of West Lancashire)	338,900
F. Wigan (Wigan and part of West Lancashire)	353,900
G. Rochdale (Rochdale and part of Rossendale)	212,600

C: Option Three

Unitary authority (constituent parts)	Population(2001)
A. Cintral Lancashire (preston, South Ribble, chorley, part of Wyre and part of Fylde)	384,400
B. Blackburn & Ribble (Blackburn with Darwen, Hyndburn and Ribble Valley)	272,900
C. South East Lancashire (Burnley, Pendle and part of Rossendale)	237,200
D. Fylde Coast (Blackpool, parts of Wyre and part of Fylde)	270,600
E. South Cumbria & Lancaster (Barrow-in-Furness, South Lakeland and Lancaster)	308,200
F. Sefton & West Lancashire (Sefton and part of West Lancashire)	338,900
G. Wigan (Wigan and part of West Lancashire)	353,900
H. Rochdale (Rochdale and part of Rossendale)	212,600

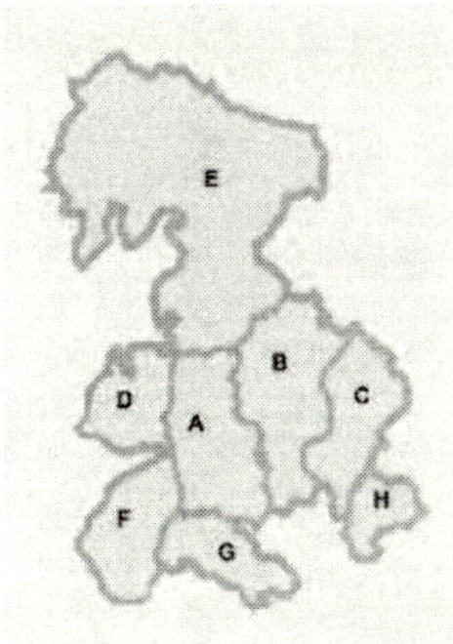

〈표 1-4-12〉 대안별 현황

New Authority	Component parts	Population
Lancashire Durham Option 1		
Lancashire	Lancashire, Ribble Valley, Pendle, Burnley, Hyndburn, Preston, Fylde, South Ribble, Chorley, West LAncashire, Part of Wyre, Part of Rossendale	1,051,449
Blackpool	Blackpool, Part of Wyre	218,545
Rochdale	Rochdale, Part of Rossendale	212,620
Lancashire Option 2		
Central Lancashire	Preston, South Ribble, Chorley, Part of Wyre, Part of Fylde	384,434
East Lancashire	Blackburn with Earwen, Burnley, Pendle, Hyndburn,Ribble Valley, Part of Rossendale	510,105
Rochdale	Rochdale, Part of Rochdale	212,620
Fylde Coast	Blackburn, Part of Wyre, Part of Fylde	270,633
South Cumbria & Lancaster	Barrow-in-Furness, South Lancaster	308,195
Wigan	Wigan, Part of West Lancashire	353,900
Sefton & West Lancashire	Sefton, Part of West Lancashire	338,851
Lancashire Option 3(AS for Option 2 apart from EAst Lancashire if Replaced by the following two authorities.)		
South East Lancashire	Burnley, Pendle, Part of Rossendale	237,179
Blackburn & Ribble	Blackburn with Earwen, Hyndburn, Ribble Valley	272,926

〈표 1-4-13〉 대안별 비용

Configuration	Costs of 'being in business'		
	Corporate and Democratic Core(£m)	service Strategy(£m)	Total(£m)
Currents Costs	26.7	12.0	38.7
Option 1	6.9	6.0	12.9
Option 2	15.6	7.5	23.1
Option 3	18.0	7.9	25.9

〈그림 1-4-5〉 대안별 비용 그래프

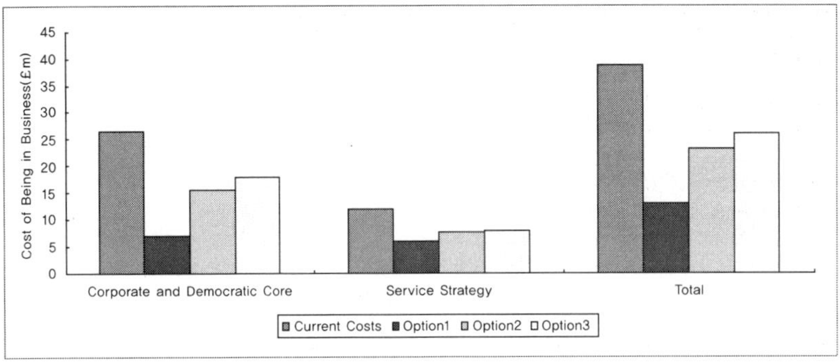

④ Yorkshire & Humber

A: Option One

Unitary authority (constituent parts)	Population(2001)
North Yorkshire (Craven, Hambleton, Harrogate, Richmondshire, Ryedale, Scarborough and Selby)	569,700

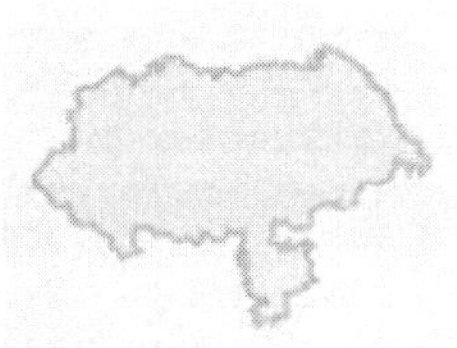

B: Option Two

Unitary authority (constituent parts)	Population(2001)
A. Craven & Harrogate (Craven and Harrogate)	205,000
B. Hambleton & Richmondshire (Hambleton and Richmondshire)	131,100
C. Ryedale & Scarborough (Ryedale and Scarborough)	157,100
D. East Riding of Yorkshire (East Riding of Yorkshire and Selby)	390,600

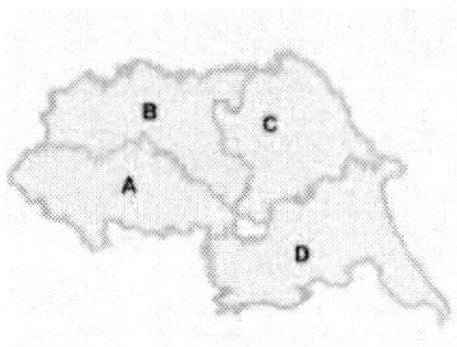

C: Option Three

Unitary authority (constituent parts)	Population(2001)
A. Craven & Harrogate (Craven and Harrogate)	205,000
B. North Riding of Yorkshire (Hambleton, Richmondshire, Ryedale and Scarborough)	288,200
C. East Riding of Yorkshire (East Riding fo Yorkshire and Selby)	390,600

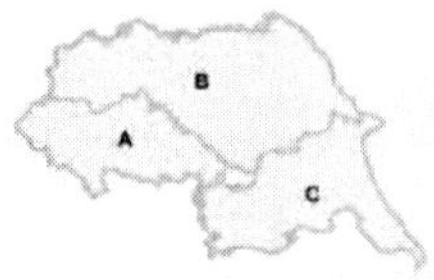

D: Option Four

Unitary authority (constituent parts)	Population(2001)
A. North York Moors (Hambleton, Ryedale and Scarborough)	241,200
B. Yorkshire Dales (Craven, Harrogate, and Richmondshire)	252,000
C. East Rifing of Yorkshire (East Riding of Yorkshire and Selby)	390,600

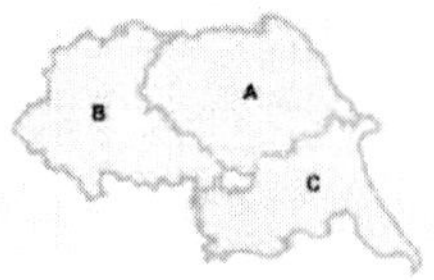

Note: All population figures rounded to nearest 100

〈표 1-4-14〉 대안별 현황

New Authority	Component parts	Population
North Yorkshire Option 1		
North Yorkshire	North Yorkshire county and all districts	569,660
North Yorkshire Option 2		
Craven & Harrogate	Craven, Harrogate	204,956
Hambleton & Richmondshire	Hambleton, Richmondshire	131,121
Ryedale & Scarborough	Ryedale, Scarborough	157,115
East Riding of Yorkshire	East Riding of Yorkshire, Selby	390,581

New Authority	Component parts	Population
North Yorkshire Option 3		
Carven & Harrohate	Carven, Harrohate	204,956
North Riding of Yorkshire	Richmondshire, Hambleton, Ryedale, Scarborough	288,236
East Riding of Yorkshire	East Riding of Yorkshire, Selby	390,581
North Yorkshire Option 4		
The Yorkshire Deals	Craven, Richmondshire, Harrogate	251,966
North York Moors	Hambleton, Ryedale, Scarborough	241,226
East Riding of Yorkshire	East Riding of Yorkshire, Selby	390,581

〈표 1-4-15〉 대안별 비용

	Costs of 'being in business'		
Configuration	Corporate and Democratic Core(£m)	service Strategy(£m)	Total(£m)
Currents Costs	14.8	4.8	19.6
Option 1	6.5	3.4	9.9
Option 2	11.3	4.3	15.6
Option 3	9.2	3.8	13.0
Option 4	9.2	3.8	13.0

〈그림 1-4-6〉 대안별 비용 그래프

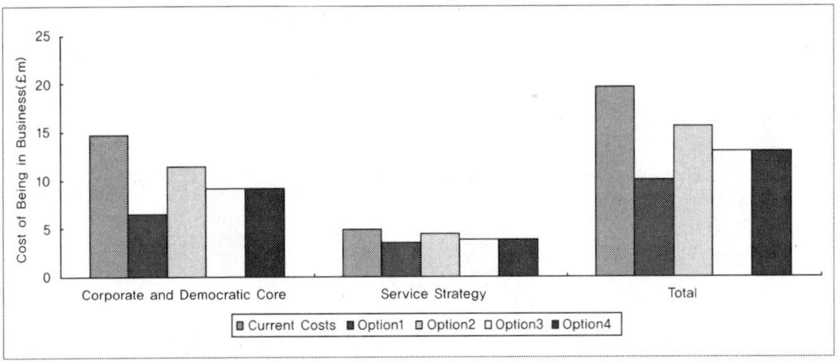

제4절 시사점

(1). 성공적 추진의 요인

① 중앙정부의 선거공약에 의한 정당성 확보와 이에 기초한 강력한 법적 실행

o 보수당 정부가 선거공약으로 제시하고 이를 선거과정에서 검증받게 하였으며 쟁점화하여 공론의 장을 거치게 되었음.

-중앙 정부가 강력한 의지를 가지고 이를 법속에 포함시켜 추진력을 가졌음

-이를 바탕으로 법적 권한부여받은 공정한 검토위원회 구성 및 강력한 권한행사 가능

-정부는 통합후 자치단체에 대하여 보조금의 삭감을 통하여 자구책을 수립하도록 하였을 정도로 강한 행사력 활용(가령 스코틀랜드의 1996/7년도 경우 사회복지분야에서만 약 3000만 파운드의 순절감액을 요구하였음).

② 중립적 위원회인 LGC의 주민으로부터의 정당성 확보 및 객관적 사실에 기초한 주민설득

-위원회는 지방여론을 설득하기 위하여 끊임없는 노력을 기울임

③ 홍보후 지역주민투표 절차

-주민 및 지역내 관련 단체들에게 철저히 단층제의 장점과 편익을 홍보한 후 주민전체 투표에 맡겨 그 결과를 반영하는 절차이행

-특히, 주민들에게는 세금감면의 혜택을 부여하는 조건도 크게 도움

(가령 Leicester 주민들의 경우 11%의 지방세 감면혜택을 받았으며 다른 통합 자치단체들의 경우도 1996-7년 및 1997-8년 사이에 각각 2.7% 및 2.9%인상되어 잉글랜드 전체 평균 6.6% 보다 낮았음)

④ 공무원 노동조합의 약화

-대처 수상의 노동조합에 대한 통제강화의 영향으로 노동조합의 영향이 크지 않았음.

⑤ 노동시장의 유연성

-법상으로 재조직화는 쉽게 가능

-공무원에 대한 조기퇴직금 지급후 정리가능

-노동시장의 유연성

⑥ 지방언론 및 공개토론의 활성화

(2). 우리나라에 대한 시사점

① 자치계층구조 개편의 필요성 부각 및 접근방법의 재설계

o 현재의 자치계층구조 개편 필요성 및 경쟁력 강화를 위한 자치단체 통, 폐합 필요성

-현재의 중앙-도-시.군 체제로 인한 행정적 낭비 현상 심화에 대한 재검토 필요

o 기존의 DIY 방식을 보완하여 중앙정부적 차원에서 실시 재검토 필요성

-개혁대상과 내용의 특성상 DIY 방식은 한계

③ 구체적, 실질적 효과를 주민에게 제시할 필요성

o 영국의 경우 비용편익분석후 검토결과를 주민에게 철저히 홍보하고 난 후 주민투표 실시했음

-각 자치단체를 단층자치단체로 했을 경우 비용/편익부분을 주민에게 홍보하고 주민투표함으로써 주민이 실질적으로 이해하게 할 필요성 (지방의원 등 반대를 극복)

o 영국의 경우는 주민설득을 위해 예산절감만큼 세금을 인하할 수 있다는 논리제시로 이해를 구한 것 처럼 절감예산 규모 제시 및 이로 인해 주민에게 도움이 될 수 있는 범위제시 등 홍보 필요

④ 주민투표를 실시하여 선택권 부여

o 기존의 세대주 주민투표가 아닌 주민투표법에 근거한 주민투표 실시하고 선택권 부여 방식 채택

⑤광역자치단체 공무원 노동조합의 저항극복 방안

o 광역자치단체 공무원 노조에서 반대할 것이므로 이를 극복하는 것이 관건이 될 것임

-이를 위해서는 비용/편익분석을 실시한 후 시민단체 등의 협력을 얻을 필요성

⑥ 지방언론을 통한 객관적 사실 홍보 및 토론의 장 활성화

-비용/편익분석을 통한 객관적 사실에 대한 지역홍보 활성화 및 공론의 장을 통한 대안탐색

⑦ 국회의원, 지방의원 등 정치인들의 반대 예상

-선거구획정 등과 밀접히 관련되기 때문에 이에 대한 극복방안이 중요

제5절 결론

본 연구는 개혁과정에 대한 사례연구의 성격을 지니며 특히, 중앙정부의 입장에서 지방정부 개혁을 위한 하나의 접근방법을 제시하고 있다. 지방정부의 첨예한 이해관계가 발생하는 지방정부 재조직화 즉, 계층과 구역 개편문제에 대한 영국의 사례를 통해서 향후 제기될 수 있는 우리나라

행정계층 구조문제 접근을 위한 시사점을 얻을 수 있다고 생각한다. 아울러 계층문제 뿐만 아니라, 지방자치가 실시되면서 야기되는 지방정부 개혁필요성에 대한 중앙정부의 정책집행을 위한 정책적 참고사항도 제시해 줄 수 있다고 생각한다. 본 연구사례에 대한 보다 이론적이고 체계적인 접근은 향후의 과제로 넘긴다.

참고문헌

김병국. (1997). 지방행정의 계층구조와 행정구역 개편방안. 한국지방행정연구원.

김익식. (1997). 지방행정의 효율성 증대를 위한 행정계층구조의 개편. 사단법인 21세기 정책개발연구회 세미나 논문집.

안성민. (1997). 지방행정구역의 적정규모에 관한 논의. 행정과 정책, 제3호

한국지방행정연구원. (1999). 지방자치구조 개편방안.

홍준현. (1998). 지방행정계층조정과 행정구역 개편방안. 한국행정연구원 연구보고 97-13.

Audit Commission. (1996). Managing Local Government Reorganisation and Beyond. London: Audit Commission.

Craig, Gary & Manthorpe, Jill. (2000). Small is beautiful? Local Government Reorganisation and the Work of Social Services Department. Policy and Politics, Vol 26 No 2.

Craig, Gary, Hill, Malcolm, Manthorpe, Jill. (2000). Picking Up the Pieces: Local Government Reorganisation and Voluntary Sector Children' s Services. Children and Society, Vol 14.

Chisholm, Michael. (2002). The cost of local government structural reorganisation in Great Britain during the 1990. Environment and Planning, Vol 20.

Fenwick, John & Bailey, Mark. (1999). Local Government reorganisation in the UK. International Journal of Public Sector Management, Vol 12 No. 3.

Game, Chris. (1997). 'Unprecedented in Local Government Terms' -The Local Government Commission' s Public Consultation Programme, Public Administration, Vol. 75 Spring.

Leach, Steve & Stoker, Gerry. (1997). Understanding the Local Government Review: A Retrospective Analysis. Public Administration, Vol. 75 Spring.

Leach, Steve. (1998 b). The Continuing Relevance of the Local Government Review, in Leach, Steve. (ed). (1998). Local Government Reorganisation: The Review and its Aftermath. London: Frank Cass.

Leach, Steve. (1998a). The Local Government Review: A Policy Process Perspective. in Leach, Steve. (ed). (1998). Local Government Reorganisation: The Review and its Aftermath. London: Frank Cass

Stott, Martin. (1997). Oxfordshire County Council and the Local Government Review: A Participant' s Perspective. Public Administration, Vol. 75 Spring.

The Boundary Committee for England. (2003b). Guidance and Procedural Advice for the Local Government Reviews.

The Boundary Committee for England. (2003a). Local Government Review. London: The Boundary Committee for England.

Wilson, David & Game, Chris. (1994). Local Government in the United Kingdom. London: MacMillan.

Regional Policy in the UK

제2부

유럽과 영국의 지역정책 거버넌스

제2부 유럽과 영국의 지역정책 거버넌스

제1장 OECD 주요국의 지역거버넌스

제1절 OECD 선진국의 개혁추세 고찰

1. 초광역권 지방정부의 등장배경

여기서 초광역권이란 자치계층제를 놓고 볼 때, 광역의 범위를 넘어서서 복수의 광역정부를 통합하여 구성된 권역을 말한다. 외국의 사례에서는 일반적으로 지역정부(regional government)가 초광역지방정부에 해당된다. 유럽의 초광역대도시 정부간 관계를 다루고 있는 사례연구(Salet, et al., 2003)에 의하면 대도시 정책조정에 관한 중요한 문제는 자치단체간 파편화 및 그 결과에 따른 권력주체의 다양성으로 인하여 사회적 · 경제적 활동이 공간적으로 복잡화되는 현상이라고 지적하고 있다.

복지국가시대에 있어서 대부분의 유럽국가들의 경우 중앙정부는 국가경제를 강하게 보호했고 대도시 지역에서 공공의 쾌적성을 위한 시설의 공급도 조정한 바 있다. 아울러 도시지역에서의 공간적 조정문제 역시 중앙정부의 적극적 관여에 의해 해결된 바 있다. 그러나 1980년대 초 이래로 두 가지 결정적 경향이 대두되면서 제도적 변화를 야기시키게 되었다. 하나는 새로운 정보화에 기반을 둔 경제의 전세계화 및 경제시장의 자유화이며, 다른 하나는 정부간 관계에 있어서 새로운 분화의 출현현상이라고 할 수 있다. 특히 후자의 경우 이전의 복지국가형태의 중앙-지방정부간 관계에 대하여 심대한 영향을 미친 바 있다. 즉, 중앙정부가 여전히 대도시 발전문제에 있어서 강한 이해관계를 가지고 있으나 정책현장은 다주체 및 다수준의 게임(multi-actor and multilevel game)으로 변하게 되었다(Salet, 2003: 3). 대도시 거버넌스 및 공간적 정책조정에 대한 다양한 도전과제들은 이러한 동태적 · 개방적인 환경 속에서 더욱 복잡하게 되었다. 이러한 관계를 도식화하면 아래 그림과 같다.

〈그림 2-1-1〉 초광역 거버넌스의 대두요인 도식화

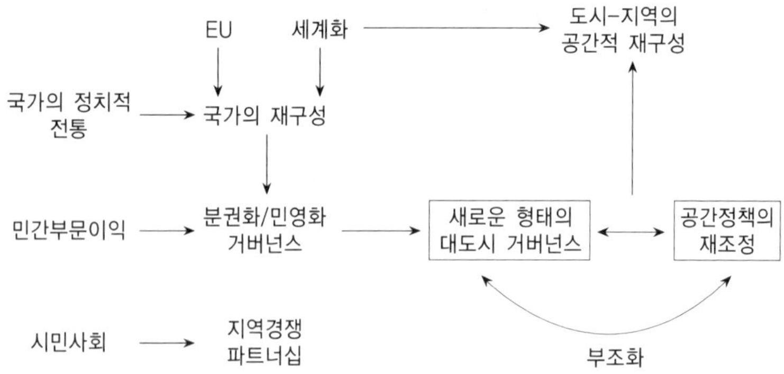

자료: Salet, et al.(2003: 4).

이러한 환경변화로 인하여 유럽의 국가들은 다소 정도의 차이는 있으나 1980년대부터 대도시문제의 해결에 있어서 제도적 변화를 시도하였는데, 이러한 변화의 특징을 간추려 보면 아래와 같다(Salet, 2003: 5-6). 첫째, 경제와 사회에 있어서 정부의 적극적 역할의 감소, 둘째, 광범위한 조직을 통한 의사결정의 다양화, 셋째, 정부간 관계의 재구성 등이다. 이 중에서 특히 세 번째 차원은 대도시 정부간 관계에 있어서 가장 중요한 것으로서 중앙정부의 역할이 축소됨과 동시에 지방분권화의 촉진으로 이어져 정부수준간 권한 및 책임의 이양을 가져왔다. 이러한 배경 하에서 유럽의 각 국가들은 정부간 관계에 있어서 근본적인 변화를 보여주고 있으며 각 국가별 특징은 아래에서 설명하는 바와 같다(다음 절 표 참조).

한편 이하에서는 유럽의 초광역지방정부가 대두된 배경을 시스템다이내믹스에서 활용하는 인과관계 모델을 이용하여 도식화 해보기로 한다.

〈그림 2-1-2〉 소규모 자치단체의 경쟁력 인과관계 모델

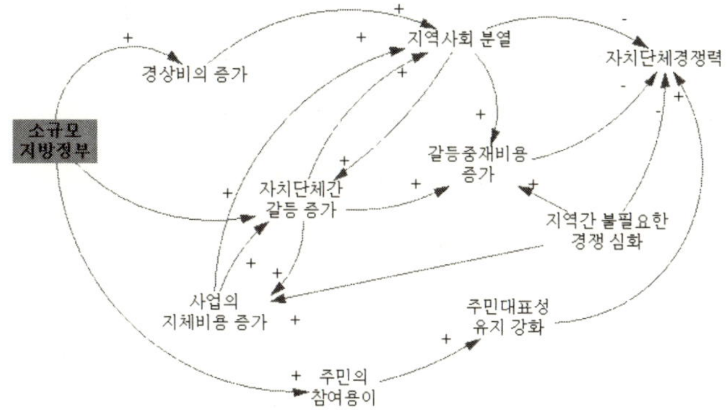

위의 그림에서 보듯이 소규모 자치단체 중심이 되는 경우에는 기본적으로 경상비가 많이 드는 구조이며 자치단체간 갈등증가, 갈등중재비용 증대 등이 발생한다. 물론 주민의 참여가 용이하다는 면에서 주민대표성은 강화될 수 있으나 지역경쟁력에 마이너스 효과를 미치는 다른 변수들과의 복잡한 관계속에서 큰 효과를 미치지는 못할 것이다.

한편 아래 그림은 초광역지방정부 형태를 지니는 경우의 국가경쟁력에 미치는 변수들의 인과관계를 모델로 제시해 본 것이다.

〈그림 2-1-3〉 초광역지방정부의 경쟁력 인과관계 모델

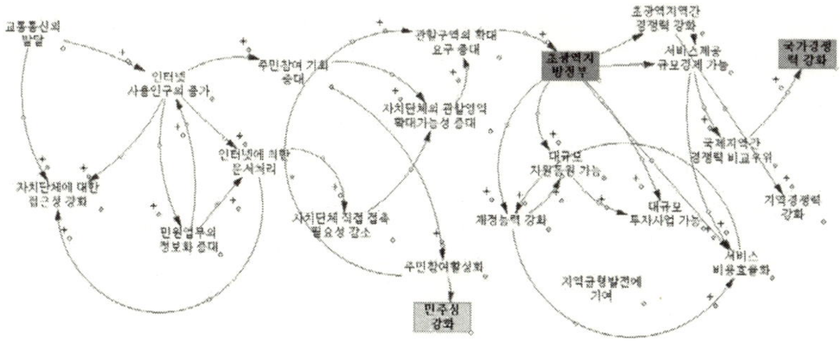

그림에서 보는 바와 같이 오늘날 교통통신의 발달로 인하여 자치단체간 접근성은 강화되어 가고 있으며 행정업무의 정보화촉진, 인터넷 인구의 증가 등으로 자치단체에 직접 방문해야 할 필요성은 줄어든다. 이로 인하여 관할구역의 증대를 요구하는 목소리가 커지고, 서비스 비용의 효율화 필요성도 증대되고 있다. 따라서 초광역지방정부가 들어서면 대규모 투자가 가능한 재원이 확보되고 서비스공급시 규모의 경제효과가 발생하며 동시에 교통통신의 발달과 정보화에 의해 주민대표성 및 주민참여 저감효과는 상쇄될 것이다. 궁극적으로 지역경쟁력이 강화되고 나아가 국가경쟁력이 강화될 수 있는 관계가 설정된다고 할 수 있다.

2. OECD 국가의 지역구분현황과 동향[6)]

OECD 30개국 중 슬로바키아를 제외한 29개국의 국가형태, 인구, 국민소득, 경제성장률, 도주당 면적 등을 정리하면 아래 〈표 2-1-1〉과 같다(이동우 외, 2003: 30).

〈표 2-1-1〉 OECD 국가별 인구, 면적, 소득 및 지역구분 현황

구분		면적(㎢)	인구(천명)	국민소득(달러)	성장률(96-00)	도(주)의 개수	도(주) 당 면적	도(주) 인구수	비고
중앙집권국가	Japan	377873	126926	32600	0.5	47	8040	2701	도주제 구상
	대한민국	99268	47008	8900	3.3	16	6204	2938	
	Czech Republic	78866	10272	5600	0.2	77	1024	133	14개주로통합
	Greece	131957	10920	10700	3.5	52	2538	210	
	Hungary	93032	10211	5100	5.1	20	4652	511	통합 논의
	Iceland	103000	281	26800	3.4	37	2784	8	
	Ireland	70273	3787	26600	9.2	26	2703	146	
	Luxembourg	2586	439	43600	5.7	3	862	146	
	Poland	323250	38646	4600	4.9	49	6597	789	16주로 통합
	United Kingdom	242900	58655	24300	2.4	63	3856	931	9개 RDA설치
	Turkey	774815	67461	2100	1.5	81	9566	833	
	평균	208893	34055	17355	3.6	43	4439	850	

6) 이에 대해서는 이동우 외(2003)의 보고서를 참조하였음.

구분		면적(㎢)	인구(천명)	국민소득(달러)	성장률(96-00)	도(주)의 개수	도(주) 당 면적	도(주) 인구수	비고
분권화된중앙집권국가	New Zealand	270534	3831	13100	1.4	16	16908	239	
	Denmark	43094	5340	29700	2.4	14	3078	381	
	Finland	338145	5181	23400	5.0	6	56358	864	
	France	551500	58893	21500	2.6	22	25068	2677	6개 계획권역
	Italy	301318	57189	18800	1.9	20	15066	2859	
	Netherlands	41526	15926	23900	3.2	12	3461	1327	
	Norway	323877	4491	37200	2.0	19	17046	236	
	Spain	505992	39927	14500	4.0	19	26631	2101	
	Sweden	449964	8872	24700	3.2	21	21427	422	
	Switzerland	41284	7184	34000	1.8	26	1588	276	
	Portugal	91982	10263	10700	3.2	18	5110	570	
	평균	269020	19736	22864	2.8	18	17431	1087	
연방국가	Canada	9970610	30770	28900	3.5	13	766970	2367	
	Mexico	1958201	97379	9100	4.2	32	61194	3043	
	United States	9363520	275372	35200	3.3	50	187270	5507	
	Australia	7741220	19225	18900	3.0	8	967653	2403	
	Austria	83859	8110	23300	2.6	9	9318	901	
	Belgium	30528	10246	22100	3.0	11	2775	931	
	Germany	357022	82205	22500	2.0	16	22314	5138	9개주로 통합
	평균	4214994	74758	22857	3.1	20	288213	2899	

국가형태는 Balchin(1999)의 분류에 의거하여 엄격한 중앙집권국가, 분권화된 중앙집권국가, 연방국가의 3종류로 구분하였다. 엄격한 중앙집권국가에는 우리나라와 일본을 비롯한 11개 국가가, 분권화된 중앙집권국가에는 프랑스와 이탈리아를 비롯한 11개 국가가, 그리고 연방국가에는 미국과 독일 등 7개 국가가 각각 포함된다.

우선 엄격한 중앙집권국가에 속하는 11개 국가의 평균 면적규모는 약 21만㎢, 평균인구수는 약 3,400만명이며, 분권화된 중앙집권국가에 속하는 11개 국가의 평균 면적규모는 약 27만㎢, 평균인구수는 약 2,000만 명이다. 그리고 연방국가에 속하는 7개 국가의 평균 면적규모는 약 421만㎢, 평균 인구수는 약 7,500만명이다 따라서 대체로 국가의 면적규모가 작고 인구밀도가 높은 국가들은 중앙집권적 정치체제를 가지는 반면, 영토가 넓고 인구밀도가 낮은 국가들은 분권화된 정치체제를 가진다고 할 수 있다.

국가체제별로 광역지방자치단체(광역지자체가 없는 경우에는 기초지자체)의 수를 비교해보면 엄격한 중앙집권국가의 경우는 국가당 평균 43개의 광역지자체를 두고 있으나, 분권화된 중앙집권국가의 경우는 국가당 18개, 연방국가는 국가당 20개의 광역지자체를 두고 있다. 중앙집권국가일수록 좁은 영토에 많은 지자체를 두고 있으며, 분권화된 국가일수록 적은 수의 광역지자체를 두고 있음을 알 수 있다. 그런데 세계화의 흐름과 수반하여 중앙집권형 국가들을 중심으로 기존의 행정구역을 통합하거나, 아니면 새로운 광역적 통치기구를 창설하는 경우가 늘고 있다. 영국은 잉글랜드지역에 9개의 RDA(Regional Development Agencies)를 설치하여 주로 지역개발과 관련된 업무를 광역적으로 처리하고 있고, 체코와 폴란드, 헝가리는 종래의 세분된 소지역을 몇 개의 대지역으로 통합하였다. 이와 아울러 분권화된 중앙집권국가의 범주에 속하는 프랑스에서는 전국을 6개의 계획권역으로 분할하는 구상을 최근에 발표한 바 있으며, 연방제국가인 독일에서도 현재의 16개 주를 9개 주로 통합하는 방안을 두고 계속 논의 중에 있다.

한편, EU 국가들의 지역자치수준을 전반적으로 살펴보면 다음 〈표 2-1-2〉와 같다.

〈표 2-1-2〉 EU 국가들의 지역자치 수준

구분		자치수준			
		높음	중간	낮음	없음
연방국가	오스트리아	국가전체			
	벨기에	국가전체			
	독일	국가전체			

구분		자치수준			
		높음	중간	낮음	없음
지역국가	이탈리아		특별지위 지역들	보통지위 지역들	
	스페인	Andalusia, Catalonia, Basque Country, Canary Islands, Galicia, Navarre, Valencia	나머지 국가		
지역화된 국가	프랑스		Corsica	국가전체	
	포루투갈		Azores, Madeira	국가전체	포루투갈의 대륙쪽 부분
	영국	스코틀랜드	북아일랜드, 웨일즈	런던	잉글랜드 지역
집권화된 국가	덴마크				국가전반
	핀란드				국가전반
	그리스				국가전반
	아일랜드				국가전반
	룩셈부르크				국가전반
	네덜란드				국가전반
	스웨덴				국가전반

자료: Andres(2005).

주로 유럽의 중앙집권국가를 중심으로 진행되는 이러한 지역의 광역화 현상은 세계화 및 분권화와 밀접한 관계가 있다. 유럽에서는 1980년대 후반부터 새로운 경제적 지역주의가 출현하게 되었는데, 그 배경에는 세계화에 따른 국제시장의 변화 및 유럽대륙의 체제개편이라는 환경변화가 존재한다. 이러한 환경변화로 인하여, 첫째, 국가 경제정책이 위축되고 지역주도 경제정책의 중요성이 부각되었다. 자본의 이동성 증대와 다국적 기업의 성장에 따라 국가에 의한 경제적 관리가 곤란하게 되었으며, WTO체제와 유럽연합의 지역정책에 의해 국가의 지역정책 수단이 축소되었기 때문이다.

둘째, 지역정책의 내용 자체가 크게 변화되었다. 투자인센티브보다는 환경, 삶의 질, 노동력 등의 요인이 중시되었고, 기반시설 제공보다는 인적자본 및 기업의 발전, 지역자원 활용이 강조되었다. 무엇보다 지역에 기초를 둔 경제활동 네트워크의 형성에 관심이 집중되었다. 셋째, 세계화에 따른 경제의 재구조화와 생산체계의 급격한 변화가 초래되었다. 경제적 재구조화와 기술적 변화는 천연자원, 교통인접성, 시장접근성 등 전통적 비교우위를 무의미하게 하였으며, 보다 중요한 것은 인적자본으로서 공공과 민간부문간 연계네트워크가 중시되었다.

이하에서는 OECD 주요 국가들의 초광역권 지방정부사례를 살펴보기로 한다. OECD 국가들도 나라형태에 따라서 다양한 차이점과 공통점을 가지고 있다. 특히, 우리나라에 많은 시사점을 줄 수 있는 나라는 영국과 일본이라고 할 수 있다. 국가전체 면적의 규모나 자치단체의 규모, 자치단체의 성격 등을 고려해 볼 때, 향후 우리나라에게 많은 정책적 시사점을 줄 수 있다고 생각한다. 영국의 경우에는 스코틀랜드, 웨일즈, 북아일랜드, 잉글랜드 등 지역에 따라서 초광역지방정부의 형태와 자치권에서 차이를 보여주고 있다. 그 중에서도 스코틀랜드와 잉글랜드는 같은 국가 내에서도 서로 다른 거버넌스를 가지고 있다. 이러한 점에 착안하여 본 연구에서는 OECD 국가들의 사례를 몇가지로 나누어서 다루어 보기로 한다. 첫째, 유럽 주요국가들의 사례(독일, 프랑스, 기타 국가), 둘째, 영국사례(특히 스코틀랜드를 중심으로), 셋째, 일본사례로 구분하여 고찰하고 정책적 시사점을 도출한다.

제2절 유럽 주요국가들의 초광역권 지방정부 사례

1. 독일

1) 독일의 전반적 경향

독일에서는 최근에도 정치권을 중심으로 다양한 주간 통합 논의가 활발하게 진행되고 있다. 이 가운데서도 실현 가능성이 가장 높은 것으로 평가받고 있는 대안이 자유민주당(FDP)에서 제시하고 있는 모델이다. 이 대안에 따르면 기존의 주 가운데 4개 주만 남기고 나머지 12개 주를 통합하여, 전체적으로 9개 주로 하자는 방안이다. 즉 노프트라인-베스트팔렌주, 헤센주, 바덴-뷔르템베르크주, 그리고 바이에른주는 현행처럼 존속시키고, 베를린시와 브란덴부르크주를 병합한 프로이센주, 구동독의 메클렌부르크-포아포메른주와 구서독의 슐레스비히-홀슈타인주와 함부르크시를 합친 북해에 인접한 새로운 해안주인 퀴스텐란트(Kuestenland)주, 브레멘시를 흡수한 니더작센주, 라인란트-팔츠주와 자르란트주를 합친 라인란트-자르주, 작센주와 튀링겐주를 병합한 작센-튀링겐주를 새롭게 창설하자는 것이다.

제안된 통합안이 실현될 경우에는 주당 평균면적은 22,313㎢에서 39,669㎢로, 주당 평균인구수는 550만 명에서 997만명으로 증가하게 된다. 그리고 현재에는 인구 68만명의 브레멘주, 인구 108만명의 자틀란트주, 인구 171만명의 함부르크주, 인구 255만명의 브란덴부르크주 등 상당수의 소규모 주들이 있으나 통합후에는 인구 509만명의 라인란트 · 자르주가 가장 작은 규모일 것이다(이동우외, 2003: 36-39).

〈표 2-1-3〉 독일의 주간 통합안

기존			통합안		
구분	면적(㎢)	인구(만명)	구분	면적(㎢)	인구(만명)
베를린주	891	347.1	프로이센주	30,367	602.5
브란덴부르크주	29476	255.4			
함부르크주	755	170.8	퀴스텐란트주	39,695	624.9
메클렌부르크 · 포어포메른주	23170	181.7			
슈레스비히 · 홀슈타인주	15770	272.4			

기존			통합안		
구분	면적(㎢)	인구(만명)	구분	면적(㎢)	인구(만명)
브레멘주	404	67.8	니더작센주	48,016	849.8
니더작센주	47612	781.5			
작센주	18413	454.6	작센 · 튀링겐주	55,031	976.1
작센안할트주	20447	272.4			
튀링겐주	16171	249.1			
라인란트 · 팔츠주	19847	400.1	라인란트 · 자르주	22,517	508.5
자틀란트주	2670	108.4			
노르트라인 · 베스트팔렌주	34078	1794.8	노르트라인 · 베스트팔렌주	34,078	1794.8
헤센주	21114	602.7	헤센주	21,114	602.7
바덴 · 뷔르템베르크주	35752	1037.5	바덴 · 뷔르템베르크주	35,752	1037.5
바이에른주	70551	1204.4	바이에른주	70,551	1204.4
합계	357021	8791.6	합계	357,021	8791.6
평균	22313	549.5	평균	39,669	976.8

자료: 이동우 외(2003: 40).

2) 베를린-브란덴부르그 사례

(1) 배경

1949년과 1989년 사이 베를린시와 그를 둘러싸고 있는 자치단체들은 서로 분리되어 있었다. 1990년 통일후 베를린과 이를 둘러싸고 있는 브란덴부르그 주의 공동노력에 의하여 양 지역발전을 관리하고 도시확산에 의한 경관파괴를 방지하기 위한 합의가 이루어졌다. 그러나 양 지역의 실질적인 통합은 이루어지지 않았다. 왜냐하면, 독일헌법에 의하면 주의 경계변경은 영향을 받는 주의 주민투표에 의해 이루어져야 하는데 1996년 실시된 주민투표에서 베를린 주는 찬성하였으나 구 동독쪽의 브란덴부르그 주민들이 반대했기 때문이다. 브란덴부르그 주민들의 반대에는 구 공산당원들의 역할이 주효하였는데, 브란덴부르그 주민들에게 베를린시에 예속된다는 불안감을 증대시켰다는 것이다. 1996년 주민투표가 있기 몇 달전에는 베를린시와 브란데부르그 주가 통합될 것을 예상하고 공동공간개발부(JSDD: Joint Spatial Development Department)를 설치했지만 주민투표의 벽을 넘지 못하여 통합이 무산되었다.

(2) JSDD의 구성과 운영방식

JSDD의 기관장은 베랄린이 아닌 브란덴부르그에서 임명된다. JSDD의 직원들은 브란덴부르그와 베를린에 의해 공동으로 구성되며 양 주는 같은 권한을 가지고 재정지원을 한다. 만약 베를린과 브란덴부르그 사이의 합의원칙에 관련된 중요한 문제들이 내부적으로나 사무총장 및 양 부처의 장관들 사이에서 합의되지 않으면 공동지역계획회의(Joint Regional Planning Conference)가 소집된다. JSDD의 결정은 양 기관간 상호합의에 의해서만 이루어지며 논란이 되는 문제들은 합의가 이루어질 때까지 다양한 수준의 행정기관에게 공지된다. 사무국 수준에서 여러 방식한 통한 합의가 이루어지지 않으면 주계획회의(State Planning Conference)가 소집되는데 이 회의는 브란덴부르그주의 수상, 베를린 시장, 공간계획에 대해 책임있는 상원 및 장관, 그리고 양 주정부의 장관 4명 및 상원의원 등으로 구성된다.

현재 JSDD가 양 지역의 공간개발 및 지역개발문제를 종합 조정하는 기형적 형태를 띠고 있다. 이 기구는 각 주의 부처를 초월하는 베를린-브란덴부르그의 공동계획지역의 개발계획을 수립하하며 초광역적이고 통합적 기능을 수행한다. 이 JSDD는 베를린의 베를린상원도시개발부(Berlin Senate Department for Urban Development)와 브란덴부르그의 농업, 환경보호 및 공간계획부(Brandenbourg Ministry for Agriculture,

Environmental Protection and Spatial Planning)가 가지고 있는 공간 및 지역계획업무를 관리한다.

(3) JSDD의 기능

JSDD는 다음과 같은 기능을 수행한다. 첫째, 공동지역개발프로그램 및 지역개발 계획의 수립, 조직화, 수정 및 지속화이다. 둘째, 지역계획커뮤니티의 지역계획과 공간계획의 목표사이에 양립성이 유지되도록 하는 기능이다. 셋째, 지역정책의 조화절차의 이행이다. 이 방법은 초광역적 중요성을 가지는 계획대상을 위한 적절한 공간발견 및 조정을 하는데 적용된다. 넷째, 지방자치단체의 건물계획을 공간 및 지역계획의 목표와 조화되도록 하는 기능이다. 다섯째, 연방정부에 대해서 공동계획과 관련된 이해관계를 조정하고 대변하는 기능이다. 여섯째, 국제수준에서 협력조정, 특히 폴란드정부 및 인접 동유럽 국가와 협력할 경우 협력분야에서 공동기능을 수행한다. 특히, JSDD는 베를린 및 산하 기초자치단체의 개별계획 뿐만 아니라 브란덴부르그 산하의 자치단체들의 개별계획들을 공간전체의 공간적, 경제적 및 인프라 측면에서 조정해 주는 기능을 수행한다.

2. 프랑스

1) 프랑스의 전반적 경향

최근 프랑스에서는 프랑스 전역을 6개의 대지역(Grandes Regions)으로 분할하는 구상을 발표한 바 있다(국토연구원, 2003: 42-43). 대지역은 일종의 계획권역으로서 행정구역인 레지옹과는 구분된다. 6개 대지역구상을 담고 있는 것은 2020년 프랑스계획이다. 동 계획에서는 프랑스 전역을 대동부권, 대남동부권, 대남서부권, 대서부권, 북부권, 파리광역수도권 등 6개 권역으로 구분하여 계획적으로 개발함을 내용으로 하고 있다. 이러한 6개 대권역은 종래의 파리 일극집중형 공간구조를 다극분산형으로 개편하여 나간다는 비전을 담고 있다.

2) 파리-광역파리권(Paris-ile-de Paris region) 사례

파리와 광역파리권은 파리가 수도이며 정치권력의 중심지를 포함하고 있기 때문만이 아니라 경제적 · 문화적 권한을 가지고 있기 때문에 프랑스를 지배하고 있다고 할 수 있다. 1980년대 초 이래 프랑스는 정치적으로 분권화과정을 겪고 있다. 중앙집권 국가로 오랫동안 알려졌던 프랑스는 점차 균형적인 체제로 이동하였고, 1982년과 1983년에 첫 번째 분권화법이 발효되면서 지방정부로의 권한이양이 촉진되었다. 특히 대중교통, 도시계획 및 사회문제 등과 같은 분야에서 국가권력이 지방정부로 이양되었다.

1982년 분권법은 새로운 지방정부 계층인 레지옹(광역)을 창설하게 되었는데, 레지옹을 그 자체로 하나의 지방정부로 인정하였다. 1986년 이래 파리광역권은 선거로 구성된 광역의회를 가지게 되었다. 그러나 정치적, 경제적, 그리고 사회적 이유 때문에 파리광역권은 다른 광역정부와는 다른 취급을 받았다. 즉, 중앙정부는 다른 레지옹에 부여한 것과 동일한 정도의 권한을 파리광역정부에 주기를 꺼려했다. 가령, 대중 교통의 경우에 파리 중앙정부가 대중교통광역위원회를 주재하며 위원회 의석의 50%를 차지하여 캐스팅 보트를 쥐고 있다. 도시계획의 경우에도 중앙정부의 강력한 통제가 이루어지고 있다.

파리의 인구는 210만명 규모이며, 파리시를 포함한 광역 파리권 인구는 1천95만명 정도로서 프랑스 전 인구의 18.6%에 달한다. 광역파리권은 8개의 도 및 1,200개의 기초자치단체를 포함한 초광역지방정부에 해당한다. 파리의 경우 인구는 210만 정도이나 프랑스의 수도로서의 지위를 가지고 있고 하나의 도(Department)이면서도 동시에 기초자치단체(municipality)의 지위를 가진다. 파리의 중요성 때문에 인접 자치단체 및 타 도와 협조관계를 가지는 것을 꺼려한다. 그러나 최근 들어 프랑스 정부는 파리를 런던, 동경 및 뉴욕과의 경쟁에서 이길 수 있도록 하기 위해서는 파리광역권 인프라가 필요하다고 인식하게 되었으며, 이로 인하여 2000년에는 그간 파리 및 파리광역권의 성장을 억제하기 위해 도입했던 각종 건축규제 등을 해제하였다. 동시에 파리광역권에 대한 새로운 권한관계를 설정하기 시작하였다.

3. 기타 국가

1) 벨기에

벨기에는 큰 변혁을 경험한 나라이다. 1970에 단방국가에서 지역화된 국가로 전환하였고, 그리고 1993년에는 연방국가로 전환하였다. 언어와 문화적 차이에 기반을 두고 권력의 지역적 분리를 단행하였는데, 다음의 두가지 기준을 적용하였다. 첫째, 언어인데, 이에 따라서는 3개의 공동체(Flemish 사용, 불어사용, 독어 사용)로 나누어졌다. 둘째, 정체성인데, 이에 따라서도 3개의 지역(Flanders, Wllonia, 그리고 Brussels)으로 구분되었다. 그 결과 매우 복잡한 6개의 지역구조를 가지게 되었다.

2) 스페인

프랑코 체제에 의해 가해진 지역정체성에 대한 억압은 스페인 주변부 지역들의 분노를 야기하였다. 그에 따라 민주주의의 회복과 더불어 지역자치화과정이 전개되었고, 지역간에 비대칭적인 권한이양절차(asymmetrical devolution)가 진행되었다. 중세의 특권을 유지하는 지역들의 경우 높은 자치권을 유지하게 되었으며(The Basque Country and Navarre), 강한 정체성을 가진 지역들도 높은 자치권을 갖게 되었고(Catalonia, Galicia, Andalusia, Valencia, Canary Is.), 나머지 지역들의 경우 낮은 수준의 자치권을 갖게 되었다.

3) 이탈리아

지역화 과정의 기원은 불안전한 국가형성에까지 거슬러 올라간다. 지역간에 중요한 격차가 존재하였는데, 소위 남부의 문제(Question of the South)로 지칭되는 남부지역의 상대적 저개발과 더불어 주변부 지역들에서 소수언어를 쓰는 집단의 존재가 나타나게 되었다. 그에 따라 1948년 헌법은 비대칭적 이양(asymmetrical devolution)을 규정하게 되었다. 높은 수준의 자치권을 가진 5개의 특별지위 지역들(Sicily, Sardinai, Valle d' Aosta, Trentino, Friuli)과 낮은 수준의 자치권을 가진 15개의 보통지위 지역으로 구분되었고, 연방화가 계속 진행 중에 있다.

4. OECD 국가사례의 종합

위에서 논의한 OECD 국가들중 특히 중요하다고 생각되는 나라들을 중심으로 간략하게 그 특징을 간추려 보면 아래 표와 같다.

〈표 2-1-4〉 유럽국가들의 초광역지방정부 동향 비교

<table>
<tr><th>국가명</th><th>주요 특징</th></tr>
<tr><td>체코</td><td>77개 주를 14개 주로 통합</td></tr>
<tr><td>헝가리</td><td>20개 주를 통합하기 위한 논의</td></tr>
<tr><td>폴란드</td><td>49개 주를 16개 주로 통합</td></tr>
<tr><td>프랑스</td><td>33개 도를 6개의 계획권역으로 통합</td></tr>
<tr><td>독일</td><td>16개 주를 9개 주로 통합</td></tr>
<tr><td rowspan="4">영국</td><td>스코틀랜드는 조세권을 가진 의회와 집행부를 구성(집행부는 11개 장관)</td></tr>
<tr><td>웨일즈는 조세권을 갖지 않은 상태의 웨일즈 의회 구성</td></tr>
<tr><td>잉글랜드는 9개 권역의 지역정부 구성 단계에 있음. 권역별로 지역의회(regional assembly)를 구성하고 있으나 선거로 구성되지 않은 상태임.</td></tr>
<tr><td>* 그동안 중단되었던 선거에 의한 지역의회 구성을 다시 추진하고 있음.</td></tr>
</table>

표에서 보는 바와 같이 유럽의 주요 국가들 중 연방제 국가들은 몇 개의 주를 통합하여 광역주 형태로 나아가고 있고, 단방제 국가들은 광역단위인 도를 통합하여 초광역적 지방정부형태를 지향하고 있는 추세이다.

지역거버넌스체제의 성공은 경제성과에 의해 평가될 수 있는데, 그 결과는 명백하기보다는 긍정과 부정이 뒤섞여 있다. 즉, 이태리, 프랑스, 스페인 및 독일의 경우 국내 지역불균형문제는 지역정부의 창설 이후 줄어들지 않았다고 한다. 그러나 다른 나라의 경우, 지역정부는 공공, 민간, 자원봉사영역 등 서로 다른 행위주체들을 통합하는데 성공한 것으로 평가받고 있다.

제2장 영국의 지역거버넌스: 스코틀랜드사례

제1절 영국의 전반적 경향

영국은 스코틀랜드, 웨일즈, 그리고 북아일랜드에 대해서는 대대적인 권한이양(devolution)을 통하여 하나의 초광역정부형태를 구성한 바 있다. 최근에는 잉글랜드 지역에 대해서도 9개 권역으로 구분하여 위의 3개 초광역정부에는 미치지 못하지만 전 단계로서의 의미를 지닌 다양한 조치들을 취해 나가고 있다. 영국의 경우 초광역지방정부의 설정단계를 권한이양의 정도에 따라 구분해 보면 아래 표와 같다.

〈표 2-2-1〉 권한이양의 정도에 따른 초광역지방정부 성격

구분	1단계	2단계	3단계
내용	권한분산 또는 행정적 권한이양	집행부의 정책결정 권한이양	입법적 권한이양
예시	잉글랜드 지역: 9개 지역에 정부사무소 설치, 중앙정부의 행정기능을 지역에 이양	웨일즈: 부처의 기능을 지역에 이양	스코틀랜드 및 북아일랜드: 완전한 입법권한의 이양

자료: House of Commons(2003).

표에서 보는 바와 같이, 첫째, 1단계 권한이양단계는 1999년 이전의 단계로서 가령, 권역별로 나누어져 있는 9개 지역에 중앙부처사무소(Government offices for the Regions)를 설치하는 것과 같은 것이다. 이는 중앙부처의 권한과 책임을 중앙부처의 지역사무소에 이양하여 처리하는 방식을 의미한다. 이는 우리식으로 말하면 지방에 특별지방행정기관을 설치하여 처리하는 방식과 유사하다. 둘째, 집행부의 정책결정권한 이양단계는 영국 중앙정부의 특권적 권한을 지역정부의 장관에게 일정한 성문화된 법적 토대 하에서 이양하는 것을 의미한다. 셋째, 입법적 권한 이양단계는 중앙정부의 법률제정권한을 지방정부의 입법부(지역의회)에게 이양하는 것을 의미한다. 스코틀랜드와 북아일랜드의 경우에는 위의 3가지 권한을 다 가지고 있고 웨일즈는 처음의 2가지 권한(행정적 권한과 집행부의 정책결정권한)을 가지고 있다.

제2절 스코틀랜드 사례

1) 개관

잉글랜드, 웨일즈, 스코틀랜드, 북아일랜드로 구성되어 있는 영국은 중앙의 권한을 대대적으로 지방으로 이양하는 조치를 취하면서 권한이양의 실험을 하고 있는 중에 있다. 특히, 1999년 하나의 초광역지방정부(혹은 국가)라고 할 수 있는 스코틀랜드의 의회 구성과 스코틀랜드 집행부의 구성은 권한이양의 핵심적 위치를 차지하는 것이라고 할 수 있으며, 우리나라 등 OECD 선진국의 지방분권 추진에 있어서 중요한 정책적 시사점을 제공해 주고 있다.

영국에서 1997년 노동당 정부가 들어선 이후 1998년도에 스코틀랜드법(The Scotland Act)이 통과되었으며 이 법은 지금까지 없었던 스코틀랜드 의회를 구성할 수 있도록 하였다. 이 법에 의거하여 스코틀랜드 지역정부는 해당 지역에 영향을 미치는 많은 문제들에 대하여 직접 법률을 제정하고 통과시킬 수 있는 권한을 부여받았고, 일정한 범위 하에서 자율적으로 국세인 소득세율을 올리거나 낮출 수 있게 되었다. 이 법에 따른 스코틀랜드 의회선거가 1999년 5월 6일 시행되었고, 첫 번째 회의가 동년 5월 12일 개최되었으며, 동년 7월 1일 여왕에 의해 공식적으로 개원되었다.

이른바 권한이양(devolution)이라는 영국 정부의 분권화정책에 의해 영국의회와 영국정부의 권한들중 일부는 스코틀랜드 의회와 집행부로 이양되었으며, 나머지 일부는 여전히 영국 중앙정부가 가지게 되었다. 영국 중앙정부는 스코틀랜드에 대하여 100% 권한이양이 아니라 유보사안(reserved matters)이라는 용어를 사용하여 일정한 범위 하에서 다양한 방식의 수단을 통하여 느슨하게 관여하고 있다고 할 수 있다.

2) 스코틀랜드 의회의 구성

1997년 9월 11일 이루어진 국민투표에 의해 조세를 변경시키는 권한을 가진 스코틀랜드 의회의 창설이 결정되었다. 국민의 투표율은 60%였는데, 유권자 중에서 74%는 스코틀랜드 의회(Scottish Parliament)의 창설에 찬성했고 64%는 스코틀랜드의회가 세금변경권(tax varying powers)을 갖는데 찬성하였다. 1998년 영국의회에 의해 통과된 스코틀랜드법(The Scotland Act)은 1707년 이래 최초로 스코틀랜드지역에 의회창설을 허용하였는데, 이 법에 의해 스코틀랜드의회는 해당 지역의 광범위한 문제에 영향을 미치는 법률을 제정할 수 있다. 나아가 1파운드에서 3펜스 범위 내에서 소득세의 기본율을 낮추거나 올릴 수 있다.

국민투표에 뒤이어 자문조정그룹(CSG: Consultative Steering Group)이 만들어졌으며 이 기구가 새 의회의 실질적인 운영을 위한 각종 제안을 했다. 이 CSG는 스코틀랜드에 있는 정당, 시민집단, 그리고 이익단체들의 대표들로 구성되었다. 이 CSG는 광범위한 자문을 받았으며 공청회를 열고 전문가들로 하여금 각종 증거자료들을 준비하도록 하였다. 1999년 1월 이 CSG는 스코틀랜드 의회의 구성(Shaping Scotland' s Parliament)이라는 보고서를 제출했으며 이는 스코틀랜드의회에 의해 채택되었다. 이 보고서는 다음과 같은 4가지 원칙들을 확인한 바 있다.

첫째, 권한공유의 원칙이다.

둘째, 책임성의 원칙이다.

셋째, 개방성, 접근성, 그리고 참여의 원칙이다.

넷째, 평등한 기회강화의 원칙이다.

스코틀랜드의회 구성을 위한 첫 번째 선거는 1999년 5월 6일 실시되었다. 그리고 의회의 첫 번째 회의는 1999년 5월 12일날 개최되었으며 공식의회는 1999년 7월 여왕에 의해 개원되었다. 스코틀랜드 의회(Scotish Parliament)는 129명으로 구성되어 있으며, 스코틀랜드에게 이양된 문제에 관한 법률을 제정하고 통과시키는 기능을 수행한다. 동시에 스코틀랜드 집행부의 정책을 감시하는 역할도 수행한다. 129명의 의원중 한명이 의장으로 선출되고 두 명의 부의장이 선출된다.

(2) 스코틀랜드의회의 권한

스코틀랜드의회는 아래의 이양사안에 대한 법률을 제정하는 등 각종 권한을 갖는다. 이를 이양권한(devolved authorities)이라고 부르는데, 영국 중앙정부가 스코틀랜드 의회와 정부에 이양한 권한을 정리하면 다음 표와 같다.

〈표 2-2-2〉 스코틀랜드의회에 이양된 권한

권한유형	권한의 내용 예시
보건관련 권한	스코틀랜드의 NHS(국민보건서비스기능), 공공보건, 정신보건서비스, 보건전문가 교육 및 훈련, NHS 직원 및 일반의사(GP)
사회복지 및 주택관련 권한	어린이복지, 자원봉사, 주택, 기업지구(enterprise zone) 설정 및 지역재생, 토지이용계획 및 건축통제

권한유형	권한의 내용 예시
교육과 훈련관련 권한	5세 이전 교육, 초등 및 중등교육, 학교감독기능, 교사공급, 교육서비스조건, 스코틀랜드 고등 · 대학교육의 정책 및 재정, 학생지원, 과학 및 연구재정, 훈련책임, 직업교육, 직업자문 및 지침
지방정부관련 권한	지방정부의 재정, 지방세, 비주거레이트세, 도시계획
사법관련 권한	형법 및 절차, 민법, 지방선거관련 법, 형사사법 및 기소제도, 사법직원 임명, 형사 및 민사법원, 이양사항 관련 재판, 법률지원, 가석방과 종신죄인 석방 및 오심, 교도소
농업 · 임업 · 어업관련 권한	농장, 식품표준, 임업지원, 어업지원
환경관련 권한	환경보호, 토지 및 수질오염, 동물원 허가, 야생동물 통제 및 개 관리, 홍수예방과 해안선 보호 및 저수지 안전
경찰과 소방관련 권한	경찰 및 소방기능, 민방위 및 긴급구조, 국제적 사법공조체제 관련 기능(어린이 유괴 등)
스포츠 · 관광 · 문화유산관련 권한	스포츠 지원, 관광진흥, 문화유산 관리, 예술지원
경제개발 및 교통관련 권한	지방기업 지원, 산업진흥, 투자유치, 교역과 수출증진
통계 및 기록관련 권한	통계관리, 공공등록, 기록물 관리

자료: House of Commons(1998).

표에서 보는 바와 같이 첫째, 보건관련 권한이다. 여기에는 스코틀랜드의 NHS(국민보건서비스 기능), 공공보건, 정신보건서비스, 보건전문가 교육 및 훈련, NHS 직원 및 일반 의사(GP) 등과 관련된 권한이 포함된다.

둘째, 사회복지 및 주택관련 권한이다. 여기에는 어린이 복지, 자원봉사 분야, 주택, 기업지구(enterprise zone) 설정 및 지역재생, 토지이용계획 및 건축통제 등이 포함된다.

셋째, 교육과 훈련관련 권한이다. 여기에는 5세이전 교육, 초등 및 중등 교육, 학교감독기능, 교사공급, 교육서비스 조건, 스코틀랜드 고등 · 대학 교육의 정책 및 재정, 학생지원, UK 연구위원회를 제외한 과학 및 연구재정, 모든 훈련책임(훈련정책 및 평생학습), 직업교육, 직업자문 및 지침 등이 포함된다.

넷째, 지방정부관련 권한이다. 여기에는 지방정부의 재정, 지방세, 비주거레이트세, 도시계획 등이 포함된다.

다섯째, 사법관련 권한이다. 여기에는 형법 및 절차(마약과 총기를 포함한 유보사안과 관련된 범죄는 제외됨), 민법, 지방정부선거와 관련한 선거법, 형사사법 및 기소제도, 사법직원 임명, 형사 및 민사법원, 이양된 사안과 관련된 재판, 법률지원, 가석방과 종신죄인들의 석방 및 오심, 교도소 등이 포함된다.

여섯째, 농업과 임업 및 어업관련 권한이다. 여기에는 농장, 식품표준, 임업지원, 어업지원 등이 포함된다.

일곱째, 환경관련 권한이다. 여기에는 환경보호, 토지 및 수질오염, 동물원 허가, 야생동물 통제 및 개 관리, 홍수예방 · 해안선 보호 · 저수지 안전 등이 포함된다.

여덟째, 경찰과 소방관련 권한이다. 여기에는 경찰 및 소방기능, 민방위 및 긴급구조, 국제적 사법공조체제 관련기능(어린이 유괴 등) 등이 포함된다.

아홉째, 관광과 스포츠 및 문화유산관련 권한이다. 여기에는 관광증진, 문화유산관리, 스포츠 지원, 예술지원 등이 포함된다.

열째, 경제개발 및 국내 교통관련 권한이다. 여기에는 지방기업 지원기능, 산업에 대한 지원, 투자유치, 교역과 수출증진 등이 포함된다.

열한번째, 통계와 기록관련 권한이다. 여기에는 통계관리, 공공등록 및 기록물관리 등이 포함된다.

한편 권한이양 이후에도 영국 중앙정부가 여전히 보유하고 있는 권한들도 있다. 이를 유보권한(reserved authorities)이라고 부르는데, 헌법, 외교문제, 국방, 국제개발, 중앙공무원, 재정 및 경제문제, 국가안전, 이민 및 국적, 마약남용, 통상 및 산업, 에너지 규제(전기, 석탄, 석유 및 가스, 핵에너지), 사회보장, 고용, 낙태 · 유전공학 · 대리모 제도 · 의약, 방송,

기회균등 등이다.

위의 유보권한들에 대한 내용들을 기능별로 보다 세분화하여 간추려 보면 아래 표와 같다.

〈표 2-2-3〉 스코틀랜드에 대한 유보권한 관련 법률 규정

문제	부(part)	항(paragraph)	세항(section)
영국헌법			
국왕	I	1	
영국의회	I	1	
선거법		2	3
국가공무원	I	7	
작위명칭부여	I	2	
영국외교정책			
EU 및 여타 국제조약체결	I	6	
국제개발부 문제	I	6	
영국국방 및 국가안전			
군대	I	8	
보안기능	II	2	8
국가반역처리	I	9	
테러 및 국가전복	II	2	8
국가경계선보호			
영국의 국경선지정 및 어업경계설정	I	6	
영국 입북 및 국민성	II	2	6
추방	II	2	11
마약과 총기에 관련된 형법	II	2	1, 4
마약규제	II	2	1
영국 재정, 경제, 금융제도의 안정성			
거시 금융 및 재정문제	II	1	1, 3, 4, 5
영국 조세양허	II	1	1
화폐	II	1	1
영국 상품과 서비스를 위한 공동시장			
회사 및 기업협회에 관련된 법	II	3	1
보험	II	1	3
기업의 채무불능	II	3	32

지적재산	II	3	4
금융기관과 금융서비스에 대한 규제	II	1	1, 2, 4
경쟁	II	3	3
소비자 보호	II	3	6
에너지 공급회사에 대한 규제	II	4	1-5
국제무역정책 및 ECGD 문제	I	6	5
	II	3	
무선 전신 및 텔레커뮤니케이션 규제/허가	I	3	9
약품 가격 규제	II	9	4
우편 서비스	I	3	10
중량 및 측량	II	3	8
상품의 기술수준	II	3	7
표준시간대 규제	II	11	5
고용입법			
노사관계	II	8	1
평등한 기회보장	II	11	2
보건 및 안전	II	8	2
고용서비스 문제	II	8	3
사회보장정책 및 행정			
각종 급여 및 연금기관 문제	II	6	1
기여금	II	6	1
어린이지원	II	6	2
직업 및 개인연금 규제	II	6	3
관련 고용정책, 지원시비스	II	8	3
	II	6	1
일부전문직종 규제			
의료, 치과, 간호 및 여타 보건전문직	II	7	2
수의과 의사	II	7	2
건축가	II	7	1
감사관	II	7	3
부동산 중개인	II	3	6
파산관리자	II	3	2
보험중개인	II	1	3
공무원 위원회 위원	I	7	1
	II	11	
영국 고급공무원보수심사청	I	1	

문제	부(part)	항(paragraph)	세항(section)
공무원연금관련주요법률담당	II	6	3
교통안전 및 규제			
비행 및 항공안전규제	II	5	4
항해 및 해안안전규제	II	5	3
철도안전 및 규제	II	5	2
도로교통규제	II	5	1
교통안전, 운전면허 및 시험, 자동차견인, 자동차 표준, 속도설정	II	5	1-5
바다, 항공 및 철도사고예방 및 조사	II	5	2, 3, 4
장애인수송에 관한 기술표준	II	5	5
영국규제에 속한 일부 문제			
영국 연구위원회	II	3	11
원자력 안전	II	4	4
	II	5	5
의료규제 및 안전	II	9	4
양자간 보건협의	I	6	
지원지역 설정	II	3	12
법규조사	II	11	4
방송, 영화분류의 규제프레임워크	II	2	5
극장 및 영화관허가	II	2	5
문화재 문제	II	10	2, 3, 4
도박 및 로또	II	2	9
자료보호	II	2	2
낙태, 인공수정 및 태안, 생체해부	II	9	1, 2, 3
평등성 입법	II	11	2

자료: House of Commons(1998).

한편 참고로 웨일즈 정부법(The Government of Wales Act)에 의해 웨일즈에 이양된 권한들과 북아일랜드에 이양된 권한을 살펴보기로 한다. 이를 통해서 스코틀랜드에 이양된 권한과의 차이점을 발견할 수 있다. 웨일즈에 이양된 권한들을 살펴보면 농업과 어업, 문화, 경제개발, 교육 및 훈련, 환경, 보건, 고속도로, 주택, 산업, 지방정부, 사회복지서비스, 스포츠, 관광, 타운계획 및 농촌계획, 교통, 상수도, 웨일즈 언어 등이다. 스코틀랜드에 이양된 법률제정, 사법, 경찰, 소방 등의 기능들은 빠져 있다.

북아일랜드(Northern Ireland)의 경우 이양된 권한을 살펴 보면, 재정과 인사, 사회복지, 보건, 공공안전, 교육, 농업 및 농촌개발, 기업, 무역, 투자, 환경, 문화 · 예술 및 레저, 학습과 고용, 지역개발, 사회개발 등이다. 북아일랜드의 경우에도 법률제정, 사법, 경찰, 소방 등의 권한은 여전히 중앙정부에 속해 있다. 이러한 점에서 스코틀랜드지역정부에 대한 권한 이양의 범위가 훨씬 넓다고 할 수 있다.

3) 스코틀랜드 집행부

(1) 스코틀랜드 집행부의 구성

스코틀랜드 집행부(Scotland Executive)는 스코틀랜드의 정부이다. 1999년 스코틀랜드에 이양된 사안에 대한 책임은 기존의 스코틀랜드 사무소(Scottish office)와 여타 영국 정부부처로부터 이 스코틀랜드 집행부로 이양되었다. 스코틀랜드 집행부는 스코틀랜드의회와는 별도의 조직이다. 스코틀랜드의회는 이양받은 사안에 대한 법률을 통과시키며 또한 스코틀랜드 집행부의 업무를 감시한다. 그에 반해 스코틀랜드 집행부는 법률의 집행, 스코틀랜드 지역정부의 권한에 속하는 각종 정책의 결정 및 집행을 담당한다. 스코틀랜드 집행부는 의회다수의석을 가지고 있는 정당에 의해 구성된다. 2003년 선거후 스코틀랜드 노동당(Scottish Labour Party) 당수와 스코틀랜드 자유민주당(Scottish Liberal Democrat) 당수가 연합정부를 구성하기로 합의한 바 있다.

스코틀랜드 집행부는 세가지 핵심요소로 구성되어 있는데, 제일장관(The First Minister)과 스코틀랜드 검찰관(The Scottish Law officers) 및 스코틀랜드 장관(The Scottish Ministers)이 그들이다. 스코틀랜드 집행부는 모두 11명의 장관으로 구성된다. The First Minister, The Deputy Minister를 비롯하여, 법무부, 교육 및 청소년, 기업, 교통 및 평생학습, 환경 및 농촌개발, 재정 및 공공서비스, 주택 및 커뮤니티 케어, 의회업무, 사회정의, 관광, 문화 및 스포츠 부 장관으로 되어 있다.

(2) 스코틀랜드 집행부의 권한

스코틀랜드 집행부(Scotland Executive)는 스코틀랜드에 이양된 기능을 집행하는 기관이며 보건, 교육, 사법, 농촌문제 및 대부분의 교통문제와 같이 스코틀랜드에 위임된 모든 문제들을 다루는 책임을 가지고 있다. 이는 최초의 스코틀랜드 의회선거에 뒤이어 1999년 구성되었으며 스코틀랜드 의회에 의해 임명되고 여왕에 의해 승인된 제일장관(First Minister)이 맡고 있다. 이 제일장관은 스코틀랜드 내각을 구성하는 여타 장관들을 임명하는 권한을 보유하고 있다. 스코틀랜드 집행부(Scosith Executive)와 스코틀랜드 의회(Scottish Parliament: 129명의 의원) 사이의 관계는 영국 정부와 의회사이의 관계와 유사하다.

제일장관은 영국의 수상에 대한 스코틀랜드의 카운터파트의 지위를 가지며 이는 스코틀랜드 장관 수 및 장관들의 책임범위들을 결정한다. 스코틀랜드 검찰관은 검찰총장(The Lord Advocate)과 검찰차장(The Solicitor General)을 포함하는데 이들은 법률문제에 대하여 스코틀랜드 집행부를 자문하며 스코틀랜드의 이익을 대변한다. 한편, 스코틀랜드 장관들은 법무장관, 보건장관, 교육장관들을 의미하며 이들은 각각 주어진 영역에서 입법과 정책활동을 수행한다.

집행부 산하에는 우리나라의 공사 및 공단에 해당되는 공공기관(public bodies)들이 있다. 스코틀랜드에 있는 공공기관이라고 하여 모두 스코틀랜드 집행부 산하는 아니며 일부 기관들은 영국 중앙정부소속이다. 왜냐하면, 일부 중앙정부의 유보사안(reserved matters)과 관련된 기능을 수행하는 기관들이 있기 때문이다. 스코틀랜드 집행부에 속하는 전체 수자는 143개이다. 이중에서 국가 공공기관이 79개, 지방공공기관이 64개이다.

공공기관의 전체예산은 104.58억 파운드(약 20조원)에 달하는 수준이다.

4) 중앙정부와 스코틀랜드 집행부의 관계: 중앙정부의 관여수단

(1) 내각의 스코틀랜드처 및 장관

영국 중앙정부는 스코틀랜드에 대한 유보사안에 대한 권한은 여전히 가지고 있으므로 이를 효과적으로 집행하기 위하여 중앙정부 내각에 스코틀랜드처(Scotland office) 및 스코틀랜드 장관(Secretary of State for Scotland)을 두고 있다. 이 스코틀랜드장관은 내각내에서 스코틀랜드의 이익을 대변하며, 특히 스코틀랜드법에 의해 중앙정부가 유보하도록 규정한 문제들을 다루며, 스코틀랜드법의 지킴이 역할을 한다.

이 스코틀랜드처는 런던과 에딘버러에 사무소를 두고 있다. 여기에 근무하는 공무원들은 장관에게 보고하도록 되어 있다. 스코틀랜드 집행부와 파트너십을 형성하여 일을 하지만 영국 중앙정부 소속이며, 특히 영국 중앙정부와 스코틀랜드 집행부사이의 재정거래와 관련된 기능에 초점을 두고 있다.

(2) 재정지원

스코틀랜드 정부는 영국 중앙정부의 재정정책에 의한 지원을 받고 있다. 스코틀랜드 집행부(the Scottish Executive), 웨일즈 의회(the Welsh Assembly) 및 북아일랜드 집행부(the Northern Ireland Executive)는 영국 중앙정부로부터 일괄보조금을 받고 있다. 다만, 스코틀랜드는 웨일즈와 북아일랜드와는 다소 차이가 있는데, 스코틀랜드의 경우 소득세의 표준율을 변경시킬 권한을 가지고 있다. 따라서 국세인 소득세를 높이거나 낮출 수 있다.

1978년 이래 스코틀랜드에 대한 일괄보조금은 전 재무성 장관인 Barnett경에 의해 만들어진 소위 바넷산식(Barnett Formula)에 의해 결정되고 있다. 이 공식은 잉글랜드 지출사업에서의 증가나 감소분만큼의 비율대로 스코틀랜드에 자동 적용되도록 고안된 것이다(인구규모 기준). 지역정부는 일괄보조금 형태로 지원을 받기 때문에 자기들이 적합하다고 생각하는 분야에 예산을 사용할 수 있으므로 재정적 자율성은 매우 높은 편이다. 일괄보조금의 계산방식은 기본적으로 수요를 반영하여 복잡하게 계산하는 것이 아니라 인구를 기본변수로 하여 단순하게 처리한다.

아래 표는 연도별 스코틀랜드, 웨일즈 및 북아일랜드의 지출규모를 제시해 주고 있다.

〈표 2-2-4〉 스코틀랜드와 웨일즈 및 북아일랜드의 지출규모(단위: 십억파운드)

구분	2002-03	2003-04	2004-05	2005-06
스코틀랜드	19.3	20.4	21.6	22.9
웨일즈	9.9	10.6	11.3	12.1
북 아일랜드	6.8	6.8	7.2	7.6
합계	36	37.8	40.1	42.6

자료: House of Commons(2003).

스코틀랜드의 경우 잉글랜드에 적용되는 바넷산식(Barnet Formula)에 기초하여 산출하는데, 이 공식을 이용하여 산정된 스코틀랜드 전체예산 규모를 증가시킬 여지는 적다. 그리고 국세에 대한 변경권을 보유하지만 제한적이다. 영국 재무성은 일반 중앙부처와 체결하는 공공서비스협약(public service agreements)을 스코틀랜드 정부에는 적용하지 않지만 재정적인 부분에 대해서는 여전히 상당한 통제권을 가지고 있다.

(3) 중앙정부와의 갈등조정

영국 중앙정부와 스코틀랜드 집행부는 MOU(Memorandum of Understanding)를 체결하고 있고 스코틀랜드 집행부와 중앙정부 개별부처 사이에는 개별 기능별 갈등방지를 위해 Concordat라는 협약이 체결되고 있다. 아울러, 스코틀랜드 집행부와 영국 중앙정부가 맺고 있는 MOU 제2부에는 갈등발생 상황에서 동원할 수 있는 공식적 및 비공식적 제도적 장치에 대하여 기술해 두고 있다. 보다 법적인 측면에서, 스코틀랜드법(The Scotland Act)에서도 스코틀랜드 의회와 집행부의 법적 권한을 넘어선 문제를 해결하기 위한 규정을 두고 있는데, 추밀원(Privy Council)의 사법위원회에 조회하여 해결하도록 하고 있다. 추밀원 사법위원회는 잉글랜드, 웨일즈 및 스코틀랜드의 고위사법관으로 구성되어 있다. 그럼에도 불구하고 이 규정은 최후적 수단으로서 의미를 가지고 있으며, 이를 직접 동원하는 경우는 거의 없다. 최근에는 이 문제의 해결권한을 영국 대법원(Supreme Court)에 부여하려는 시도가 검토 중에 있다.

5) 스코틀랜드의 초광역정부와 기초지방정부와의 관계

(1) 개관

스코틀랜드는 1996년부터 그 이전에 있던 2층제형태(9개의 광역은 region, 53개의 기초는 district)에서 광역과 기초기능을 동시에 수행하는 33개의 단층자치단체(unitary authority)로 전환하였다. 그 결과 기존의 광역과 기초자치단체간 기능분리는 의미를 잃게 되었고, 33개의 단층자치단체가 광역과 기초의 양 기능을 수행하는 형태가 되었다. 그 결과 초광역정부와 기초자치단체와의 관계는 결국 초광역정부와 단층자치단체의 관계를 의미하는 것이다. 33개의 단층자치단체는 아래 그림에서 보는 바와 같다.

〈그림 2-2-1〉 스코틀랜드의 단층자치단체 지역분포

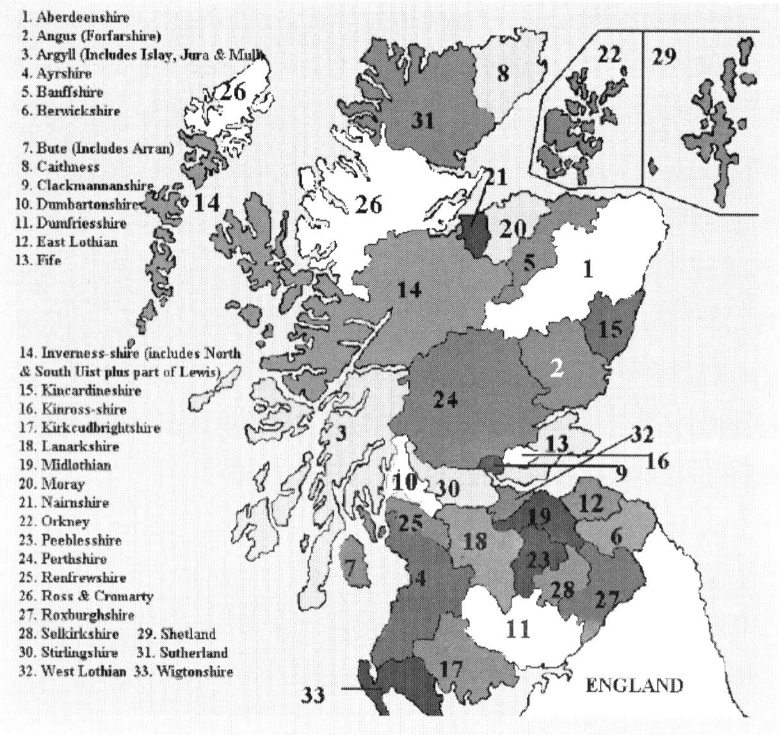

자료: www.remax-scotland.com

(2) 초광역지방정부와 단층자치단체와의 기능배분

스코틀랜드의 경우 초광역지방정부라고 할 수 있는 스코틀랜드 집행부와 단층자치단체와의 관계는 잉글랜드의 경우 중앙정부와 지방정부의 관계와 거의 같다고 볼 수 있다. 즉, 지방정부기능은 잉글랜드의 지방정부기능과 같으며 잉글랜드에 있어서 중앙정부기능을 스코틀랜드 집행부가 수행하고 있는 것이다. 따라서 스코틀랜드에 있어서 단층자치단체는 중앙정부를 거의 상대하지 않고 스코틀랜드 집행부만 상대하면 되는 것이다. 아래 표는 정부간 기능배분 관계를 보여 주고 있다.

〈표 2-2-5〉 스코틀랜드의 지방정부간 기능배분

기능		스코틀랜드정부	단층자치단체	공동위원회
사회복지서비스			O	
교육			O	
도서관			O	
박물관 및 미술관			O	
도시계획	전략적 계획		O	
	지방계획		O	
고속도로		O		
교통관리		O		
승객수송			O	O
운동장 및 수영장			O	
공원 및 오픈스페이스			O	
쓰레기수집			O	O
쓰레기 처리			O	O
소비자보호		O		
환경보전			O	
경찰				O
소방				O
사법		O		
산업지원		O		
경제개발		O		
통계, 공공등록, 기록		O		

자료: Scottish Local Government Financial Statistics(2005-06); 임성일 · 최영출(2001)을 참조하여 재정리

(3) 지역공동체의 보완기능

단층자치단체 아래에는 교구(parish; community council이라 부르기도 함)라는 것이 있다. 이는 후술하는 바와 같이 완전한 자치단체라기보다는 하나의 준자치단체적인 기능을 수행하는 가장 최하위 단위이다. 초광역 지방정부로서 중앙정부에 준하는 지역정부가 있고 그 아래 단층자치단체

가 광역 및 기초의 기능을 동시에 수행하는 형태이기 때문에 말단의 교구가 일부 제한적이나마 기능을 수행하고 있다고 할 수 있다.

교구는 원래 교회교구를 의미하며 15세기 경부터 카운티 및 버러와 더불어 중요한 주민서비스 제공기관의 위치를 차지하게 되었다. 이때에는 지방의 법질서유지, 쾌적서비스 제공, 사회적으로 고통받는 약자의 보호 등에 대한 업무를 주로 수행하였다. 다시 말해 당시에는 교회교구로서 사회적 서비스의 일부분을 담당하는 수준에 있었다. 그러다가 1894년 지방정부법에 의해 농촌지역에 있는 모든 교구는 최소한 교구 미팅(parish meeting)을 가져야 하고 일정한 인구를 가지면 교구 카운슬(parish council)을 가질 수 있게 법적 장치가 마련되었다. 그 이후 지방정부법은 농촌지역뿐만 아니라 도시지역에서도 교구 카운슬(도시지역에서는 타운 카운슬로 명명됨)을 가질 수 있도록 허용하였다.

교구 카운슬은 크기, 기능 및 상황면에서 대단히 다양하다. 관할하는 인구는 200명에서 7만명까지 천차만별이나 대부분은 규모가 작다. 1만개 정도 되는 교구 카운슬중 80% 정도는 인구가 2,500명 이하이며 약 50%는 500명 이하이다. 면적은 수 에이커에서 거의 백 평방마일에 이르기까지 다양하다. 재원의 경우를 보면 몇 파운드 되는 교구 카운슬에서부터 30만 파운드(Swanlea, Kent) 또는 40만 파운드(East Grinstead, West Sussex)되는 카운슬 등 다양하다. 이 교구 카운슬의 지방의원은 선출직이며, 약 7만명에 이른다. 약 150개의 교구 카운슬은 2개 이상의 교구를 포함하는 경우도 있다.

1974년 이전에는 농촌지역에만 교구 카운슬이 존재했다. 그러나 1972년의 지방정부법은 도시지역에서도 교구 카운슬을 둘 수 있도록 규정하였다. 그 결과 교구 카운슬은 도시지역에도 있었으나 여전히 농촌지역에서 더 많이 존재하였다. 1997년의 지방정부법은 중앙부처 장관이 교구 유권자들의 10% 이상 청원(petition)에 의해 새로운 교구를 창설할 수 있도록 하였다. 교구 카운슬은 제한적 권리와 재량권을 가진 선출된 조직이며 최종적으로는 국회에 의해 정해진다.

교구는 제한된 범위내의 주민서비스를 제공한다. 예컨대, 놀이터, 커뮤니티 홀, 버스 대기소 등에 관한 권한을 행사하는데, 교구의 상급기관인 단층자치단체와 협약을 체결하여 관할 자치단체의 승인하에 이루어진다. 주민서비스의 제공은 직접 또는 공동으로 이루어지고, 자발적 조직이나 민간조직과의 파트너십을 통하여 이루어질 수도 있다. 이는 우리나라처럼 중앙정부가 읍면동의 기능을 획일적으로 정하는 것이 아니라 관할 자치단체가 그 하부기관에게 개별적으로 협약을 체결하여 기능을 수행하게 한다는 점에서 차이가 있다.

교구는 모든 단층자치단체에 반드시 있는 것이 아니고 주민이 원하는 경우에 청원을 통해 설치되며 관할자치단체의 권고안이 있어야 한다. 이 같은 의미에서 볼 때 관할 자치단체의 의사가 중요하다. 그렇다고 관할자치단체가 지시하고 명령하는 관계는 아니다. 예컨대, 감사를 받아야 할 경우 지방감사원의 감사를 받게 되며 관할하는 단층자치단체의 감사를 받지 않는다. 일정 사안(예컨대, 초등학교 운영위원회 위원들의 임명)에 대해서는 상급자치단체로부터 업무처리에 관하여 통보를 받는다.

교구의 가장 중요한 기능은 지역문제에 대한 토론의 장으로서의 기능을 수행하며 자기들의 문제를 관할자치단체에 대하여 제시함으로써 자기들의 이익을 대변하는 기능을 수행한다. 집행부를 가지고 있지 않은 교구미팅의 경우에는 반드시 1년에 두 번은 모든 지역주민들이 참여하는 공론의 장을 열도록 되어 있다. 즉, 인구나 면적 면에서 적기 때문에 전 주민의 토론과 참여를 전제로 하는 제도라고 할 수 있다.

1990년대 지방정부재조직화 정책에 의하여 적은 규모의 인근 기초자치단체들이 단층자치단체로 통합된 바 있다. 이러한 까닭으로 주민들의 접근성을 보완하기 위해 교구의 기능을 강화시키려는 조치가 이루어졌다. 일부 자치단체에서는 주요한 의사결정권한을 교구로 이양할 수 있는 가능성을 탐색하기도 하였다. 청소년 서비스, 탁아소 및 지역사회 교육, 학교 관리, 가로등관리, 주차장 관리, 여가 제공, 소음통제, 도서관 등과 같은 서비스가 대상이었다. 일부 지역에서는 진전이 있었으나 대부분의 지역에서는 단층자치단체의 기능이 이양될 것을 두려워한 나머지 소극적조치로 일관하였다. 단층자치단체와 그 아래 있는 교구의 관계는 자치단체간의 관계가 아니라 자치단체와 그 하부기관간의 관계와 유사하다. 그러나 기능의 일부를 교구로 이양하여 수행할 때에는 전술한 바와 같이 기관간 협약을 체결하여 수행한다. 주요 기능으로는 커뮤니티 홀, 레크리에이션 시설(놀이터, 수영장, 공원 및 오픈 스페이스), 화장장, 연못 청소, 버스대기소, 보행자 가로등, 자전거 공원, 길 바깥 주차장시설 등 주민과 가장 가까운 일상생활기능이 대부분이다.

교회교구는 주민들, 특히 빈민들에게 구호서비스를 제공하던 전통에서 이를 발전시킨 것으로서 자발적 성격이 강하다. 주민들의 청원에 의하여 설치노력이 시작되었다는 점, 의원들의 경우 의장을 제외하고는 수당이 지급되지 않는 점, 근무하는 직원들도 무보수명예직이라는 점 등을 고려할 때 지극히 자발적 · 명예적 성격이 강하다고 할 수 있다.

우리나라의 경우에는 읍면동이 영국의 교구와 가까운 구조라고 할 수 있다. 예전과 달리 교통통신의 발달로 공간적 거리는 주민의 대면활동에 큰 문제가 되지 않고 있다. 오늘날의 사정을 감안하여 영국 교구의 시사점을 생각해 본다면, 우리나라의 읍면동을 보다 광역화하고 이러한 읍면동에 기초자치단체의 권한을 대폭 이양함으로써 주민자치위원회를 활성화하여 주민과 보다 가까운 곳에서 행정이 이루어지도록 하는 방안을 검토해 볼 수 있을 것이다.

6) 스코틀랜드 지방정부와 시민사회와의 관계

(1) 개관

스코틀랜드 지방정부법은(The Local Government in Scotland Act 2003)은 지침서를 통해 지방정부가 해당 지방의 중요한 정책결정과정에 지역의 관계단체들을 참여시켜 파트너십을 형성하도록 규정하고 있다. 법 제15조 제1항에서는 지방정부가 하나의 촉진자(facilitator)로서 지역사회 및 여타 조직들로부터 자문을 구하고 협력하도록 규정하고 있다. 또 제16조 제2항에서는 이러한 지역사회의 발전과정에 참여하도록 요구받은 조직들은 지방정부를 도와주도록 규정해 두고 있다.

(2) 파트너십 대상 조직의 범위

지역사회의 NGO와 시민단체 등의 효과적인 관여는 지역사회발전의 원동력으로 인정되고 있다. 이러한 파트너십 대상조직의 범위는 지역의 규모(근린구역 등)에 의해 규정되기도 하고 공유된 이해관계(청소년조직, 도우미 조직 등)에 의해 규정되기도 한다. 법 제15조 제4항에서는 특정 조직을 배제하는 것을 방지하기 위하여 대상조직의 범위를 한정하지 않고 광범위하게 규정하고 있다. 그럼에도 불구하고 일반적으로 지방정부의 파트너십 대상은 지역사회의 자원봉사조직, 예컨대 청소년 단체, 환경단체, 농촌단체, 소비자 단체, 스포츠 및 문화단체 등이다. 아울러, 평등추진단체, 기업조직, 노동조합, 전문가 조직 등도 포함된다. 즉, 법 규정 속에는 특정조직으로 한정하지 않고 범위를 넓게 잡고 있는데, 주로 현실적으로 포함되는 조직은 위에서 언급한 바와 같다.

(3) 파트너십의 방식

파트너십을 통하여 지방정부에 관여하는 방식은 자문(consultation), 협력(co-operation), 참여(participation) 등이다. 지방정부는 자신들의 특별한 사정에 따라 특정한 관여방식을 결정하도록 하고 있다. 파트너십을 형성하면서 관여하는 방법은 지역사회의 상황을 반영할 수 있어야 한다고 보고 있다. 그 결과 농촌지역의 구조는 도시지역의 경우와는 다른데, 농촌지역의 경우는 일반적으로 맞춤형 접근방법을 취하고 있다. 그러나 도시와 농촌지역간에 공통적으로 적용될 수 있는 방식을 유도하고 있는데, 예컨대, 지역사회 참여를 위한 공통기준을 마련하고 체계적인 검토를 위한 절차 등을 정립해 두고 있다. 아울러 여러 기관들이 참여함에 따라 집단적 의사결정을 하기 위한 방법, 자문 및 협동적 메커니즘을 보완하는 방법 등 다양한 수단을 마련하고 있다. 최근에는 지역내의 사회자본(social capital) -주민들의 동기부여, 네트워크, 지식, 신뢰 및 기술- 이 효과적인 지역사회 관여를 위한 필수적인 요소로 인식하고 이를 발전시키기 위해 노력하고 있다. 이를 위해 "보다 강한 지역사회를 형성하기 위해 함께 일하고 학습한다(Working and Learning Together to Build Stronger Communities)"라는 지침서가 2003년에 발표되기도 했다.

위에서 언급한 민간조직과는 달리 공공적 성격의 기관들을 참여시키기 위한 방안도 마련되어 있다. 이는 법 제15조 제2항에 규정되어 있는데, 민간의 시민조직에 대한 규정과 같이 여기서도 광범위하고 포괄적으로 규정되어 있다.

제3절 잉글랜드 사례

잉글랜드는 스코틀랜드와는 다른 초광역지방정부체제를 구축하고 있다. 이들의 특징을 살펴보기로 한다. 2004년 11월 4일 9개의 잉글랜드 지역중에서 North East, North West, Yorkshire and Humberside 등 3개 지역에서 지역정부를 인정할 것인가에 관한 주민투표를 실시했으나 North East에서 처음 부결됨에 따라 더 이상 추진되지 못하고 중단된 바 있다. 이 투표에서 찬성은 22%(197,310명), 반대는 78%(696,519명)였다. 그 결과 지역정부 추진은 더 이상 진전되지 못하고 있으나 2007년 고든 브라운 노동당 정부는 다시 추진할 계획을 가지고 있다고 한다. 한편, 아래에서는 잉글랜드의 지역정부체제 추진을 위한 여러 조치들 중 중요한 기관들을 소개하기로 한다.

1) 권역별 중앙합동사무소

영국의 중앙정부는 잉글랜드 전체를 9개 권역으로 구분하고 각 권역별로 중앙정부의 합동사무소를 설치하고 있다. 이는 Government Office(Gos)라고 불린다. 각 권역은 우리나라로 치면 몇 개의 광역단체를 묶어 놓은 것으로 아래 그림에서 보는 바와 같이 인구를 기준으로 한다면 대략 5백만명 수준이다(최소 258만명에서 최대 807만에 이름). 즉, 이러한 광역권마다 중앙정부의 합동사무소를 설치하고 중앙의 정책이 지방에서 잘 집행되도록 조정해 주는 역할을 수행하고 있다.

〈그림 2-2-2〉 영국의 권역구분

자료: www.englandrda.com

위의 그림에서 보는 바와 같이 잉글랜드의 권역별 구분은 9개로 나누어져 있다. 권역의 관할면적을 보면 가장 작은 North East는 8,592㎢이고 가장 넓은 South West가 23,289㎢이다. 인구규모의 경우 가장 작은 규모는 North East로 258만명이고, 가장 큰 권역은 South East로 807만명에 이른다.

2) 지역개발청(RDA)

(1) 지역개발청의 일반적 현황

지역개발청은 영국의 지역정책에서 발견되는 가장 큰 특징중의 하나이다. 지역개발청 역시 권역별로 설치되어 있는데, 이는 한마디로 말해 지방정부들의 경제기능을 모아서 집행하는 기관이라고 할 수 있다. 영국의 경우 광역지방정부나 기초지방정부는 지역경제에 관한 기능을 거의 수행하지 않는다. 대신 권역별로 설치된 지역개발청이 지역경제기능을 수행하고 있는 것이다. 이러한 지역개발청의 관할구역, 직원 수 등을 개관하면 아래 표와 같다.

〈표 2-2-6〉 권역별 지역개발청 관할 범위(관할 면적, 인구, 직원 수)

구분	East Midlands	East of England	North East	North West	South East	South West	West Midlands	Yorkshire/ the Humber	London
지역개발청 명칭	EMDA	EEDA	one North East	NWDA	SEEDA	SWDA	AWA	Yorkshire Forward	LDA
인구	419만	541만	258만	688만	807만	493만	533만	504만	751만
면적(㎢)	15,627	19,120	8,592	14,165	19,096	23,289	13,004	15,400	
관할 자치단체수	9	10	11	22	19	16	15	14	1
직원수	176	141	347	357	324	238	274	350	212

자료: 개별 RDA Annual Report를 기초로 정리
주1: 관할자치단체의 수는 광역자치단체인 카운티 및 기초와 광역기능을 수행하는 단층자치단체의 수 포함
주2: 직원수는 2003-2004년 기준

(2) 지역개발청의 특징

이하에서는 지역개발청(RDA, Regional Development Agency)의 특징을 중심으로 살펴보고자 한다. 첫째, RDA의 구성이다. RDA는 지역개발청장(Chair)과 15명의 위원들로 구성되는 집행위원회에 의해 운영되는데 BERR(종전은 DTI) 장관에 의해 임명된다. 다만, 런던개발청은 예외적으로 런던시장에 의해 임명된다. RDA의 장은 비즈니스 경험이 많은 성공한 기업가들이 주로 맡고 있으며, 집행위원회는 지방의원, 자선단체임원, 노동조합 및 지방 기업가들로 구성된다. 일상적인 업무는 수석행정관(Chief Executive)에 의해 수행되는데, 집행위원회에 의해 임명되며 장관에 의해 승인된다. RDA는 독립성을 갖기 때문에 각 RDA의 직원인사구조는 각 지역의 수요와 우선순위에 따라 서로 상이하게 되어 있다.

둘째, RDA의 운영이다. RDA는 그 운영에 관하여 BERR 장관에게 보고해야 하며, 런던의 경우에는 런던시장에게 보고한다. 그러나 RDA가 수행하는 업무는 커뮤니티 및 지방정부 부, 재무부, 농촌부 등과 밀접하게 관련되어 있을 뿐만 아니라 이들 부처에 의해 재정이 지원되기 때문에 BERR 장관은 이러한 부처와 긴밀히 협력하는 체제를 가지고 있다.

셋째, RDA의 재원이다. RDA의 재원은 지역경제와 관련되는 여러 부처로부터 지원되는데, 단일예산제도, 즉 RDA가 자율적으로 사용할 수 있는 단일프로그램(single programme)체제로 되어 있다. 2005/2006년도의 재원 규모는 약 22억 파운드(약 44조원) 정도 된다. 잉글랜드 지역에 권역별로 설치되어 있는(1999년 설치) 9개 RDA의 향후 3년간 예산현황을 보면 대략적인 업무활동의 규모를 알 수 있다.

〈표 2-2-7〉 RDA의 예산규모(단위: 백만파운드)

기관	2005-2006	2006-2007	2007-2008
Advantage West Midlands	272	284	291
East of England Development Agency	129	134	138
East Midland Development Agency	156	163	167
London Development Agency	373	391	400
Northwest Development Agency	382	400	409
one North East	240	251	258
South East England Development Agency	157	163	167
South West of England Development Agency	153	159	164
Yorkshire Forward	295	310	316
Totals	2,157	2,256	2,309

자료: 각 RDA의 Annual Report를 기초로 재정리

이러한 예산은 6개의 중앙부처로[7]부터 지원되는데, 2002년부터 통합예산제예산제도(single pot)를 도입하였기 때문에 각 부처로부터 예산이 지원되더라도 RDA가 재량적으로 용도를 정할 수 있다. 이는 단일프로그램예산이라고도 하는데 지역개발청의 재원운영특징중 하나이다. 즉, 예전에는 관련 주무부처에서 항목별로 용도를 정하였지만 단일프로그램예산제도가 도입된 이후에는 6개 부처의 예산이 일단 지역개발청으로 넘어오면 하나의 단일예산으로 통합되어 지역개발청의 재량으로 용처를 정할 수 있게 되었다.

다만, 각 부처들이 부수상실(ODPM)에 각 부처의 성과요구수준을 전달하고 부수상실은 각 RDA와 성과계약을 체결하는 방식으로 개별 RDA에 대하여 성과중심의 관리를 도모하고 있다. 즉, 부수상실은 개별 RDA들에게 가령, 고용창출 수준, 창업기업 수, 토지개량면적, 지역내 기술교육받

7) BERR, CLG, DEFRA, DIUS, UKTI, DCMS등의 부처이다.

는 사람들의 수, 낙후지역에 대한 투자규모 등에 대하여 목표를 설정해 두고(성과계약 방식으로) 이를 평가하는 방식으로 성과를 관리하고 있다.

3) 지역의회

이는 종전에는 regional chamber로 명명되었으나 지금은 9개 권역에서 대부분 regional assembly로 불리고 있다. 이 지역의회의 구성원은 위에서 언급한 바와 같이 주민투표를 통과하였다면 지방선거를 통해 구성하려고 했다. 그러나 주민투표에서 실패하는 바람에 선거로 구성되지는 못하였고, 현재 2/3는 지방의원 그리고 1/3은 민간부문의 사람들로 구성되어 있다. 이들은 지역개발청의 업무를 감시하며 감독하는 기능을 수행하고 있다.

〈그림 2-2-3〉 영국 북잉글랜드 초광역거버넌스체제

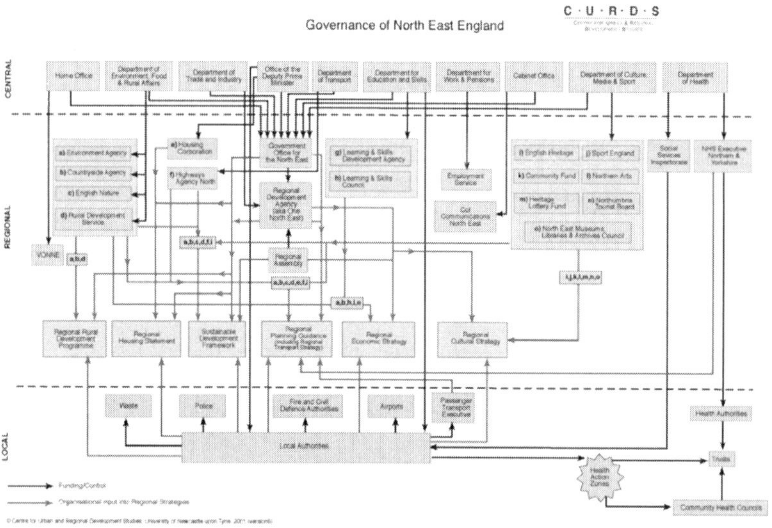

자료: Tomaney & Mawson(2002: 163).

4) 중앙부처와 지방정부간 관계

〈그림 2-2-3〉은 영국 북잉글랜드의 초광역권 지방정부에 대한 설명이다. 잉글랜드는 9개의 초광역권으로 구성되어 있는데 이는 스코틀랜드와는 또 다른 특징을 가지고 있다. 스코틀랜드는 잉글랜드 초광역권보다는 훨씬 독립적인 지위를 가지고 있는 반면에 이들 잉글랜드의 초광역권 지역은 스코틀랜드처럼 독립성을 확보하려는 조치를 강구중이다. 따라서 이들의 특징을 살펴보는 것도 의미가 있을 것이다.

북잉글랜드 지역의 특징은 다른 잉글랜드 지역과 마찬가지로 지역개발청(RDA), 지역의회(Regional Assembly), GONE(Government Offices North East) 등 3개 기관이 가장 핵심적인 역할을 수행한다. 물론 지역의회는 선거로 구성된 것이 아니며 중앙정부의 합동사무소라고 할 수 있는 GONE이 종합특별지방행정기관으로서 역할을 수행하고 있다.

제4절 영국 스코틀랜드 사례의 정책적 시사점

영국 스코틀랜드 지역정부의 사례에서 도출할 수 있는 정책시사점은 다음 7가지로 요약할 수 있다.

첫째, 초광역지방정부의 창설에 따른 성과여부이다. 지역정부를 통하여 민주적 책임성의 구조를 가지는 것은 대단히 중요한 과제이다. 이러한 문제는 1990년대 웨일즈의 경우 특히 필요했는데, 웨일즈 개발청(Welsh Development Agency)에 의한 자금의 오용문제에 기인한 것이었다. 즉, 1999년 권한이양이 일어나기 전까지는 그러한 문제들은 공적으로 논의되지 않았으나 그 이후 웨일즈 의회(Welsh Assembly)는 웨일즈 개발청이 무슨 일을 하는지 모니터하는 등 민주적 책임성 확보에 나서게 되었다.

한편 스코틀랜드 이양에 대한 경제적 편익과 비용관계를 보다 세분화하여 다루고 있는 것을 보면 아래와 같다.

〈표 2-2-8〉 스코틀랜드의회 창설의 경제적 편익과 비용

잠재적 편익	잠재적 비용
· 이양된 정책들은 스코틀랜드 주민선호를 잘 반영	· 정부의 계층이 하나 더 많아지면서 추가적인 행정비용 소요
· 스코틀랜드 의회를 통한 민주적 책임성은 정책형성 및 집행의 효율성 증진과 쇄신 촉진	· 영국 중앙정부의 재무성이 아닌 스코틀랜드 의회가 모니터링과 평가를 담당하기 때문에 전반적 강도가 미약할 수 있음
· 스코틀랜드 경제환경에 대한 보다 질 좋은 정보제공	· 정책집행에 있어서 규모의 경제효과 미흡 · 이익집단들은 영국의회보다 스코틀랜드 의회에 대한 영향력 행사가 용이하여 지대추구(rent-seeking) 현상증가
· Barnett 재정공식은 보다 예산절약. 아울러 조세변동권은 세금과 지출상의 변경을 허용함	· 예산규모의 상대적 축소
· 영국의 다른 지역에 비해 조정과 정책수용 비용이 적음	· 스코틀랜드로부터 오는 부정적 확산효과 및 스코틀랜드에 미치는 부정적 확산효과로 인하여 영국의 나머지 지역과 조정문제 발생

자료: www.devolution.ac.uk/Briefing_papers.htm.

표에서 보는 바와 같이 스코틀랜드 의회의 창설로 인해 주민선호 반영, 민주적 책임성, 예산절약, 정책수용 비용 등에 있어서 잠재적 편익이 발견되지만 행정비용 증가, 모니터링의 강도 미흡, 지대추구현상 발생, 규모의 경제효과 미흡, 다른 지역과의 정책조정 문제 야기 등 잠재적 비용도 예상되고 있다. 스코틀랜드 의회가 창설된 지 오래지 않아 아직 구체적인 성과를 평가하기 어렵지만 지금까지는 순조롭게 진행되고 있다고 볼 수 있으며, 점점 더 많은 권한이양이 검토되고 있다는 점을 볼 때 긍정적인 측면이 더 많은 것으로 짐작할 수 있다.

둘째, 초광역지방정부체제 개편에 있어서 단계적 추진의 문제이다. 대부분의 국가들은 초광역지방정부의 창설에 있어서 전지역을 대상으로 일시에 추진하는 것이 아니라 시간을 두고 단계적으로 추진하는 것이 일반적이다. 영국의 경우에도 스코틀랜드에 대하여 의회의 조세권을 허용하

는 조치를 취했고, 잉글랜드에 대해서는 9개 지역 중에서 3개 지역을 대상으로 주민투표를 실시한 바 있다. 또한 웨일즈지역에 대해서는 주민투표에서 부결되어 스코틀랜드보다 미약한 자치권이 부여되어 있다. 이처럼 우리나라의 초광역지방정부체제의 도입에 있어서도 자치역량, 의지, 여건을 갖춘 지역부터 단계적으로 추진하는 것이 중요할 것이다.

셋째, 광역화와 분권화의 동시추진이다. 글로벌화 되어가는 상황 속에서 영국 등 많은 국가들은 지역의 경쟁력을 강화하기 위해 기존의 공간적 영역을 확대하여 새로운 초광역지방정부를 창설하려는 노력을 기울이고 있다. 광역정부간 조정제도를 통해서 해결하는 것이 아니라 권역의 통합을 통해서 보다 적극적으로 광역화와 분권화를 추구하고 있는 것이 특징으로 나타나고 있다.

넷째, 국가적 관여수단의 확보이다. 초광역지방정부를 구성한 상황에서도 중앙정부는 국가적 통일성을 유지하기 위한 다양한 관여조치를 확보하고 있다. 초광역지방정부의 창설이 완전 독립국가형태로 분리되는 것을 의미하지 않기 때문에 중앙정부는 일정한 범위 하에서 국가적 통일성을 유지하기 위한 조치들을 확보하고 있는 것이다.

다섯째, 다양한 형태의 지방거버넌스 채택이다. 스코틀랜드에서는 초광역지방정부로 인한 주민대표성 및 주민참여 약화 가능성에 대비하여 지역사회내의 다양한 참여자 -기업, 시민단체(자원봉사단체)- 들을 의사결정과정에 포함시키는 노력을 다양하게 하고 있다. 이러한 구체적인 형태는 지역포럼(area forum), 시민배심원 및 시민패널과 같은 형태를 띤다. 그러나 시민참여를 강제하지는 않는데, 그 이유는 지방의 수요와 상황이 지방정부별로 다르기 때문이다. 그럼에도 불구하고 스코틀랜드의 지방정부 담당 장관은 모든 지방정부들이 지역사회의 다양한 주체들의 의견을 보다 잘 반영하도록 촉진시키는 역할을 하고 있다. 예를 들면, 많은 지방정부에서는 지방정부의 집행위원회에 투표권이 없는 위원으로 참여시키는 방법도 채택하고 있다.

여섯째, 차등적 분권을 통한 다양성 인정 및 자율성 부여이다. 스코틀랜드와 웨일즈에 대한 지방이양을 차등적 분권이라는 시각에서 보면, 이는 두 초광역지역의 다양성을 인정해 주면서 자율성과 책임성을 동일한 차원에서 꾀하고 있다는 점이다. 따라서 비록 지방이양을 대대적으로 했다고 하지만 여전히 중앙정부가 관여할 수 있는 여지는 많이 남아 있다. 이는 정책실험이라고 할 수 있으며 동시에 유럽 전역의 추세이기도 하다. 초광역권 설정을 통한 대 권역 중심의 지방정부형태를 지향하면서 동시에 해당 지방정부의 능력과 요구 등을 종합적으로 고려하여 자율성과 책임성을 동시에 추구하려는 영국정부의 의지가 담겨 있다고 할 수 있다.

일곱째, 주민접근성 보완을 준자치단체의 활성화이다. 초광역형태의 지방정부가 구성되면 주민들의 참여 및 민주성 확보문제가 대두될 수 있다. 왜냐하면, 스코틀랜드나 웨일즈의 경우에서 보듯이 초광역지방정부가 기존의 중앙정부 역할을 수행하기 때문에 초광역지방정부내에서는 단층제 형태를 취하게 된다. 즉, 주민의 입장에서 보면 기존에는 기초정부-광역정부-중앙정부로 이어지던 단계에서 초광역지방정부가 된 이후에는 기초와 광역이 통합된 단층지방정부-초광역지방정부로 연결되기 때문에 통합된 단층지방정부는 이전의 지방정부 구역보다 넓어지게 되어 주민의 접근성과 참여문제가 대두될 수 있다.

그에 따라 지방정부에 대한 주민의 접근성을 높일 수 있는 장치가 필요하다. 스코틀랜드의 경우에서 보듯이 교구(parish)라고 하는 단위

(community council이라고도 함)에서 주민의 참여와 근접성을 필요로 하는 기능들이 수행되는 것을 볼 수 있다. 인구규모는 100명에서 9천명까지 천차만별이지만 평균 2-3천명 정도로서 우리나라의 읍 · 면 정도 규모라고 할 수 있다. 이러한 교구가 준자치단체적인 기능을 수행하면서 초광역 지방정부의 기능을 보완해 주는 역할을 수행하고 있다. 우리나라의 사례에 적용하면, 도시지역의 동단위 및 농촌지역의 면단위를 개편하여 지금보다 기능이 강화된 준 자치단체적인 기능을 수행할 수 있도록 하는 것이 필요하다.

Regional Policy in the UK

제3부

영국의 주요 지역정책 내용

제3부 영국의 주요 지역정책 내용

제1장 영국의 지역균형발전정책

제1절. 일반적 현황

1. 1930년대 경제공황이후 지역불균형 문제 발생

영국의 지역정책(regional policy)은 1930년대의 경제공황이후 지역간 격차가 발생하면서부터 중앙정부차원에서 시행되어 왔다고 보고 있다. 즉, 1930년대 이후 지역정책은 지역간 불균형 시정이라는 목적하에서 거의 70년동안 다양한 수준에서 존재해 왔으며, 정책적 차원에서 개입하여 불균형시정을 위해서 노력해 왔다고 할 수 있다. 1930년대 당시 잉글랜드 북부의 중공업(철강, 조선 등)이 황폐화되게 되었으며 그 결과 북부지역이 낙후지역으로 변하게 되었고 북부와 남부지역간의 지역격차가 큰 문제 거리로 대두되게 되었다. 이 기간동안 영국 지역정책의 가장 중요한 목표는 영국의 가장 침체된 지역에 경제적 지원을 효과적으로 해 주는 것이 었으며 따라서 다양한 정책수단들이 동원되어져 왔다. 이 과정에서 '지원대상 지역' 또는 '낙후지역' (assisted areas)개념이 생겨났으며 북부지역이 주로 포함된 낙후지역을 정책대상으로 하여 불균형 시정차원에서 정부의 조치들이 시행되어져 왔다고 할 수 있다.

2. 정책적, 학문적 연구진행

이와 관련된 구체적 연구는 1940년 Barlow 보고서가 발표되면서 과밀지역으로 지나친 산업 및 인구가 집중함에 따라서 경제적, 사회적, 전략적 불이익이 발생한다고 파악하고 이를 평가하기 시작하였다. Barlow 보고서의 논리를 보강한 후속연구들은 과밀지역과 과소지역의 지역격차에 따라 경제적 측면에서 불이익이 발생한다고 지적하고 있다. 특히 과밀지역에서 나타나는 교통 정체등 혼잡비용이 증가하며 이러한 집중에 따른 불경제는 집중에 따른 규모의 경제보다 훨씬 크다고 하고 있다. (Wren & Taylor, 1999; Hill & Munday, 1992).

3. 우리나라와 같은 지역불균형 존재

영국의 경우 지역불균형(regional disparity)문제는 지금도 지속적으로 정책적인 논란거리가 되어 오고 있다. 특히, 지역불균형문제는 단기적으로 해결될 것이 아니라 장기적인 해결과제로 보고 2005-2030년까지의 지역불균형 시정을 위한 장기적 계획하에 정책방향이 설정되어 있다. 매년 각 부처별 달성해야 할 목표를 설정하고 이의 점검 및 피이드백이 매년 이루어지는 등 장기적 관점에서 지역불균형 시정노력이 진행되고 있다는 점이 특색이다.

아래 〈그림3-1-1〉에서 보는 바와 같이 영국의 지역불균형문제는 우리나라 못지 않게 심한 상황이다. 1인당 총부가가치면에서 영국 전체를 100으로 보았을 때, 런던지역은 150 정도되는 반면에 북동부잉글랜드(NE)와 웨일즈(WAL)는 약 80수준으로서 런던의 절반 수준이라고 할 수 있다.

〈그림 3-1-1〉 영국의 권역별 지역불균형 정도

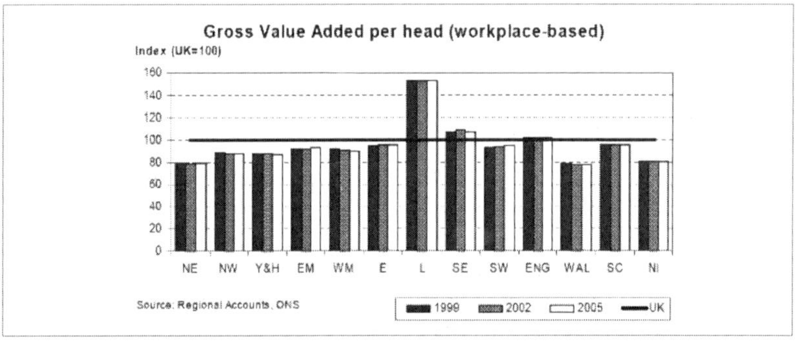

주: NE: North East; NW: North West; Y&H: Yorkshire and Humberside; EM: East Midlands; WM: West Midlands; E: East of England; L: London; SE: South East of England; SW: South West of England; ENG: England 평균; WAL: Wales; SC: Scotland; NI: Northern Ireland를 의미함.

아래 〈그림 3-1-2〉는 1989년부터 2005년까지의 1인당 총 부가가치액의 증가퍼센트를 보여주고 있는데 영국 전역의 증가 평균이 123.2%에 이르고 있다. 그러나 런던의 남부지역은 125%이상인 반면 북잉글랜드 및 중간지역(북잉글랜드 및 서부 잉글랜드)은 100-115% 수준으로서 평균에 미치지 못하고 있다. 이런 연유로 영국의 경우도 지역불균형을 시정하기 위한 다양한 정책적 노력을 우리보다 먼저 시도해 왔다. 지역불균형 정도가 우리 못지 않게 크며, 동시에 우리보다도 먼저 다양한 관점에서 지역불균형 시정을 위한 중앙정부와 지방정부의 노력을 해 왔다는 점, 특히 정책 거버넌스면에서의 여러 가지 시도와 현재의 거버넌스도 우리에게는 많은 시사점을 줄 수 있다고 생각한다.

〈그림 3-1-2〉 영국의 1인당 총 부가가치의 증가(직장기준, 1989년-2005)

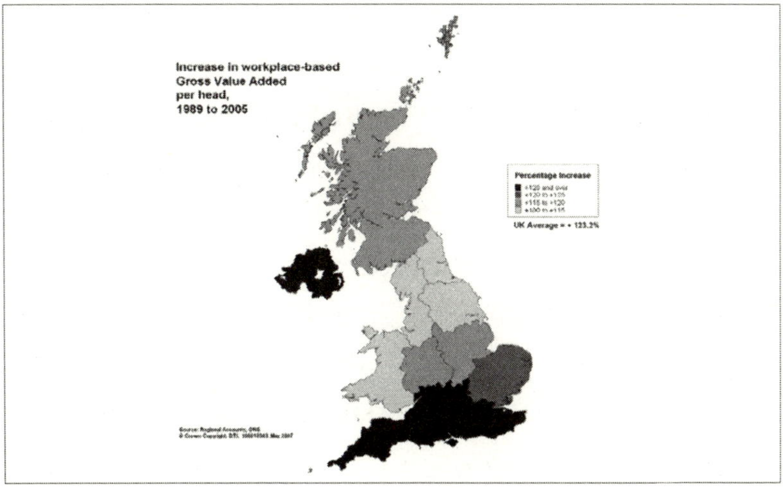

제2절 지역균형발전정책 거버넌스

1. 중앙정부

지역불균형시정을 위한 정책이라는 관점에서 가장 중요한 기능을 하고 있는 부처는 DCLG(Department for Communities and Local Government)와 BERR(Department for Business, Enterprise and Regulatory Reform, 종전의 DTI)이라고 할 수 있다. DCLG는 우리나라로 치면 행정자치부의 기능과 유사한 것으로서 지방정부와 커뮤니티 발전기능을 수행하며, BERR은 2007년도에 종전의 DTI가 기능전환 및 명칭변경을 한 것으로서 우리나라의 산업자원부 기능과 유사하다고 할 수 있다. 물론 다른 부처들도 개별 정책을 통하여 지방에 대한 지원을 하고 있다. 그러나 가장 중요한 부처는 위에서 언급한 두 부처라고 할 수 있다. 전자는 우리나라로 치면 행정자치부의 기능에 커뮤니티 재생 기능을 추가한 것과 유사하고 후자는 산업자원부와 유사하다.

중앙정부의 지역정책범주에 들어오는 것으로서는 후술하는 바와 같은 지역개발청(RDA), 커뮤니티를 위한 뉴딜(New Deal for Communities), 근린지구 재생을 위한 국가전략(National Strategy for Neighbourhood Renewal), 잉글랜드농촌발전프로그램(England Rural Development Programme), 지역선택보조금, 권역별 정부합동사무소 등이 있다.

중앙정부차원에서는 DCLG와 BERR이 주요 지역정책 담당부처이나 지역불균형문제는 범부처적 측면에서 고려해야 하는 것으로 인식되고 있으며 이를 위해서 특히, 개별 부처들은 자기 소관기능의 예산이 지역별로 어떻게 할당되고 있는지를 분석하고 이러한 개별정책들이 지역불균형에 어느정도 영향을 미치는지 소위 정책의 지역불균형영향평가를 하도록 하고 있다.

2. 권역별 중앙정부합동사무소 및 지역개발청 설치

1) 권역별 중앙합동사무소

영국의 경우는 잉글랜드 전체를 9개 권역으로 구분하고 각 권역별로 중앙정부의 합동사무소를 설치하고 있다. 이는 Government Office(GOs)라고 불리고 있다. 각 권역은 우리나라로 치면 몇 개의 광역단체를 묶어 놓은 것으로 다음 페이지 〈표 3-1-1〉에서 보는 바와 같이 인구를 기준으로 한다면 대략 5백만 명 수준이다.(최소 258만, 최대 807만). 즉, 이러한 광역권마다 중앙정부의 합동사무소를 설치하고 중앙의 정책이 지방에서 잘 집행되도록 조정해 주는 역할을 수행한다.

〈그림 3-1-3〉 영국의 권역구분

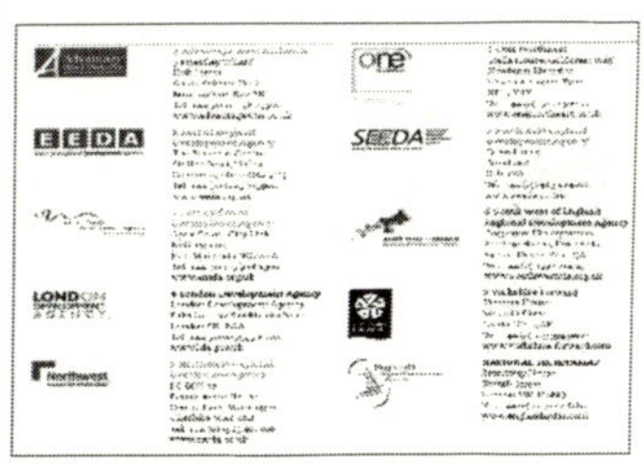

위의 〈그림 3-1-3〉에서 보는 바와 같이 잉글랜드의 권역별 구분은 9개로 나누어져 있으며 전체 관할 면적이나 인구에 대한 현황은 다음 페이지 〈표 3-1-

1)과 같다.

2) 지역개발청(RDA)

(1) 지역개발청의 일반적 현황

이 지역개발청은 영국의 지역정책의 가장 큰 특징중의 하나이다. 지역개발청 역시 권역별로 설치되어 있는데 이는 한마디로 말한다면, 지방정부들의 경제기능을 모아서 별도의 형태로 집행하는 기관이라고 할 수 있다. 영국의 경우는 광역정부나 기초정부는 지역경제에 관련해서는 기능을 수행하는 것이 거의 미미하다. 대신, 지역경제기능은 지역개발청이 별도로 분리시켜서 수행하고 있는 형태이다. 이러한 지역개발청의 관할구역, 직원 수 등을 개관하면 아래 〈표 3-1-1〉과 같다.

〈표3-1-1〉 권역별 지역개발청 관할 범위(관할 면적, 인구, 직원 수)

구분	East Midlands	East of England	North East	North West	South East	South West	West Midlands	Yorkshire and the Humber	London
지역 개발청 명칭	EMDA	EEDA	One North East	NWDA	SEEDA	SWDA	AWA	Yorkshire Forward	LDA
인구	419만	541만	258만	688만	807만	493만	533만	504만	751만
면적(km2)	15,627	19,120	8,592	14,165	19,096	23,289	13,004	15,400	
관할자치 단체수 (광역+단층)	9	10	11	22	19	16	15	14	1
직원수	176	141	347	357	324	238	274	350	212

주 1: 관할자치단체의 수는 광역자치단체인 카운티 및 기초와 광역기능을 수행하는 단층자치단체의 수 포함

주 2: 직원수는 2003-2004년 기준

(2) 지역개발청의 특징

이하에서는 영국의 지역개발청(RDA, Regional Development Agency)에 관해서 특징을 중심으로 살펴보고자 한다.

① 구성

RDA는 지역개발청장(Chair)과 15명의 위원들로 구성되는 집행위원회에 의해 운영되는데 BERR(종전은 DTI) 장관에 의해 임명된다. 다만, 런던개발청은 예외적으로 런던시장에 의해 임명된다. RDA 장은 비즈니스 경험이 많은 성공한 기업가들이 주로 맡고 있으며, 집행위원회는 지방의원, 자선단체임원, 노동조합 및 지방 기업가들 중심으로 구성됨. 일상적인 업무는 수석행정관(Chief Executive)에 의해 수행되는데 이는 집행위원회에 의해 임명되며 장관에 의해 승인된다. RDA는 독립성이 있기 때문에 각 RDA의 직원인사구조는 각 지역의 수요와 우선순위를 고려하여 서로 상이하게 되어 있다.

② 운영

RDA는 BERR 장관에게 보고하도록 되어 있으며 런던의 경우에는 런던시장에게 보고한다. 그러나 RDA 가 수행하는 업무는 커뮤니티 및 지방정부 부, 재무부, 농촌부 등의 업무에 밀접하고 동시에 이러한 부처에 의해 재정지원되기 때문에 BERR 장관은 이러한 부처와 긴밀히 협력하는 체제를 가지고 있다.

③ 재원

RDA 재원은 지역경제와 관련되는 여러 부처로부터 오는데 하나의 단일예산으로 통합되고 그 다음부터는 RDA가 자율적으로 사용할 수 있는 단일프로그램(single programme)체제로 되어 있음. 2005/2006년도의 재원 규모는 약 22억 파운드(약 44조원) 정도 된다.

잉글랜드 지역에 권역별로 설치되어 있는(1999년 설치) 9개의 RDA의 향후 3년간 예산현황을 보면 대략적인 업무활동의 규모를 알 수 있다. 이러한 예산은 6개의 중앙부처[8]로부터 오는데 2002년부터는 통합예산제도(single pot)를 통해서 각 부처로부터 예산이 오더라도 개별 RDA가 통합해서 용도를 설정하도록 되어 있다. 이는 단일프로그램 예산(single programme budget)이라고도 하는데 지역개발청의 재원운영상의 중요한 특징중 하나이다. 즉, 예전에는 관련 주무부처에서 예산지원이 올 때 항목별로 용도가 정해져 왔으나 단일프로그램예산제도가 도입된 이후 관련 6개 부처에서 지원해 주는 예산들은 일단 지역개발청으로 온 이후에는 하나의 단일예산으로 통합되어 지역개발청의 재량으로 용처를 결정할 수 있게 되었다는 점이다.

다만, 각 부처들이 부수상실(ODPM)에 각 부처의 성과요구수준을 전달하고 부수상실은 각 RDA와 성과계약을 체결하는 방식으로 개별 RDA에 대하여 성과관리중심적 운영을 하고 있다. 즉, 부수상실은 개별 RDA들에게 가령, 고용창출 수준, 창업기업 수, 토지개량면적, 지역내 기술교육받는 사람들의 수, 낙후지역에 대한 투자규모 등에 대해서 목표설정을 해 두고(성과계약 방식으로)이를 평가하는 방식으로 성과관리를 해 오고 있다.

8) BERR, CLG, DEFRA, DIUS, UKTI, DCMS등의 부처이다.

〈표3-1-2〉 RDA의 예산규모(단위: 백만파운드)

기관	2005-2006	2006-2007	2007-2008
Advantage West Midlands	272	284	291
East of England Development Agency	129	134	138
East Midland Development Agency	156	163	167
London Development Agency	373	391	400
Northwest Development Agency	382	400	409
One North East	240	251	258
South East England Development Agency	157	163	167
South West of England Development Agency	153	159	164
Yorkshire Forward	295	310	316
Totals	2,157	2,256	2,309

(3) 동부잉글랜드의 거버넌스 사례

이하에서는 지역균형발전에 관한 중앙과 지방정부의 정책이 실제 지역 차원에서 어떻게 이루어지는지 하는 것을 사례로서 제시해 보고자 한다. 9개 권역중 동부 잉글랜드(East of England)에 관한 것이다. 동부 잉글랜드지역의 지역정책 거버넌스 구조를 그림으로 나타내 보면 아래 〈그림 4〉와 같다. 즉, 영국 10개 중앙정부 부처로부터 재정지원과 감독을 받는 GOEE(Government Office East of England)가 있으며 이는 잉글랜드 9개 권역에 흩어져 있는 종합특별행정기관적 성격의 중앙정부 파견기관으로서 정부 합동사무소라 함은 위에서 언급한 바와 같다 이 GOEE는 동부잉글랜드 지역개발청인 EEDA(East of England Development Agency)와 긴밀한 유대관계를 갖고 있다. GOEE는 기능면에서 EEDA와는 구분된다. EEDA는 지역경제에 국한한 기능을 가지며 BERR 소속이라고 할 수 있다. 이 EEDA가 동부잉글랜드 지역 전체의 지역균형발전 정책의 종합적 정책조정 및 지원기관의 역할을 한다고 할 수 있는데 이 기관에서 작성하는 지역경제전략(Regional Economic Strategy)에서 지역정책의 방향 및 프로그램에 대한 내용이 작성된다. 이 계획서가 네트워킹을 통한 지역정책전략의 주요한 방향을 결정한다고 할 수 있다. 이 지역에는 케임브리지 대학이 위치하고 있는 데 이 케임브리지 대학을 중심으로 지역내의 주요 주체들이 네트워킹화되어 있다. 이러한 주체들은 아래 그림과 같이 대학, 기업, 창업 및 기업지원조직, 기술지원조직(연구소), 사이언스 파크/인큐베이터, 투자자 그룹, 정책 및 전략지원기관, 전문서비스 지원기관등으로 구분될 수 있다. 물론 EEDA는 정책 및 전략지원기관에 속하나 그 역할이 다른 기관과 달리 중추적 역할을 수행함으로 별도로 구분하여 도시해 두었다. EU를 통한 재원과 프로그램도 케임브리지의 지역정책체제에 영향을 미치고 있다. EU로 부터는 EU 구조자금(EU Strucutral Funds)가 제공되는데 영국 전역에 대해서는 약 100억파운드(20조원)가 되며 지역의 혁신 프로젝트에 주로 사용된다.

〈그림 3-1-4〉 동부 잉글랜드 거버넌스 사례

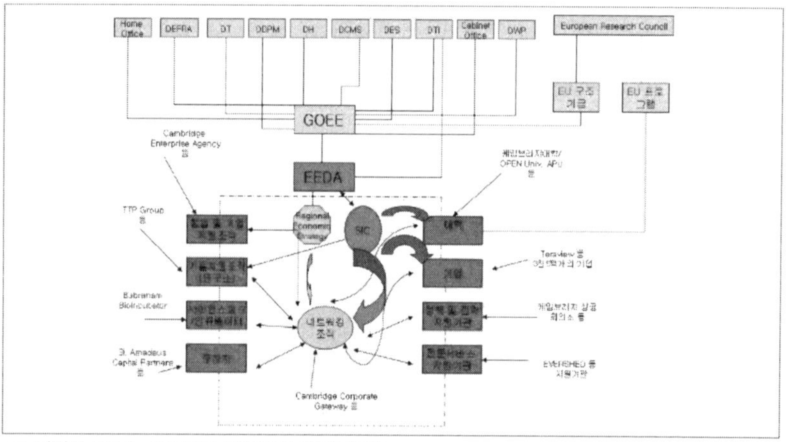

주: 여기서 DTI 는 BERR로 20007년 변경되었음

결국 권역내에서도 가장 중요한 지역정책의 주체는 바로 지역개발청이며 이러한 지역개발청이 지역정책의 핵심적 역할을 한다고 할 수 있다.

제3절 영국 지역불균형완화를 위한 주요 정책내용

1. 기본원칙

1997년 노동당 정부가 집권한 이후, 영국정부가 지역불균형 시정을 위해서 시행하고 있는 주요 기본원칙 10가지는 다음과 같다.

첫째, 매년 중앙정부의 예산지출검토(spending review)에서 영국 지역내 불균형 시정을 위한 명확한 연도별 목표를 설정해야 한다.

둘째, 지역내의 고용문제에 대해서 생산성과 같은 비중이 주어져야 함. 생산성만큼이나 중요한 것이 지역내의 고용문제이기 때문에 모든 정책들이 낙후지역내의 고용문제에 연계되도록 해야 한다.

셋째, 재무성은 EU가 지원하는 영국내의 낙후지역에 대해 재정상 미흡한 부분에 대해서도 보충을 해 주어야 한다.

넷째, 낙후지역의 대학생들을 이 지역에 남도록 해 주기 위하여 양질의 직업이 낙후지역에서 창출될 수 있도록 해 주어야 한다.

다섯째, 정부는 주요한 기관들을 지방에 재배치함으로써 '과학기지'(science base)를 지방화해야 한다.

여섯째, 지방에 있는 중소기업지원 시책 및 기관들이 지나치게 복잡하기 때문에 이러한 서비스를 합리화해야 한다.

일곱째, 모든 중앙부처는 그들의 지출결정시 '지역적 차원(regional dimension)을 정책결정의 주류로 삼아야 한다.

여덟째, 잘 사는 지역들은 자기 지역문제해결에 요구되는 초과비용을 더욱 부담해야 함. 가령, 도심의 교통혼잡비용청구(congestion charging)과 같은 것이 그 예이다.

아홉째, 많은 정부부처 및 책임운영기관들은 현재의 런던 및 남부지역으로부터 낙후지역으로 이전해야 한다.

열 번째, 지역개발청 및 핵심도시를 위한 중앙연구부서가 만들어져서 사실증거에 바탕을 둔 정책결정이 이루어지도록 도움을 주어야 한다 등이다.

이러한 기본원칙들은 영국 중앙정부가 지역의 불균형을 시정하기 위하여 전 중앙정부차원에서 시행하고 있는 중요한 기본사항들이다.

2. 불균형 시정을 위한 주요 정책

1) 정부기관의 지방이전: 국가공무원의 지역적 배분

(1) 정부기관 지방이전 정책의 역사

정부기관을 지방으로 이전하여 지역불균형을 시정해 보려는 노력은 여러번의 정책검토를 거쳐서 이루어진 것이다.

① 1963년의 플레밍 검토(Flemming Review)

정부기관의 지방이전 정책은 1963년 길버트 플레밍 경(Sir Gilbert Flemming)에 의한 보고서에서 주장되었으며 런던에 있는 95,000명의 본부직원들을 지방으로 이전하는 것이 주요 내용이었다. 이때의 지방이전 기준은 자기완결성 있는 활동영역을 찾아 내어 지방으로 이전하게 하는 것이었다. 이를 위해서 적용된 기준중의 하나는 장관과 거의 접촉이 없는 직원 또는 자기 팀외에 타 팀과 거의 접촉이 없는 직원들을 찾아내는 것이었으며 그 결과, 대부분 하위등급의 사무처리, 회계담당 및 통계담당 기능직들이 포함되었다. 예상과는 달리 실제로는 1963년과 1972년 사이에 22,500개의 직위들이 지방으로 이전되었다.

② 1973년의 하드만 검토(Hartman Review)

1973년 헨리 하드만 경(Sir Henry Hardman)은 두 번째 지방이전 검토를 수행하였으며 이 검토에서 78,000개의 직위가 런던에서 지방으로 이전되도록 검토되었다. 이 검토에서는 정책담당 기능의 직위까지 포함되었으며 특히 낙후지역(assisted areas)으로 이전될 것이 주장되었다. 그러나 실제로는 10,000개 정도의 직위가 지방으로 이전되었다.

③ 1988년의 이전정책

이 정책은 지방으로 이전될 직위의 목표설정을 하지 않았으며 이전선호지역이 명시되지도 않았다. 대신에 중앙부처들은 그들의 직원들의 근무위치를 중앙이나 지방 어느 곳으로 해야 할지 적극적 검토를 하도록 규정했으며 그 진전결과를 재무부에 보고하도록 하였다. 이 결과 많은 부처들은-보건부, 사회보장부 등-상당수의 자기 부처 직원들을 지방으로 이전하였다.

(2) 최근의 경향

2005년 현재 영국의 국가공무원(중앙부처 공무원)은 약 51만 8천명인데 런던에서 근무하는 비율은 전체 공무원중 18.2%에 지나지 않고 있다. 잉글랜드 9개권역에 인구비중만큼 흩어져 있다는 점이 특징이라고 할 수 있다. 이러한 점은 영국의 지역불균형을 시정하기 위하여 1960년대부터 꾸준히 진행되어 오고 있는 특징중의 하나이다.

〈표 3-1-3〉 영국 공무원의 권역별 배분(2005년 4월 1일 현재)

구분	London	South East	South West	West Mid-llands	North West	North East	Yorkshire and Humber	East Mid-lands	East of England	Wales	Scot-land	Northern Ireland
공무원 수	89,550	57,630	52,360	34,550	59,720	34,460	38,670	22,870	30,600	32,680	48,130	6,250
비율(%)	17.3	11.1	10.1	6.7	11.5	6.6	7.5	4.4	5.9	6.3	9.3	1.2
공무원 전체합계	518,430 명											

자료: Civil Service Statistics 2005

아래 〈그림 3-1-5〉에서 보는 바와 같이 1997년과 2005년 사이, 국가공무원의 권역별 근무비중을 비교해 보면 런던 및 남부지역의 비중은 줄어들고 있고 북부지역등 낙후지역의 경우에는 8년사이에 적은 비율이나마 늘어나고 있다는 것을 보여 주고 있다. 즉, 런던의 경우에는 1997년 18.2%의 비중을 차지하였으나 2005년도에는 17%로 줄어들었으며 낙후지역인 북동부지역(North East)은 5.2%에서 6.6%로 증가하고 있는 등 낙후지역으로 중앙부처 공무원 이전은 지속적으로 이루어지고 있다. 한편, 정부기관을 지방으로 이전시키는데 있어서 일정한 기준이 있는데 기본적으로 기관의 성격을 몇가지 유형으로 나누어 지방으로 이전할 기관들을 선정해 오고 있다. 이러한 기준은 아래 〈표3-1-4〉와 같다. 이러한 정부부처 성격 중에서 국제적 성격의 기능들은 가능한 런던에 배치하고 국내적 성격을 지방으로 이전하는 것을 원칙으로 하고 있다.

〈표 3-1-4〉 정부부처 분류

잉글랜드 국내적 성격	혼합적 성격	영국 전역 성격	국제적 성격
보건, 교육 및 기술	내무부, 법률기능, 환경 식품 및 농촌문제문화, 미디어 및 스포츠, 교통	재무부, 노동 및 연금, 내각사무처, 산업 및 통상	국방, 외교, 국제담당

자료: Adams et al. (2003: 90)

〈그림 3-1-5〉 연도별 영국의 공무원 권역별 비율 변화

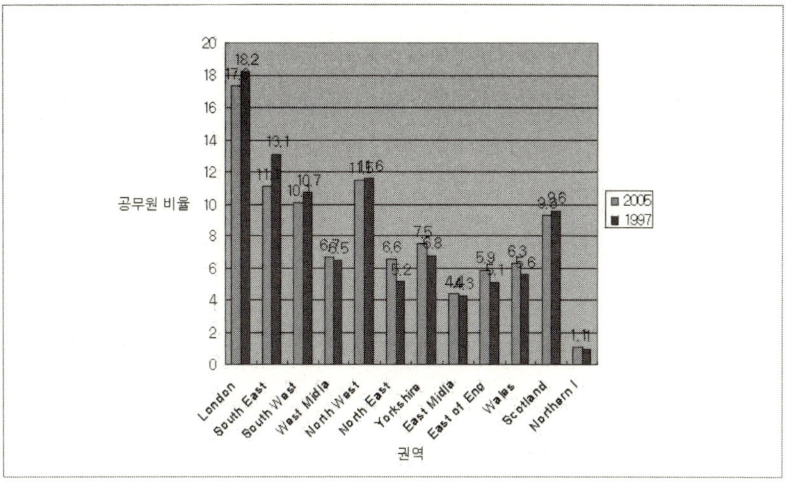

영국에 있어서 정부기관 및 중앙부처 공무원의 지방이전 정책이 성공했는지에 대한 평가는 일단 긍정적으로 평가하고 있다. 2004년에 수행된 Expreian Business Strategies 부서에서 수행한 보고서에서는 정부기관의 지방이전이 긍정적인 결과를 가져왔다고 결론을 내리고 있다. 즉, 이전하는 기관들은 사무실 비용이나 노동비용이 높은 런던에서 지방으로 이전하기 때문에 운영비용을 줄일 수 있으며 이러한 기관을 받는 지방은 이전부처 및 그 직원들이 해당지역의 재화와 서비스에 지출을 해 줌으로써 경제적 효과면에서 해당 지역에 크게 기여했다고 평가하고 있다. 그러나 이러한 평가는 1973년의 Hardman의 연구결과와는 다소 다른 것으로서 Hardman 보고서에서는 정부기관을 받는 지방의 입장에서는 제한적인 긍정적 영향만 가져올 것이라고 가정한 바 있었다. 특히 고위직의 경우에는 지방으로 이전하는데 꺼렸으며 장관이나 기타 업무관련 담당자들을 만나기 위해 런던으로 와야 하는데서 오는 직무상 스트레스 및 부담으로 오는 인적 비용이 비교적 큰 것으로 평가하고 있었다. 그럼에도 불구하고 총체

적인 평가에서는 정부기관의 지방이전이 영국의 국가균형발전 및 지방의 생산력 증대에 기여하고 있다고 평가하고 있다.

Experian Business Strategies Division 보고서는 결론적으로 정부기관의 지방이전정책은 낙후지역의 미래에 대한 신뢰를 증진시키고 쇠퇴의 악순환을 방지하며, 낙후지역의 성공적인 재생에 기여할 수 있다고 긍정적으로 평가하고 있다.

2. 기업의 지방분산 및 지방기업의 육성 : 지역선택보조금 제도와 투자선택지원책

1) 지역선택 보조금(RSA, Regional Selective Assistance) 제도

(1) 지역선택보조금의 배경

지역선택보조금제도는 낙후지역에 기업들을 적극 유치하기 위하여 1972년 도입하여 계속 시행해 오다가 2005년도에는 내용이 약간 바뀐 상태에서 명칭을 투자선택지원책(Selective Finance for Investment)으로 수정하여 잉글랜드 지역에서 시행하고 있는 제도이다. 이는 지방에 기업을 유치하기 위하여 영국정부가 채택한 가장 적극적인 정책으로서 웨일즈와 스코틀랜드에서는 아직 초기의 지역선택보조금(RSA) 명칭을 그대로 사용하여 운용하고 있음. 따라서 이 제도에 대해서는 상세하게 살펴보도록 한다.

영국에 있어서 기업의 지방분산 면에서 보면 1945년도에 제정된 공업배치법(Distribution of Industry Act)과 1947년에 제정된 도시 및 지역계획법(Town and Country Planning Act)에 근거한 공장개설허가제도(Industrial Development Certificate, 1982년 폐지), 사무실 개설허가제도(Office Development Permits, 1965년 시행, 1979년 폐지), 지역개발 보조금(Regional Development Grant, 1972년 시행, 1984년 폐지), 지역선택보

조금제도(Regional Selective Assistance, 1972년부터 시행하여 2005년에 명칭변경), 지역고용프리미엄(Regional Employment Premium, 1967년 시행, 1976년 폐지) 제도 등 규제와 당근을 함께 사용해왔다. 그러나 이러한 제도 중 지역정책 목표를 위해 아직 시행하고 있는 제도는 지역선택보조금제도이다(2005년도에 투자선택지원책으로 명칭만 변경).

많은 연구들은(Wren and Taylor, 1999; Swales, J. K., 1997; Gillespie et al., 2001) 낙후지역의 균등발전을 위한 여러 정책 수단들 중에서 기업들의 지방분산정책이 대단히 효과적이라고 지적하고 있다. 나아가서, 기업들에 대한 지방분산 정책중에서 지역적으로 차등적인 직접지원보조금 제도인 지역선택보조금제도(RSA)가 기업들의 지방분산 효과를 크게 가져온다는 점을 실증적으로 분석한 바 있다. RSA는 1972년에 도입당시에는 다른 지역정책 프로그램들과 같이 적용되어 상대적으로 작은 역할을 수행했다. 그러나 1988년 이후에는 지역정책의 가장 중요한 수단이 되어 왔으며 공간적으로 불균등한 노동시장에 대처하기 위한 가장 영향력있는 정책으로 인식되고 있다(Swales, 1997). RSA는 후술하는 바와 같이 1990년 물가기준으로 90년대에는 매년 약 275백만 파운드(약 5500억원)의 지원금을(2000-2001년도에는 407, 607천 파운드, 약 8천억원) 지역적으로 낙후된 지역에 입지하는 기업들의 고용자 수 기준으로 지원해 주는 고용보조금제도이다. Wren 과 Taylor는 지역차별적 고용보조금 제도가 지역의 산업전문화, 지역기업 이동 및 고용수준 향상에 기여를 하고 있다며 전통적으로 지원을 받던 낙후지역과 비 낙후지역간의 수렴현상(convergence)이 명확히 발생했다는 점을 지적하고 있다. Hill and Munday(1992)도 영국내 외국기업들의 지역적 분포를 고려한 분석에서 낙후지역에 대한 재정적 인센티브가 외국인직접투자(FDI, Foreign Direct Investment) 프로젝트의 지역적 분산의 결정요인이 되고 있음을 실증적으로 분석하고 있다.

(2) 지역선택보조금(Regional Selective Assistance)의 주요내용

이는 영국의 중앙정부차원에서 투자기업들에게 제공하는 보조금이며 이는 중앙정부에 의해 관리 · 운영되는 것으로 지역선택보조금 (Regional Selective Assistance, RSA)으로 명칭되고 있다. 이 RSA는 다음의 조건을 충족시키는 제조업 및 서비스업부문에 이용되는 재량적 보조금임. 재량적 보조금이란 말은 정부의 재량이 많이 개입될 수 있다는 것으로 창출하는 일자리 수, 투자되는 지역 등에 따라 차등적으로 보조금이 결정되기 때문이다. 충족시켜야 될 조건은 다음과 같다. 첫째, 투자 프로젝트가 경제적, 상업적 가치를 지녀야 한다. 둘째, 투자가 소위 지원지역 (assisted area)에서 이루어져야 한다. 여기서 지원지역이라 함은 우리나라의 낙후지역개념과 유사하다. 영국은 지역균형발전을 도모하기 위하여 영국의 지역중에서 지원지역(assisted areas)을 정해 놓고 이 지역들에 유치되는 기업들에게 차등적으로 보조금을 지원하고 있다. 이 지원지역은 다시 지원필요성 정도에 따라 두 개 지역으로 구분된다. 즉 지역적으로 낙후되어 있던지, 실업율이 높은 지역 등의 기준에 의하여 구분된다. 전자는 개발지역 (Development Areas) 으로서 우리나라의 경우 낙후지역에 해당되며, 후자는 intermediate areas로서 중간지역에 해당된다.

〈그림 3-1-6〉 2000년 이전의 지원지역

이 두 지역에 포함되지 않는 지역은 중앙정부의 보조금인 이 지역선택 보조금을 받지 못한다. 지원받는 지원지역의 범위는 인구규모기준으로 1999년도의 경우 전체 인구의 약 35%에 해당됨. 2000년부터는 지역의 지정을 다소 수정하여 Tier 1, Tier 2, Tier 3(2000년 이후 변화된 RSA에 대한 자세한 설명은 정준호, 2002 참조)으로 지정하고 있다. Tier 1은 종전의 개발지역(Development Areas), Tier 2는 종전의 중간지역(Intermediate Areas)에 해당한다. Tier 3은 지원지역은 아니지만 특별히 지정된 지역으로서 기업보조금지역(Enterprise Grant Areas)로 불린다.

〈그림 3-1-7〉 2000년 이후의 지원지역

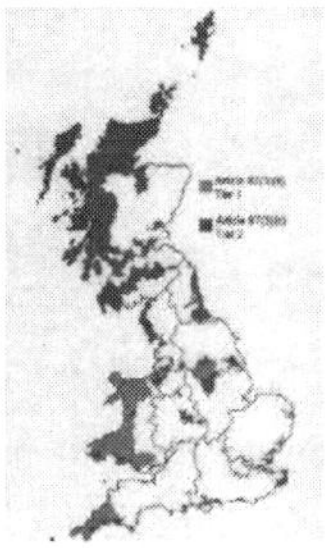

셋째, 투자프로젝트가 투자지역에 자본지출을 포함하고 일자리를 창출하거나 기존의 일자리를 보전할 수 있는 것이어야 한다. 넷째, 투자프로젝트가 전체적으로 영국의 경제에 도움이 되어야 한다. 다섯째, 보조금은 어떤 형태로든 그 프로젝트의 가치를 증진시키는 것이어야 한다. 가령 유럽의 다른 지역으로 갈 수 있는 상황인데도 불구하고 이 보조금 때문에 영국으로 투자한다는 상황이 되어야 한다는 것이다. 즉 영국외에 다른 대안이 없는 업종이나 기타 이에 해당되는 경우는 보조금혜택을 받을 수 있는 해당사항이 안된다는 것이다 여섯째, 보조금의 규모는 영국에서 그 투

자프로젝트를 진행시키는데 필요한 최소한의 수준임. 실제로 이는 투자프로젝트의 자본지출규모 및 그 프로젝트가 창출하는 일자리의 수 등 많은 요인들이 고려된다.

(3) 지역선택보조금의 적용대상

지역을 지정하는 기준으로서는 고용 및 실업상태, 인구변화, 인구이동 및 지역정책의 목표들이 고려된다. 그러나 이러한 분류가 다소 달라졌다 하더라도 낙후지역과 그렇지 않은 지역을 분류하며 낙후지역에 대하여 고용보조금을 차등적으로 지급해 준다는 큰 틀은 그대로 유지되고 있다.

(4) 지역선택보조금의 규모 및 지역배분

보조금 규모책정기준은 유치되는 지역, 프로젝트의 수요, 창출되는 일자리 수, 프로젝트가 경제에 미치는 영향정도 등을 종합적으로 고려해서 결정된다. 보조금은 투자유치되는 기업에게는 상당히 중요한데 평균적으로 볼 때 전 투자규모의 5내지 15%에 해당된다. 90년대에는 매년 평균 약 5천억원의 고용보조금이 산정되어 왔으며 2000-2001년도에 지급된 고용보조금은 약 8천억원[9] 정도이다(DTI, 2001).

9) 2001년도 영국 전체의 예산은 약 3171억 파운드(약 620조)이며 이중 DTI의 예산은 100억파운드(20조)에 이르고 있다.

〈표 3-1-5〉 RSA의 지역간 배분비중

지역	1.4.00 to 31.3.01					1.4.91 to 31.3.01(누적합계)				
	건수	보조금 (£'000)	사업비 (£'000)	신규고용 유지		건수	보조금 (£'000)	사업비 (£'000)	신규고용 유지	
Great Britain:										
국내기업	450	146,538	1,036,981	19,126	8,056	11,470	1,500,922	11,153,777	248,234	99,453
외국기업	122	261,069	2,402,695	20,405	11,305	1,419	1,700,256	18,623,344	154,373	81,344
Total	572	407,607	3,439,676	39,531	19,361	12,889	3,201,178	29,777,121	400,607	180,797
Scotland:										
국내기업	62	28,708	131,858	2,262	2,312	1,608	448,707	2,559,790	53,439	22,232
외국기업	54	76,042	386,986	7,377	3,251	467	637,944	6,341,021	56,768	17,636
Total	116	104,750	518,844	9,639	5,563	2,075	1,086,651	8,900,811	110,207	39,868
Wales:										
국내기업	132	43,964	227,807	4,396	1,603	1,341	313,687	1,916,299	43,258	16,529
외국기업	20	53,638	533,893	3,622	1,885	329	442,124	4,915,676	38,717	19,682
Total	152	97,602	761,700	8,018	3,488	1,670	755,811	6,831,975	81,975	36,211
England:										
국내기업	256	73,866	677,316	12,468	4,141	8,521	738,528	6,677,688	149,537	60,692
외국기업	48	131,389	1,481,816	9,406	6,169	623	620,188	7,366,647	58,888	44,026
Total	304	205,255	2,159,132	21,874	10,310	9,144	1,358,716	14,044,335	208,425	104,718
East:										
국내기업	6	1,399	9,636	270	87	181	11,049	77,015	2,428	1,552
외국기업	2	570	3,512	20	134	7	878	7,199	150	134
East Midlands:										
국내기업	20	4,374	43,778	712	419	558	43,268	453,281	10,121	4,191
외국기업	4	7,252	64,247	1,258	95	34	17,894	173,594	2,660	1,817
London:										
국내기업	9	1,147	29,926	182	199	206	15,086	137,152	4,310	1,423
외국기업	-	-	-	-	-	9	4,283	39,684	548	976
North East:										
국내기업	36	7,667	72,487	1,455	314	1,838	158,916	1,457,027	32,245	7,538
외국기업	11	78,793	995,283	2,402	4,041	144	208,515	3,112,250	17,589	8,874
North West:										
국내기업	75	11,364	102,096	2,296	1,278	2,283	191,736	1,715,183	37,787	21,361
외국기업	6	8,615	55,604	971	778	133	134,952	1,527,364	10,507	15,482
South East:										
국내기업	24	2,871	37,638	822	342	384	27,424	263,450	6,063	2,795
외국기업	-	-	-	-	-	16	12,935	243,179	2,452	346
South West:										
국내기업	14	3,776	26,013	1,423	305	452	49,449	303,262	10,697	3,139
외국기업	6	7,430	46,720	1,470	289	58	40,744	295,921	6,525	2,108
West Miidlands:										
국내기업	32	33,385	268,360	3,837	593	1,427	140,032	1,177,627	23,306	9,348
외국기업	11	7,674	103,864	1,058	493	128	137,453	1,237,939	11,174	11,862
Yorshire and the Humber:										
국내기업	40	7,883	87,382	1,471	604	1,192	101,568	1,093,691	22,580	8,617
외국기업	8	21,055	212,586	2,227	339	94	62,534	729,517	7,283	2,427

자료: DTI(2001), Annual Report.

위의 〈표 5〉를 보면, 1991년 4월부터 2001년 3월 까지의 RSA의 기업들에 대한 지원현황을 지역별로 구분하여 정리하고 있다. 2000-2001년까지의 기간동안을 보면 영국 전체에는 572개의 기업들이 지원을 받았고 그 가운데에서 영국 국내기업들이 450, 외국기업들이 12개였음. 9개 권역별로 보면 소득수준이 높은 런던과 South East 지역에는 외국기업으로서 지원받은 사례가 없고 비 런던권지역에 집중 지원되어 있는 사실을 알 수 있다. 1991년부터 2001년 3월까지의 통계를 보더라도 지원지역인 North West, North East, West Midlands 지역에 집중지원되어 있음을 볼 수 있다.

1999년도의 One North East 지역개발청 내부 자료에 의한 실제 지원사례를 보면 영국의 북잉글랜드의 지역에 투자된 경우 일자리 1개당 4,600 파운드(한화 약 9백이십만원정도, 1파운드 2,000원기준), 중간지역에 투자된 경우는 2,900파운드 정도가 지역선택보조금으로 지급되었다 (NDA 내부자료).

2) 투자선택지원책 (SFIE, Selective Finance for Investment in England)

1972년부터 시행되어 오던 지역선택보조금은 2005년부터는 EU의 정책 영향으로 인하여 기능면에서 약간 차이점을 가지는 투자선택지원책(Selective Finance for Investment)으로 전환되게 되었다. 그러나 웨일즈와 스코틀랜드에서는 여전히 종전의 지역선택보조금제도 명칭이 그대로 활용되고 있다.

(1) 투자선택지원책의 배경

EC(European Commission)에서는 유럽 공동시장내에서의 공정한 경쟁을 담보하기 위한 방편으로 EU 국가내에서 행해지는 국가적 지원에 대한 일정한 규제를 하고 있다. 즉, 한 국가내에서 낙후지역에 대한 기업유치를 위해서 지나친 국가지원을 해 주는 경우 이것이 공정한 국가간 경쟁을 저해한다고 보고 있는 것이다. 이러한 이유로 낙후지역에 대한 기업유치를 위해서 대기업이나 중소기업에 대해서 행해지는 일련의 국가적 보조금 지원책, 특히 전술한 지역선택보조금제도와는 기본적인 차이는 없으나 명칭변경과 함께 기존 제도와 약간 차이점을 가지는 제도로 바뀌게 되었다.

(2) 투자선택지원책의 주요내용

SFIE 보조금은 국가적인 기업지원 보조금제도이며 주요 목표는 종전의 지역선택보조금처럼 영국의 가장 낙후지역에 대해 지속적인 투자와 직업창출을 지원해 줌으로써 낙후지역의 발전을 지원해 주기 위한 것이다. 이 보조금은 낙후지역에 입지한 기업의 확장, 합리화, 현대화 및 비즈니스 활동의 다양화를 촉진시키기 위한 것이다. 특히, 신규기업이 낙후지역에서 입지하는 것을 조장해 주고자 하는 것 등은 기존 RSA와 차이점이 없다. 해당 기업에 대한 지원보조금액수가 2백만 파운드를 초과하면 BERR에 의해 지원되며 2백만파운드 이하인 경우에는 해당 권역의 지역개발청에 의해 집행된다. 그러나 7백만 파운드 이상이 되거나 또는 일자리 한 개당 지원비용이 일정 액수상한을 넘어서면 재무부(HMT)에 의해서 승인을 받아야 한다.

투자선택지원보조금은 EU의 규정에 따라 지역투자 및 고용지원보조금 및 중소기업 투자 지원금으로 사용되도록 되어 있다. 그러나 제 3국가 또는 EU 국가회원국들에 대한 수출관련 활동을 지원해서는 안 되며 또 수입물품에 우선해서 국내물품의 이용을 위한 지원을 해서도 안 된다고 되어 있다. 아울러 지원보조금의 상한선을 설정해 두고 있는데 이러한 점이 종전의 지역선택보조금과의 차이점이다.

제4절 우리나라에 대한 정책적 시사점

1. 광역경제권역의 설정

우리나라의 경우 현재의 광역이나 기초자치단체 단위 수준의 지역경제 지원활동으로는 수도권에 대응할 수 있는 경제권역이 되지 못한다고 할 수 있다. 영국의 경우 카운티 광역정부나 디스트릭 기초정부와는 구분되는 광역경제권역을 잉글랜드에만 9개 정도 설정하여 이 권역별로 지역경제활동 지원이 이루어지고 있다. 인구규모만 하더라도 최하 258만에서 최고 807만에 이르고 있다. 우리나라의 경우도 지역경제활동의 단위개념을 기존의 도 단위가 아니라 2-3개의 도를 묶는 초광역권 단위의 경제권역 설정을 검토해 볼 수 있다. 이렇게 해 본다면, 가령 강원+경북+대구권, 충북+충남+대전권, 경남+부산+울산권, 광주+전남+전북권 및 서울권, 경기권 등의 구분이 가능할 것이다. 이러한 권역별 공간단위를 기준으로 지역경제지원기능이 이루어진다면 수도권에 대응하는 공간단위가 될 수 있을 것이다. 그렇지 않고 현재의 광역 및 기초단위로 지원이 이루어져서는 수도권에 대응할 수 있는 단위가 되기 어렵다. .

2. 지역개발청의 설립 검토

영국의 경우에는 지역경제기능에 대해서는 광역정부나 기초정부가 수행하지 않고 이를 별도로 분리시켜서 지역개발청에서 수행하도록 하고 있다. 이 지역개발청은 장과 집행위원회 위원들이 장관에 의해서 임명된다는 점 및 중앙정부로부터 재원을 지원받는 다는 점에서 지방정부가 아니라 중앙정부적 기능에 가깝다고 할 수 있다. 물론, 일단 중앙정부로부터 재정지원이 되면 그 다음 사용은 전적으로 지역개발청의 자율적 권한에 속한다. 각 부처의 보조금형태로 지원되나 일단 지역개발청으로 예산이 넘어오면 그 다음부터는 단일예산으로 통합되어 재량껏 사용할 수 있다는 점에서 통합보조금 형태라고 할 수 있다. 현재의 우리나라 지역경제에 관한 지원은 개별 광역 및 기초단체 기준으로 배분되고 있기 때문에 규모의 경제가 이루어지지 못하고 자원이 효율적으로 활용되지 못하는 단점이 있다. 이러한 점을 감안한다면 위에서 언급한 초광역경제권역별 지역개발청 설립과 운영을 우리나라에도 전향적으로 검토해 볼 필요성이 있다고 하겠다.

3. 권역내 지역경제주체들의 실질적인 네트워킹화

영국의 경우 지역경제기능의 특징 중 하나는 지역내 여러 주체간의 네트워킹의 구축이다. 지역 내 여러 지역경제주체들이 지역개발청을 중심으로 철저히 네트워킹화 되어 있다는 점이다. 여러 가지 인센티브가 주어지는 것은 물론이지만 각 경제주체간의 자원이 효율적으로 연계되어 시너지효과를 내고 있다는 점에서 지역개발청의 설립과 이를 주체로 한 네트워킹의 구축은 향후의 지역정책문제 해결에 큰 도움을 줄 수 있다고 생각한다.

4. 낙후지역의 기업유치에 대한 지역선택보조금 제도의 도입검토

영국의 경우, 종전의 지역선택보조금(RSA)제도는 현재의 투자선택지원보조금으로 명칭이 변경되어 있으나 현재의 이 제도는 1972년에 도입되어 약 30년 동안 유지되어 왔던 기존의 지역선택보조금제도와 큰 차이가 없이 운용되고 있다. 성과면에서도 낙후지역의 기업유치를 위해서 기여한 바가 크다. 우리나라의 경우 단순히 지방으로 기업이 이전하는 경우 단순히 세금의 감면과 같은 조치에서 진일보하여 낙후지역에서의 일자리 창출을 하는 기업에 대해서는 일자리 1개당 직접 보조금을 지원해 주는 제도도 검토해 볼 수 있을 것이다.

이는 현재의 균형발전특별회계중 지역개발계정사업의 일부를 지역선택보조금사업으로 전환시키면 가능할 것이다.

5. 낙후권역 설정 및 권역별 차등관리

영국의 경우에는 낙후지수개발에 의한 권역설정과 더불어 낙후지역에 대해서는 기본적으로 차등관리를 모든 부처의 정책에 반영해 오고 있다. 낙후지역에 대한 정부부처의 정책들에 대해서 이러한 정책이 지역불균형에 어떤 영향을 미치는지 불균형 영향평가를 제도화 해 두고 있다. 우리나라의 경우도 일정 규모 이상의 예산 사업에 대해서는 이러한 사업이 지역불균형에 어떠한 영향을 실질적으로 미치는지 정밀 분석하는 과정이 필요하다.

6. 지역불균형 시정을 위한 장기계획 수립하여 운용

영국의 경우, 지역불균형문제는 단기적 과제가 아니라 장기적으로 해결되어야 할 과제로 인식하고 2005-2030년까지의 장기계획을 수립하여 불균형을 시정하고자 하고 있다. 이러한 장기적 시계하에서 각 권역별 지표들의 향후 예측 및 이를 시정하기 위한 자원배분에 대한 방향설정을 하고 있다. 우리나라의 경우도 지역불균형과 국가전체의 경쟁력과의 관계를 분석한 후 이의 해결을 위한 장기계획을 수립하고 국가경쟁력과의 관계를 반영한 연도별 불균형 시정목표를 수립 및 달성해 가는 노력이 필요할 것이다.

참고문헌

이우배. (2002). 지방도시의 외국인 투자유치 활성화방안: 경상남도 사례 연구. 지역발전포럼 워크샵 발표논문.

정준호. (2002). 영국의 지역산업보조금 RSA와 정책적 시사점. 지역발전포럼 워크샵 발표논문

최영출. (1999). 영국의 지역개발에 있어서 외국기업 유치전략. 충북개발연구원

최영출. (2002). 영국 북잉글랜드 지역개발청의 외국기업유치전략. 지역발전포럼 워크샵 발표논문.

최영출, 임성일. (2001). 영국의 지방정부와 공공개혁, 서울: 법경사.

Adams, J., Robinson, P., Vigor, A. (2003). A new regional policy for the UK. IPPR.

BERR. (2007). Selective Finance for Investment in England.

Cabinet Office. (2000). Civil Service Statistics. London: Cabinet Office.

DTI (1998). Investing in the Assisted Areas: A Guide to Regional Selective Assistance, Department of Trade and Industry, UK.

DTI. (2001). Annual Report. Department of Trade and Industry.

Experian Business Strategies Division. (2004). The Impact of Relocation.

Financial Times 17 October 1997.

Gillespie, G., McGregor, P., Swales, J. K., & Yin, Y. P. (2001). The displacement and Multiplier Effects of Regional Selective Assistance: A Computable General Equilibrium Analysis.

Hill, S. & Munday, M. (1992). The UK regional distribution of foreign direct investment: analysis and determinants. Regional Studies, Vol. 26, No. 6.

HMSO. (1997). Region Trends, HMSO, UK.

IBB. (1998). Review of Operations 1997, Invest in Britain Bureau, UK.

Lyons, M. (2003). Independent Review of Public Sector Relocation. Interim Report.

NDA. (1999a). Regional Profile of Northeast of England, NDA, UK.

NDA. (1999b). Northen Development Agency Business Plan-1999 to 2000, NDA, UK.

NDA 내부자료 등.

NIAO. (1998). Inward Investment, Northern Ireland Audit Office, UK.

ODPM. (2007). Incorporating Regional Perspectives into Policy Making.

ODPM. (2003). Reducing Regional Disparities in Prosperity. House of Commons Report.

OECD. (1997). Foreign Direct Investment.

Swales, J. K. (1997). The Ex Post Evaluation of Regional Selective Assistance. Regional Studies Vol 31. No. 9.

Taylor, J. & Wren, C. (1997). UK Regional Policy: An Evaluation. Regional Studies, Vol. 31, No. 9.

UN. (1997). Survey of Best Practices in Investment Promotion, United Nations Conference on Trade and Development.

UN. (1997). World Investment Report 1997, New York.

UN. (1998) World Investment Report 1998: Trends and Determinants, New York.

Wren, Colin & Taylor, Jim (1999). Industrial Restructuring and Regional Policy, Oxford Economic Papers 51, Oxford University Press.

제2장 영국의 지역갈등과 조정방안

제1절 지역갈등 유형

최근 영국의 경우 지역내 갈등은 님비현상으로 불리는 특정시설의 입지를 둘러싸고 발생되고 있다(LULUs, Locally Unwanted Land Uses). 이에 더하여, 한 때는 매주 약 1500명의 외국 난민들이(asylum seekers) 난민들의 주거수당을 요구하여 갈등이 발생된 경우도 있으며, 15개의 난민수용촌을 건설하기 위한 과정에서 지역주민들의 반발이 발생되기도 하였다.

〈그림 3-2-1〉

소말리아 난민들 입국 모습

〈그림 3-2-2〉

난민촌의 입지를 반대하는 데모 모습

〈그림 3-2-3〉

난민촌의 인근 지역 입지후

부동산 매각광고

예를들어, Worcestershire의 Throckmorton 지방에서는 지역내 난민촌의 입지를 정부가 계획하자 1000명의 사람들이 데모에 가담하여 이 지역이 적절한 지역이 아니라고 주장한 바 있다. 반대 이유는 인접한 시설입지로 인하여 부동산 가격하락, 수용자들로 인하여 불안한 생활감수해야 할 가능성(범죄발생 가능성 등) 때문이다.

〈그림 3-2-4〉

시설입지반대 데모

이에 대해 난민들은 인종차별이라고 주장하면서 전국민적인 동정을 유도하고 있는 실정이다.

또, 계획허가권을 가지고 있는 지방정부에서는 토지이용계획에 반대한 바 있다. 중앙정부에서도 기피시설과 유치시설을(wanted and unwanted facilities) 동시에 설치를 고려하기도 하고, 이 같은 바탕위에서 협상을 중재하기도 한다. 이와 유사한 형태의 시설입지 반대유형으로서는 알코올 중독자 치료소, 청소년 범죄자 및 성범죄자 수용소, 쓰레기 처리장, 폐기물처리장 등이 있다.

*** 집단이익과 개인이익을 균형 맞추는 것이 정치의 업무라고 일반 국민들은 인식**
특정목적을 이루기 위하여 강제로 토지를 수용하는 경우 영국에서는 시가대로 구입하지만(토지가의 100%) 프랑스에서는 시가보다 비싼가격으로(125%) 구입하여 해결

제2절 지방정부간 갈등조정 및 협력관계의 근거 및 필요성

1. 협력관계의 법적 근거

영국에 있어서 지방정부간의 협력관계를 규정하고 있는 기본적인 근거 법률로는 다음과 같은 것을 들 수 있다 (Bailey, 1997).

1) 1972년 지방정부법 101조(Section 101 of the Local Government Act 1972)

이 법은 공동위원회 및 선도 자치단체(Lead authority: 특정 자치단체가 다른 자치단체를 위해 서비스를 제공할 경우 그 자치단체를 지칭함)의 설치 운영에 관한 사항을 담고 있다.

2) 1970년 지방정부의 재화 및 서비스 법(Goods and Services Act, 1970)

이 법은 특정 지방자치단체가 타 자치단체와 물품을 공동으로 구매하고 재화를공동으로 이용할 수 있도록 규정 하고 있는 법이다. 이 외에도 개별법률(예: 환경법 등)에서 필요시 자치단체들이 상호 협력관계를 유지하기 위하여 취할 수 있는 조치들을 개별적으로 제시하고 있다.

2. 협력관계의 필요성

각 카운티는 보통 5-7개 정도의 기초자치단체인 디스트릭으로 구성되어 있다. 우리나라와 마찬가지로 영국에서도 혐오시설이나 기피시설(예: 쓰레기처리장등)의 유치 혹은 특정시설의 입지를 둘러싸고 자치단체간 또는 주민과 자치단체간에 분쟁이 존재한다. 이와 같은 경우 상위자치단체인 카운티가 조정중재에 나서야 할 경우가 많다.

영국의 경우는 전술한 바와 같이 최근에 광역자치단체의 수가 줄어들고 단층자치단체가 증가하는 추세에 있고 대도시 기초자치단체의 수도 36개에 달함에 따라 이러한 자치단체들이 종전의 광역자치단체들이 수행하던 기능을 하게 되었다. 이로 말미암아 자치단체간의 협력 필요성이 더욱 증대되고 있다.

아울러, 다른 국가의 경우처럼 일반적으로 광역적인 기능에 속하는 서비스들, 경찰, 소방, 교통, 쓰레기 처리, 도시계획등의 효율적 관리를 위한 필요성이 제기되는 것은 물론이다.

3. 협력관계에 영향을 미치는 요인

자치단체간의 협력관계에 미치는 요인으로 크게 다음의 두가지를 들 수 있다. 그 하나는 자치단체간, 특히 카운티와 디스트릭트간에 법적으로 기능 및 권한이 분배되어 있는 정도를 들 수 있다. 개별법률 속에서 어느 정도 자치단체간 권한배분이 명확하게 이루어져 있는가 하는 점이 중요한 요인이 될 수 있다. 권한배분관계가 불명확하고 애매하게 이루어져 있으면 언제든지 자치단체간에 분쟁이 생겨날 수 있고 이를 해결하기 위한 장치가 필요하다. 예를 들면, 「특정 서비스에 대한 정책결정은 광역자치단체가 하고, 집행은 기초자치단체가 수행하는」 식의 권한배분규정이 그 예이다. 이와같은 경우 결정과 집행사이의 불명확한 관계로 인해 언제든지 자치단체간에 분쟁이 발생할 소지가 있다.

영국의 경우는 이러한 방식으로 기능이 배분되어 있지 않고 기능분리방식에 의해 특정 기능이 어떤 자치단체에 속하는지를 명시하고 있다. 예를 들면 쓰레기 수거는 기초자치단체, 수거된 쓰레기를 처리하는 것은 광역자치단체 하는 식이다 (DoE, 1992).

그 다음으로는 광역자치단체가 기초자치단체를 통제할 수 있는 권한이 있는가 하는 점이다. 광역자치단체가 기초자치단체에 대해 재정적, 행정적으로 통제할 수 있는 권한이 있느냐 하는 점도 자치단체간 협력관계에 영향을 미칠 수 있다. 현재 영국에서는 광역자치단체가 기초자치단체에 대해 재정적, 행정적으로 통제할 수 있는 여지는 적다. 그러나 문제가 되고 있는 기초자치단체에 대한 광역자치단체의 의견이 중앙정부에서는 전적으로 받아들여지기 때문에 광역자치단체는 기초자치단체에 대하여 간접적이지만 실질적인 영향력을 행사할 수 있다.

4. 자치단체간 협력이 특히 활성화되어 있는 분야

영국자치단체간 협력문제가 쟁점화되는 부문은 크게 네가지로 나눌 수 있다. 첫째는 기피시설, 혐오시설, 환경시설등 지역주민이나 자치단체입장에서 입지를 꺼리는 시설과 관계되는 부분이다. 둘째는 교통, 경찰, 소방, 지역경제등 서비스 성격상 광역적 관리가 서비스 수혜자인 주민들에게 효과적인 기능들과 관련되는 부문이다. 셋째는 물품의 공동구매, 지방세 처리 (Tayside Valuation Joint Board의 경우) 등 업무의 효율적 관리목적에서 협력이 필요한 부문이다. 마지막으로 네 번째는 최근 노동당 정부가 자치단체의 행정개혁차원에서 적극적으로 추진중인 벤치마킹(benchmarking)제도와 관련한 부문이다. 즉, 어떤 자치단체의 업무수행방식이 타 자치단체에게 모범이 될만하여 벤치마킹의 대상이 될 경우 배울려는 자치단체와 벤치마킹대상이 된 자치단체간에 직원파견 및 자료협조등의 면에서 협력관계가 필요해진다.

제3절 갈등조정장치의 구체적 형태

1. 지방정부간 협력의 형태 개관

지방자치단체들 사이에서는 통상(또는 공식적 관계) 비공식적인 수준에서 많은 협력관계가 발생된다. 지방정부들은 부동산이나 장비들을 공유하기도 하고(예를 들면 컴퓨터) 공동구매활동을 하기도 한다(joint purchasing schemes). 예를 들면, 영국 남서부 자치단체들의 경우 「물품구매 및 분배 컨소시움」(Consortium for Purchasing and Distribution, CPD)을 공동으로 형성하여 물품을 공동구매함으로써 운영경비를 줄이고 경제성을 도모한 것을 지적할 수 있다. 이 외에도 교육 및 주택분야등에서 컨소시움을 형성한 사례 및 EC (European Community)의 재정지원 프로그램에 대해 공동입찰을 하는 사례(Avon 및 Gloucester 카운티의 경우) 등도 있다 (Byrne, 1994).

일반적으로 지방정부간의 협력관계는 다양한 형태로 존재하나 이를 크게 보면 공식적 형태와 비공식적 형태로 나누어볼 수 있다. 공식적 형태는 법적근거를 바탕으로 구체적인 조직과 기구를 가지고 있는 형태이며, 비공식적 형태는 자치단체의 필요에 따라 법적 구속력 없이 만들어 운영하는 형태이다.

공식적 형태는 이를 다시 전국적 수준에서의 협력관계와 지역수준에서의 협력관계로 구분할 수 있다. 비공식적 형태는 실제 이루어지는 다양한 형태로 나타나고 있으므로 이를 개별적으로 나누어 설명코자 한다.

2. 공식적 형태

공식적 형태의 협력관계는 이를 다시 영향의 범위를 기준으로 전국적 수준에서의 협력관계와 지역수준에서의 협력관계로 구분할 수 있다.

1) 전국적 수준에서의 협력관계 조직

대표적인 전국적 수준에서의 협력관계 조직으로는 전국지방정부연합이 있으며, 관계 중앙부처(장관) 또한 전국적 수준에서 자치단체 협력을 증진시키는 기관으로 역할을 한다.

(1) 지방정부연합 (LGA: Local Government Association) (LGA, 1999)

① 성격

- LGA는 1997년 4월 1일 노동당 정부의 출범과 동시에 생겨난 것으로 그동안 존재해 있던 광역자치단체연합 (Association of County Councils), 기초자치단체연합 (Association of District Councils), 그리고 대도시자치단체연합 (Association of Metropolitan Authorities) 등이 합병되면서 생겨난 조직이다.
- 238개의 비도시기초자치단체, 36개의 대도시기초자치단체, 34개의 광역자치단체, 47개의 단층자치단체, 33개의 런던자치단체 및 22개의 웨일즈 자치단체로 구성되어 있다. 여기에는 일반자치단체들 뿐만 아니라 경찰특별자치단체, 소방특별자치단체, 교통특별자치단체 등 특별자치단체들이 포함되어 있다. 즉, 이 LGA는 구성에 있어서는 잉글랜드와 웨일즈에 있는 모든 자치단체들이 가입되어있다.(Local Government Association, 1999).
- LGA에 가입되어 있는 자치단체들은 5천만 이상의 주민들을 대표하며, 2백만명 이상의 지방정부 공무원을 고용하고 연간 약 700억 파운드 이상을 지출하고 있다.
- LGA는 잉글랜드와 웨일즈에 있는 자치단체들을 위해 특히 중앙정부에 대하여 한 목소리를 내는데 활용되고 있다. LGA는 기본적으로 중앙정부에 대해 지방정부의 이익을 대변하기 위한 조직이나 일부 지방자치단체들이 공동으로 겪고 있는 현안문제들을 조사 연구하고 공동

토론의 장을 마련하여 분야별 대안을 권고하는 기능도 수행한다.

② 기능

LGA가 가지고 있는 권한과 관련한 특징을 정리하면 다음과 같다.

- LGA는 법적으로 중앙정부나 소속 자치단체에 대해 강제할 수 있는 권한을 가진 기관은 아니고 다만 중앙정부에 대해서는 지방정부의 전체적 이익을 대변하고 소속 자치단체에 대해서는 권고할 수 있는 권한을 가지고 있다.
- 중앙정부, 의회, 정당, 유럽 및 기타 국제조직에 대해 구성 자치단체들의 이익을 대변하고 지방정부를 대신하여 교섭하는 권한을 가진다.
- 지방자치단체의 발전, 자치단체내의 효율적인 관리 등을 위한 정책개발을 한다.
- 구성원인 자치단체들의 공동관심사항이 되는 문제들에 대해 토론의 장을 마련하고 공동의 견해가 형성되고 표현될 수 있는 방법을 제시한다.
- 구성원인 일부 자치단체들에게 특수하게 관련되는 문제들에 대해서 해결책 마련을 도와주며 바람직하다고 생각되는 대안을 권고한다.
- 고용주로서의 지방정부의 이익을 대변해 주고 지방정부를 대신하여 여타 국가적 책임을 수행한다.
- 지방정부들이 원하는 바에 일치하도록 비용효과적인 서비스를 제공한다.
- 지방정부와 관련된 정확하고 시기적절한 정보를 전달한다.
- 일반대중에게 지방정부에 관한 정보제공을 한다.
- 정치적으로 성향이 서로 다른 자치단체들이 합의를 확보할 수 있도록 노력한다.

③ LGA 지방사무소

LGA는 잉글랜드에 권역별로 지방사무소를 설치하고 있다. 이는 지역적인 차원의 문제들이 점점 중요성을 더해 가고 있기 때문에 지역적 차원의 구조 필요성을 인식했기 때문이다. 지방적인 이슈들을 적절히 반영하기 위하여 14개의 지역사무소를 설치하고 있으며 지역 현안이 되고 있는 문제들을 토론하기 위하여 포럼개최 및 토론의 장을 마련하고 있다.

④ 의사결정구조

- LGA에는 중요 분야별, 사업별 위원회가 구성되어 있다. 모든 위원회는 지역, 자치단체의 유형(기초 혹은 광역등), 유권자들의 지지 정도 등을 적절히 고려하여 위원회 구성의 공평성을 확보하고 있다.
- 특히, 구성 자치단체들의 다양한 견해와 이해관계가 적절히 반영되도록 구성한다.
- LGA는 다양한 하부조직, 즉 총회, 위원회(전반적인 전략 틀 제공), 패널(일상적 사무처리), 과제집단(효과적 정책개발), 도시 및 농촌위원회 (특히 도시 및 농촌의 관심사항을 다루는 기구로서 모든 자치단체들이 참여할 수 있음) 및 특별이해관계 그룹(특별한 이해관계가 있는 자치단체들을 대표함) 등으로 구성되어 있다. 특별이해관계 그룹은 몇몇 자치단체의 특정한 국지적인 현안문제들을 해결하기 위한 대안을 모색하는 것으로 10개이상의 자치단체들의 발의에 의해 구성된다.
- 총회는 1년에 2회 열리며 LGA예산과 정관변경등에 관한 중요이슈들에 대한 의사결정을 행한다. 정책 및 전략위원회는 LGA의 전반적인 전략적 방향을 제공하는 대표적 정책기구이다 〈그림 참조〉.

〈그림 3-2-5〉 LGA 조직도표

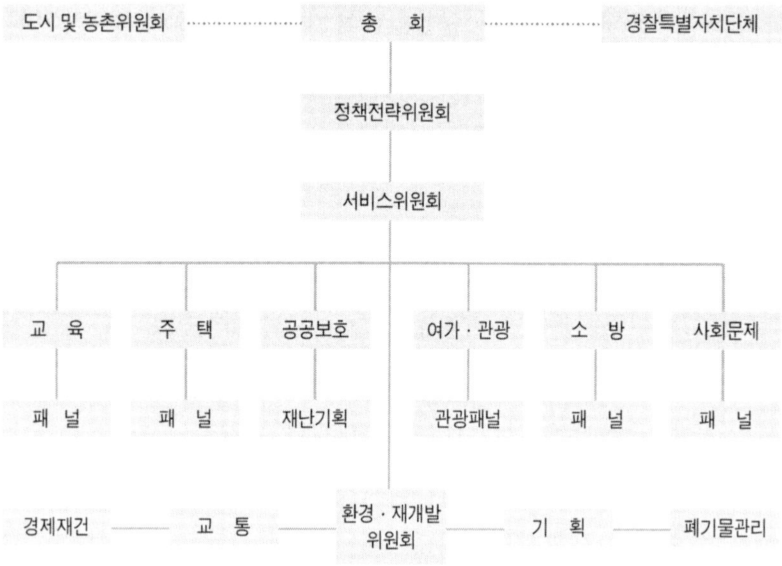

자료: LGA, 1999

(2) 관할 장관의 중재 및 조정권한

영국에서는 중앙정부의 장관이 자치단체간의 분쟁조정 및 협력관계 유지에 큰 역할을 수행한다. 여기에서 중요한 점은 기초자치단체간의 분쟁조정의 경우 광역자치단체의 '의견서'가 장관의 정책결정에 결정적으로 작용한다는 점이다. 즉, 대부분의 경우 광역자치단체인 카운티의 의견서가 비록 구속력은 없다 하더라도 장관이 이와 반대되게 결정하는 사례는 거의 없는 것으로 평가되고 있다.

관계부처 장관 (특히 환경 · 교통 · 지역부 장관) 은 때때로 자치단체간 분쟁을 해결하는데 있어서 중재자의 역할을 수행하도록 요구받는다. 중앙정부의 장관은 때로 지방정부의 중요한 방침 및 내부규정을 수정할 수 있는 권한을 가진다. 많은 개별법들은 지방정부가 그들 서비스의 발전을 위한 방침들을 중앙정부에 제출하도록 규정하고 있다. 1960년대와 1970년대에는 많은 지방교육청(LEAs: Local Education Authorities)의 중요방침들이 교육부 장관에 의해 기각된 적이 있다. 마찬가지로, 지방정부들의 기본(구조)계획(Structure Plan) 또한 중앙정부에 의해 승인되기도 하고 때로는 수정되기도 한다. 이러한 식으로 중앙정부는 지방정부의 일에 대해 관여하게 되는데 자치단체간 분쟁이나 (예: 복지서비스 수혜자들에 대한 재정적 책임이 어떤 자치단체에게 있는가 등) 자치단체와 주민간의 분쟁이 생길 때 중앙정부는 중재자 (arbitrator) 혹은 재판관 (judge)의 역할을 담당하게된다.

이와 함께, 많은 개별법들은 어떤 서비스를 만족스럽게 제공하지 못하는 자치단체에 대하여 DETR 장관이 행사할 수 있도록 '불이행 권한' (default powers)을 주고 있다. 구체적으로 DETR 장관이 어떤 자치단체의 서비스 제공문제에 대해 불만족하거나 주민들로부터 이의제기를 받아서 조사하고 난 다음 불만족 스럽다고 판단하면 그는 당해 자치단체로부터 서비스제공권한을 박탈할 수 있다. 이러한 사례는 종종 나타나는데 노르위치(Norwich) 자치단체의 공영주택판매, 리버풀(Liverpool) 시의 도시계획권한 및 교육권한등이 그 예이다 (LGC, 1999).

이 경우 중앙정부는 당해 자치단체로부터 특정권한을 박탈한 다음 그 기능을 인근자치단체로 이관하거나 민간위탁 또는 특정조직을 수립하여 대행하게 할 수 도 있다. 이 경우 해당 서비스를 제공하는데 소요되는 비용은 바로 서비스를 제대로 수행하지 못한 자치단체가 부담하게 된다. 이러한 사례는 한국의 경우에도 큰 시사점을 줄 수 있다고 생각한다. 가령,

특정 기초자치단체들이 분쟁을 스스로 제대로 처리하지 못한다거나 문제상태가 장기간 지속될 경우 광역자치단체가 분쟁조정권을 행사하여 조정에 나서고 그래도 조정이 안되는 경우에는 광역자치단체의 의견서를 붙여서 중앙정부에 이송하게 하는 것이다. 이 경우 중앙정부는 광역자치단체의 의견을 최대한 반영하여 광역자치단체의 견해에 따라 처리하게 한다[10].

2) 지역적 수준에서의 협력관계 조직

지역수준에서의 협력관계조직은 다양한 형태로 존재한다. 이들은 특별자치단체 (Special Purpose Authority), 특별행정기관 (Special Purpose Agency), 공동위원회 (Joint Committee), 선도자치단체 (Lead Authority), 지방의원중임제 (Cross-membership) 등의 형태로 요약할 수 있다.

(1) 특별자치단체(special purpose authority)

① 성격

구체적인 명칭에 있어서 어떤 경우는 기관의 명칭 말미에 'Authority' 혹은 ' Board' 등이 붙는다. 그러나 이 경우 명칭의 차이에도 불구하고 성격면에서 차이가 나는 것이 아니고 실제 운영과정에서는 같다.

이들은 법인적인 성격을 지닌 기관이기 때문에 중앙정부의 통제를 받고 설립은 국회(Parliament) 의 승인을 받는다 (Wilson and Game, 1994: 66). 특별자치단체란 두 개이상의 자치단체가 공동으로 특별한 한 두 개의 기능을 일반자치단체에서 분리하여 수행하기 위하여 구성하는 특별목적의 자치단체이다. 여기서 「특별목적」이라 함은 자치단체의 모든 기능을 수행하는 것이 아니고 한, 두 개의 별도기능만 수행한다는 의미에서

10) 이러한 현상은 영국의 도시계획분쟁해결에서 많이 발생한다 (예: Norhumbria County).

붙여진 이름이다. 한편 자치단체라 함은 일반자치단체와 같이 주민에게 대하여 세금을 부과할 수 있고 재산을 소유할 수 있는 등 일반자치단체가 가지는 성격을 그대로 가진다는 의미에서 붙여진 이름이다. 일반자치단체처럼 과세권을 가지고 있기 때문에 특별자치단체도 일반자치단체처럼 지방의원을 독자적으로 가지는 것이 전통이었다. 그러나 이로 인한 빈번한 선거 등의 폐해가 발생함에 따라 현재는 직접선거에 의하여 기관을 구성하지 않고 구성 자치단체의 지방의원들이 임명되는 간접기관으로 구성 방식이 취해지고 있다.

- 설립이유 : 분쟁해결차원 및 광역기능 수행

인접자치단체간에 쟁점이 되고 있는 문제를 분쟁해결 차원에서 해결하거나 광역적인 기능을 경제적으로 수행하기 위하여 설립하는 것이 일반적이다.

- 기관구성

멤버는 이 기관의 구성자치단체에 소속된 지방의원들을 중심으로 임명된다. 특별자치단체 제도는 주로 대도시에 있는 기초자치단체들, 특히 런던 구 자치단체 (Borough)에서 많이 발견된다 (예: London Fire and Civil Defense Authority). 쓰레기처리의 경우도 이러한 유형의 자치단체가 많이 활용되고 있는데 가장 대표적인 것이 광역맨체스터(Greater Manchester) 와 머시사이드(Merseyside)사이에 만들어 진 쓰레기처리청(Waste Disposal Authority)과 런던의 자치구 사이에 만들어진 런던 쓰레기 규제청 (London Waste Regulation Authority) 이다.

- 각 구성자치단체에서 임명되는 위원들의 수는 1985년 지방정부법의 제 10조에 정해져 있으며 그것은 중앙정부의 승인에 의해 변경될 수 있

다. 중앙정부는 구성 자치단체의 유권자의 수를 고려해야 하고 아울러 사전에 구성 자치단체와 협의해야 한다. 19세기에는 구성원인 자치단체들의 지방의원들이 일반자치단체들과 같이 주민들에 의해 직접 선출되었으나 현재에는 기관구성원인 지방의원을 인구수에 비례하여 파견 받아 구성하는 것이 일반적이다. 참고로 광역만체스터 교통청(Greater Manchester Transport Authority)의 경우를 보면 구성자치단체인 Rochdale(3명), Stockport(4명), 그리고 Wigan(4명)의 지방의원을 임명하여 공동으로 구성하고 있다.

- 구성 자치단체는 공동기관(joint authority)에 임명된 자기 위원들의 임기를 언제라도 종료시킬 수 있으며 새로운 사람을 그 사람의 직위에 임명할 수 있다. 또한 임명된 사람이 구성 자치단체 의원의 신분을 잃으면 동시에 공동기관(joint authority) 위원의 직을 상실한다. 이 경우 또는 어떤 이유든지 빈 자리가 생기면 한달이내에 빈자리를 메워야한다. 한 구성 자치단체에서 공동기관(joint authority)에 대해서 적어도 3명을 임명하는 경우 위원회와 소 위원회 (sub-committee)의 임명에 적용되는 정치적 균형 규칙이 준수되어야 한다. (Bailey, 64-65).

- 수행기능

이는 주로 대도시 기초자치단체들이 활용하며 경찰, 소방, 교통, 쓰레기 등의 분야에서 많이 발견할 수 있다. 그 기능상 특징은 구성 자치단체들이 공동위원회를 구성하여 주로 단일의 광역기능을 책임성을 가지고 수행하는 조직이다.

- 운영상 특징

1986년의 광역런던 정부 (GLC)와 6개의 대도시 카운티 정부 (MCC)의 폐지이래로 20개의 공동위원회형태의 특별자치단체가 설립되었다 (Wilson and Game, 1994: 66). 이러한 위원회는 구성 자치단체에게 재정상의 명령을 내릴 수 있는 권한(구성자치단체에 대해 재정상의 부담을 가할 수 있는 권한)을 가진다. 이 위원회는 부동산을 소유할 수 있는 권한을 가지며 직원을 고용할 수 있는 권한을 가진다. 주로 대도시에서 경찰, 소방, 교통, 쓰레기 처리 등에 관한 권한을 가진다.

- 공동위원회의 운영에 있어서 당 정치 (party politics)는 중요한 요소이다. Leach et al.(1987)에 의하면 공동위원회 운영에서 정치의 힘이 다른 여타의 힘에 (지역주의 등) 비해 우세하게 작용한다. Stoker (1988: 78)가 말한 바와 같이, 경찰공동위원회(Police Joint Boards)의 위상은 치안판사(magistrates)가 위원회 구성의 1/3을 구성함으로써 더욱 복잡해 졌다. 이러한 사실은 이미 관련 주체간 긴장과 분쟁을 야기시켰던 문제이기도 하다. 예를 들면, West Midland Joint Board의 경우, 임명된 의원들 수에서는 노동당이 압도적으로 다수이면서도, 보수당의원과 위원의 1/3을 구성하고 있는 치안판사들이 합세하여 때때로 노동당 의원들이 투표에서 지는 것을 경험했다. 이러한 사실은 종종 신문기사거리가 되곤 한다.

한편, 현실적으로 일반 국민들은 공동위원회(Joint Board)의 활동에 대해 잘 알지 못하는 경향이 있다. 1987년에 Leach et. al 이 한 연구에 의하면 응답자들의 2-4%만이 공동위원회가 경찰, 소방 및 교통서비스에 책임지고 있다는 것을 알 정도이다. 이는 다른 식으로 본다면 서비스 소비자들이 새로운 시스템에 대해 알지 못하고 있다는 증거로서 적절한 통제를 받지 않을 수 있다는 것을 의미한다.

- 공동위원회(Joint Board)나 공동기관(Joing Authority)의 명칭을 가진

특별자치단체는 Committee 형태를 가진 공동위원회(Joint Committee)와는 근본적으로 다르다. 많은 개별법들은 Joint Board와 같은 특별자치단체에 관한 구체적인 권한들을 포함하고 있다. 그리고 각 경우마다 정관에 관한 규정들이 포함되어 있다. 1972년의 지방정부법에는 이 위원회에 관한 규정이 들어 있는데 이 규정들은 Joint Board의 업무가 지방정부의 업무와 같은 방법으로 처리되도록 규정하고 있다. 이 Joint Board는 DETR 장관의 승인에 의해 창설되며 법인의 성격을 가진다. 아울러 의회의 동의를 요한다.

- Joint Committee와는 달리 특별자치단체는 합의에 의해 해산될 수 없다. 이 위원회는 기채권을 포함하여 독립적인 재정권한을 가지고 있다. 이 위원회가 필요한 자금은 합법적인 수단을 통해 (법률, 명령 등) 구성자치단체로부터 조달한다.

- 특별자치단체의 위원들의 근무조건은 설립당시의 법령에 의해 정해진다. 1936년 공중보건법 (The Public Health Act)은 DETR 장관으로 하여금 당해 법이 정한 특정한 목적을 달성하기 위하여 하나의 Joint Board 아래에 통합된 기초자치단체를 창설하도록 권한을 부여하고 있다. 이러한 방법으로 구성된 위원회는 법률에 의해 하나의 법인조직으로 선포되며 그 법령이 정한 이름을 가지게 된다. 이 경우 이 법인조직은 영속성을 지니며 부동산을 소유할 권한 등을 가진다. 소요되는 자금은 구성 자치단체의 재정능력에 비례하여 충당되는 공동기금에 의해 운영된다. 위원회는 구성자치단체에게 재정을 충당하도록 과징하는 권한을 가진다.

한편, 1990년도의 도시 및 지역계획법 (Town and Country Planning Act)은 DETR 장관이 여러 개의 자치단체에 관련된 계획을 수립하기 위하여 '공동계획청' (Joint Planning Authority) 를 창설할 수 있도록 규정하고 있다. 그러나 관련 자치단체들이 합의하지 않으면 장관은 공청회를 열어야 하며 장관이 만드는 법령은 의회에게 보내져야 한다. 만약 상.하원중 어느 하나가 40일 이내에 그 해당 법령의 효력상실을 결의하면 그 법령은 적시 효력이 정지된다.

- 특별자치단체 사례: Tayside Valuation Joint Board

ㅇ 기능

이 Tayside Valuation Joint Board는 1996년에 창설되었으며 스코틀랜드의 Dudee, Angus, Perth and Kinross 등 3개의 지방정부가 공동으로 구성한 공동위원회이다. 이 위원회는 지방세인 카운슬 세(Council Tax)의 과표결정 및 징수를 위한 권한을 가진 기관이다.

ㅇ 운영

이 위원회는 15명의 지방의원으로 구성되어 있다. 인구비례로 Dundee 지방정부에서 6명, Angus에서 4명, 그리고 Perth & Kinross에서 5명으로 구성되어 있다. 이 위원회는 사무국을 두고 실무를 담당할 평가자(Assessor)를 임명한다. 평가자는 서기 (Clerk) 및 회계관 (Treasurer)를 통하여 실무를 수행한다. 각 지방자치단체로부터 온 지방의원들은 평정자와 유권자들 사이에서 연결고리 역할을 하며 위원회의 업무를 협의를 거쳐 결정한다.

이 위원회의 본부는 Dundee시에 두고 각 지방정부에 지부를 설치하고 있다. 전체 사무국 직원 수는 71명인데 Dundee시 본부 6명, Angus지부 18명, Dundee 지부 24명 그리고 Perth & Kinross 지부에 23명이 근무하고 있다.

ㅇ특징

이 위원회는 법인의 성격을 가지고 있으며 지방세 업무와 관련해서는 기존의 지방자치단체로부터 독립하여 독자적인 권한을 행사한다. 즉, 특별자치단체적 성격을 가지고 있다.

운영자금은 자체재원 및 각 구성자치단체에 의한 분담금에 의하여 이루어지며 인구, 면적, 서비스 수요자의 수 등 일정한 배분기준에 의하여 배분된다. 동 위원회는 각 구성자치단체에 대하여 재정출연을 하도록 할 수 있는 강제권한을 갖고 있다.

이러한 사례외에도 South Yorkshire의 13개 자치단체가 공동으로 설립하여 운영중인 South Yorkshire Policy Authority, South Yorkshire Passenger Transport Authority, South Yorkshire Fire and Civil Service Authority, South Yorkshire Pensions Authority 등 많은 공동기관들이 활동하고 있다.

전체적인 면에서 볼 때 특별자치단체의 특징을 요약하면 다음과 같다.

첫째, 이를 설립할 권한이 자치단체에 주어져 있는 것이 아니고 개별법규에 의해 주어짐.

둘째, 부령 (Order of Minister)에 의해 설립되며 의회의 승인을 요한다..

셋째, 영속성을 가지고 운영될 수 있으며 토지등 재산을 보유할 수 있다.

넷째, Joint Committee와는 달리 합의에 의해 해산될 수 없다.

다섯째, 독립된 재정권을 가지고 채무를 할 권한을 가지며 사용자부담원칙에 따라 과세할 수 있으며 구성자치단체로부터 필요한 자금을 분담하도록 명령할 수 있다.

여섯째, 위원들의 임기는 그것이 설립되는 법에 의해 정해진다.

(2) 특별행정기관 (special purpose agency)

① 성격

이는 중앙정부에 의해 직접 또는 간접으로 임명되는 기관으로서 중앙정부의 하부기관의 성격을 띤다. 이러한 기관들, 즉, 중앙정부에 의해 임명되고 지방정부의 일을 수행하는 기관을 지방수준에서의 Quango (Quasi-autonomous non governmental organisation) 라고 한다. 이는 주로 지역경제발전을 위한 활동에 많이 이용되고 있다.

② 운영 및 예산

집행부는 중앙정부에 의해 임명되는데 지방정부의 의원들이 일부 포함되기도 한다. 재정은 중앙정부의 보조금에 의해 충당된다.

(3) 공동위원회 (Joint Committee)

① 성격

공동위원회는 법인적인 성격은 없으며 따라서 자체 재산을 소유할 수 없다. 공동위원회가 이용하는 재산은 공동소유물이 아니고 특정 구성자치단체의 재산이거나 타 자치단체에 대한 신용을 바탕으로 일시적으로 이용하고 있는 것이다.

② 기관구성

지방정부들은 공동위원회를 구성하여 그들의 기능을 수행할 수 있다 (1972년 지방정부법 제 102조). 일반적으로 공동위원회는 공동으로 집행부를 구성하는데 그것은 다음의 두 방법이다. 첫째는 구성 자치단체들의 지방의원들만으로 구성하는 것이고 둘째는 지방의원들과 지방공무원들로 구성하는 방식이다. 공동위원회를 구성하는 가장 큰 목적은 특정 지역의 현안문제를 조직적으로 대응하고자 하는데 있다. 예를 들면, 자연보존, 구조계획, 교통문제, 도서관문제, 여행, 범죄예방 등 보다 광역적인 문제에 대한 공동대응이다. 공동위원회 제도는 인접 자치단체간의 기능 및 정책들의 조정을 위한 수단으로서 베인즈 보고서(Baines Report)에 의해 적극적으로 주장되어졌다.

o 공동위원회의 정관 (constitution)은 관계 자치단체에 의해 합의된 공식적인 합의문에 포함되어 있다. 이 합의문은 보통 공동위원회의 구성원 수, 각 자치단체가 임명할 수 있는 위원의 수, 근무조건 및 기타 관련문제들을 포함한다.

③ 운영

o 공동위원회의 경비는 구성 자치단체들이 합의한 바에 의하여 분담 충당된다. 만약 경비문제에 대하여 각 구성자치단체들이 합의하지 못하면 상급자치단체가 결정한다 (예: parish 중심의 공동위원회인 경우 상급자치단체인 디스트릭이 결정함). 그러나 이 경우 상급자치단체가 서로 다른 경우 즉교구(parish)들이 서로 다른 상급 자치단체 (district)에 속하는 경우 구성 자치단체들이 미리 합의해서 만들어 놓은 중재자 (arbitrator) 또는 중앙정부에 의해 임명된 중재자에 의해 경비문제 등을 해결하고 있다.

공동위원회에 임명되어 일하는 지방의원들이 만일 해당 지방자치단체에서 신분을 상실할 경우 자동적으로 공동위원회 위원의 직을 상실한다. 한편 개별 법에서는 특정한 경우 특별한 목적을 달성하기 위하여 관련 자치단체들이 공동위원회를 구성할 수 있도록 하며 나아가 임명방법에 대해서도 명시하고 있다. 그 예로 광역런던 (Greater London)의 공동계획위원회 (Joint Planning Committee)를 들 수 있다.

2개 이상의 지방자치단체들은 공동위원회를 구성할 수 있으며 공동위원회에서는 소위원회 (sub-committee)를 구성할 수 있다. 이 위원회의 성격은 자문위원회 (advisory committee)적인 성격이 강하다.

그러나 문제는 이러한 위원회들이 비집행적 (non-executive)이고 서비스제공에 대해 직접적인 책임을 지는 것이 아니라 제공되는 서비스를 검토하고 지방주민의 참여조장, 의견제시 및 환류 등에 거친다는 것이다. 그동안의 운영과정에서 볼 때 반드시 긍정적이거나 건설적인 것만은 아니었고 때로는 지방자치단체간의 불평과 원성을 야기시키기도 하였다.

이상의 공동위원회 제도의 특징을 요약하면 다음과 같다.

- 구성면에 있어서 관련 자치단체의 지방의원 또는 지방공무원으로 구성된다.

- 현안의 공동문제에 대하여 조직 전체적인 접근을 한다.

-결의사항이 집행적 성격을 가지지 못하고 (non-executive), 서비스 제공에 직접 책임지는 것이 아니다. 이는 문제가 되는 사항을 공동으로 검토하고 지방사람들의 참여 유도 및 의견을 들어보는 것이 주된 목적이다.

(4) 선도자치단체 (Lead Authority) 제도

인접한 자치단체간에 분쟁이나 공동이해관계가 있을 수 있는 행정기능을 원활히 수행할 목적으로 영국에서는 선도자치단체라는 제도를 도입하였다. 이는 몇가지 광역기능 -예를 들면, 쓰레기, 교통, 환경처리시설 등-을 인접한 복수의 자치단체들이 1년 혹은 2년씩 기능수행책임을 서로 돌려가면서 맡는 제도이다. 즉, A시가 올해는 교통기능을 B시는 쓰레기 처리시설을,그리고 C시는 환경처리시설을 각각 책임지고 운영하는 형태이다. 이때 기능을 떠 맡은 자치단체를 선도자치단체라고 부른다. 물론 일정기간(통상 2-3년)이 지나서는 서로 기능을 바꾸어서 수행하는 것이다. 예를 들면, 북런던쓰레기청(North London Waste Authority)의 경우(7개의 런던 구 자치단체로 구성되어 있음) 1995년 당시 Camden 구 자치단체가 쓰레기 처리에 관한 선도자치단체의 역할을 맡았다. 이와 마찬가지로, 5개의 런던 구 자치단체로 구성되어 있는 남런던쓰레기처리 위원회(South London Waste Disposal Committee)에서는 Croydon이 쓰레기 처리의 선도자치단체역할을 맡았다.

선도자치단체가 목표하는 바는 이를 통하여 타 자치단체가 수행하는 기능의 어려움 및 중요성을 서로 인식하게 되어 상호 이해를 높이고 이를 통해 협력관계가 증진될 수 있다는 것이다.

Leach et al.(1987)이 지적한 바와 같이 이러한 공동자치단체의 구체적인 형태는 지역별로 다르기 때문에 일정한 패턴을 갖기는 어렵다. 다만 공통적인 것은 주민에 의해 직접 선거되는 것이 아니고 구성 자치단체에 의해서 임명된다는 것이다.

(5) 지방의원 중임제(cross-membership)

한 지방의원이 기초자치단체의원이면서 관할 광역자치단체의 의원이 되거나 parish의 의원이면서 기초자치단체나 광역자치단체의원이 되는 등 서로 다른 지방정부 수준에서 의원직을 중복되게 하는 것(overlapping of membership)을 말한다. 이를 통해 지방자치단체 상호간에 연락조정 및 상호이해의 증진에 도움이 된다. 지방의원중에서 이와 같은 중임제 신분을 가지고 있는 지방의원의 비율이 약 13%에 이른다.

3) 비공식 형태의 협력관계

(1) 성격

비공식형태에서 이루어지는 협력체제는 기본적으로 공무원들의 전문적이고 실무적인 수준에서 자치단체간 협력관계를 도모해 가는 것을 말한다. 이는 공동의 문제나 상호 관심사항이 되는 문제들, 즉 자연보존, 구조계획, 도서관, 여행, 범죄예방 등을 실무적으로 협력관계를 형성하여 처리해 나가는 것이다. 비공식형태의 협력체계는 법률적인 사항이 아니고 선택적 사항이라는 점이 특징이며 영국의 경우 자치단체간의 협력관계를 처리해 나가는 데 있어서 실제 효과면에서는 상당히 높은 것으로 평가되고 있다 (Christensen, 1999; Byrne, 1994; Elcock, 1994).

(2) 유형

비공식형태의 협력관계의 유형은 다양한데 요약하면 다음과 같다.

① 정보교류 (Information Exchange)

이는 가장 단순한 형태의 정보교류이며 이 때의 정보는 각 기관의 고객, 서비스 또는 서비스 산출물 등에 대한 각 기관의 관심사항, 활동내역 또는 데이터 등이 포함된다. 각 기관들은 그들의 업무활동의 생산성을 증대시키고, 타 자치단체로부터 새로운 관리기법을 배우며, 업무와 관련된 잠재적인 문제점 및 기회 등을 알아내기 위하여 상호 정보교류를 실시한다. 정보교류는 강제사항이 아니고 선택적인 사항이라는 것이 특징이다. 따라서 획득하는 정보를 업무활동에 반영할 수도 있고 고려안 할 수도 있다. 기초자치단체인 디스트릭은 정책개발기능 및 새로운 관리기법도입 등의 면에서 상대적으로 약하기 때문에 광역자치단체인 카운티가 이러한 문제를 인식하고 예산절감방안이나 회계관리기법, 인사관리기법 등에 대한 새로운 지식들을 디스트릭트에 제공하는 형태를 지닌다.

〈 사례 〉

이를 위해서 한 자치단체가 타 자치단체에 직원을 일시 파견(secondment)하여 비용절감방안이나 경영기법 등을 배우기도 한다. 감사원 (Audit Commission)에서 각 자치단체의 경영평가를 한다음 등수를 매기고 자치단체별로 차등적인 지원을 해 주기 때문에 영국의 모든 광역자치단체는 자기 구역내에 있는 기초자치단체간의 정보교류를 통한 업무성과향상에 민감한 편이다.

이와 관련하여 언급할 것은 영국에 있어서 자치단체간의 인사교류는 광역자치단체와 기초자치단체간, 혹은 기초자치단체간에 활발하지 않다는 사실이다. 이는 지방공무원으로 임용되는 과정에서 각 기초자치단체 및 광역자치단체가 개별적으로 자기 자치단체에서 필요로 하는 인적자원을 채용하며, 근무조건 등이 채용당시 계약서로 정해지기 때문이다. 따라서 특정 기초자치단체에 공무원으로 채용되면 기존 자치단체에서 퇴직하는 것이 당연하며, 만약 광역자치단체나 다른 기초자치단체로 옮기고 싶으면(더 좋은 조건으로) 결원이 생길 때 응모하여 공식적인 시험과정을 거쳐 채용되고 기존의 자치단체에서는 퇴직해야 한다.

자치단체간 인사교류는 위에서 언급한 바와 같이 제한되나 예외적으로 타 자치단체로부터 벤치마킹 등을 위해 특정한 관리기법을 배우거나 가르쳐 주고자 할 때 이용되고 있다. 이 경우 물론 보수는 원래 소속한 자치단체로부터 받게 된다. (영국 북잉글랜드 개발청에 인근 자치단체의 직원이 일시 파견되어 경영기법 등을 배운 사례).

② 공동학습 (Joint Learning)

자치단체들이 이전에는 모르고 있던 새로운 관리기법이나 중앙정부의 법률해석 그리고 또는 공동으로 적용되는 중앙정부의 특정한 프로그램 등이 원활하게 집행될 수 있도록 모색하는 공동학습방법이다. 공동학습방법은 각 자치단체들이 가지고 있는 부분적이고도 제한적인 기술이나 지식 등을 통합하여 사용한다거나 또는 외부기관으로 하여금 그들의 경험이나 기법 및 지식 등을 제공하도록 함으로써 구체화된다. 이 방법을 통해 얻어지는 것은 세세한 사실이나 기법에서부터 주요한 경향이나 이론에 이르기까지 광범위하다. 다시 말하면 이 방법은 공동문제의 명확화 과정이라고도 할 수 있다. 이러한 경우에 광역자치단체는 이벤트를 주관하여 기초자치단체의 관련 공무원들을 참여시켜서 같이 학습해 나가는 방법을 추구한다.

〈 사례 〉
지극히 실무중심의 워크샵을 개최하여 각 자치단체의 실무 공무원들이 참가하게 함으로써 실무중심의 지식을 배우게 한다. 이는 통상 자치단체의 주요한 정책수립 이전에 개최되며(해당 자치단체의 요청 혹은 광역자치단체의 주선에 의해), 이를 통해 실무적으로 발생할 수 있는 문제점 및 정책의 실현가능성 등을 타진한다. 예를 들면, 1997년 노동당 정부가 들어서기 전에는 지방정부의 의무경쟁입찰제도(compulsory competitive tendering)와 민자유치 등의 실천적 운영과 관련된 수많은 워크샵이 있었으나 최근에는 최선의 가치(best value) 및 벤치마킹(benchmarking)에 관한 워크샵이 실무지식위주로 하루 혹은 이틀동안 개최되고 있다. 참가비용은 1인당 하루 8백 혹은 1천파운드(200만원 정도)로 상당히 비싸며 완전히 실무적인 워크샵이다. 이러한 실무 워크샵은 통상 광역자치단체가 주관하거나 주선한다.

③ 검토 및 논평 (Review and Comment)

이는 한 자치단체의 행위가 다른 자치단체에 대하여(기초이든 광역이든) 영향을 미칠 수 있는 상황이 될 때 광역자치단체가 자기의 입장 및 타 기초자치단체의 입장을 반영하여 당해 자치단체에 대하여 입장을 개진하는 절차이다. 검토 및 논평제도는 많은 경우 환경문제와 관련되고 있다. 즉, 한 기초자치단체가 특정시설을 당해 자치단체에 설치하려는 경우 그 시설로 인해 인접 자치단체가 피해를 입을 것이 예상되면 광역자치단체가 이에 대해 평가의견을 개진한다. 이 방법은 비록 거부권(veto power)을 행사할 수 있지는 않으나 특정 행위를 추진하는 기초자치단체로 하여금 광역자치단체의 평가의견에 응답하도록 하고 왜 그 평가의견을 무시하고 계속 특정행위를 해야 하는가를 정당화하도록 요구한다. 계속 무시하는 경우 중앙정부에 대해 광역자치단체의 입장을 제시하며 중앙정부의 결정을 요구한다. 중앙정부의 결정은 구속력을 가지며 설령 불복한 자치단체가 감사위원회(Audit Commission)나 법정에 이의를 신청해도 받아들여지는 경우는 드물다. 이 경우 중앙정부는 이 문제를 공공조사(Public Inquiry)라는 제도를 통해 공론화할 수도 있다.

검토 및 논평방법은 일단 외부자들이 비판함으로써 생기는 공무원들의 저항감에서 벗어나 내부자들의 분석결과에 대한 의존도를 높이며 문제점에 대한 실무적인 토론을 활성화한다는 면에서 많이 활용되고 있다. 이 경우 주목할 만한 것은 광역자치단체의 의견이 비록 구속력은 없으나 중앙정부로 결정권이 넘어갈 때 중앙정부는 대부분 광역자치단체의 의사를 그대로 반영하는 결정을 내려서 실질적으로 광역자치단체의 위상을 높여준다는 것이다.

〈 사례 〉

예를 들어 도시계획에 있어서, 카운티는 구조계획(Structure Plan)을 작성하며, 디스트릭은 지방계획(Local Plan)을 작성할 권한을 갖는다. 전자의 구조계획은 전 카운티에 걸치는 것이며 계획과 개발제한을 국지적으로 하기 위한 포괄적인 틀을 지니고 있다. 이 계획은 중앙정부의 국가계획(National Plan)과 일치해야 할 뿐만 아니라 카운티에 속하는 디스트릭트들의 지방계획과도 상충되지 않아야 한다. 이 경우 각 디스트릭트들이 지방계획(Local Plan)을 작성할 때 카운티 정부의 계획가들이 지속적으로 평가와 조언을 전체 카운티적인 측면에서 해 준다.

〈 사례 〉

Northumberland County의 경우 카운티의 담당국장이 각 디스트릭트의 계획담당국장들과 계획수립시부터 끝날 때까지 정기적인 미팅을 통해 서로 상충되는 부분을 조정해 나간다. 이를 위해 카운티의 국장이나 과장이 주재하고 디스트릭트의 국장이나 과장들이 참여하는 실무집단(Working group)이 있고 카운티의 지방의원이 주재하고 각 디스트릭트의원들이 참여하는 조정집단(steering group)이 있어 필요시마다 조정역할을 해 준다.

④ 공동계획 (Joint Planning)

공동계획 (Joint Planning) 제도는 특정 프로그램이나 정책이 인접 자치단체나 타 자치단체에 영향을 미치는 경우(예: 쓰레기 처리장 등) 카운티의 담당국 · 과장이 주관이 되어 관련 디스트릭 담당 국과장을 소집하고 정기적인 만남과 토론을 위한 모임을 형성하여 단일의 계획을 처음부터 공동으로 수립해 나가는 것이다. 이는 위의 검토 및 논평 (Review and

Comment) 방식과 유사하나 단순한 평가의견 제시가 아니라 두 개이상의 자치단체에 걸치는 구속력 있는 단일 계획을 처음부터 공동으로 작성하는 방식이다.

이 방법은 계획을 처음부터 공동으로 수립해 나감으로써 문제를 공론화시키고 상호 영향과정을 통해 첨예한 대립을 희석시키는 효과를 갖는다.

〈 사례 〉
Northumberland County의 쓰레기처리장 시설입지 결정 및 건설시 처음부터 공동계획을 통해 완스벡(Wansbeck)이라는 디스트릭에 쓰레기처리장을 위치시켰다. 이 과정에서 완스벡 자치단체 주민들이 반대하였으나 차츰 어떤 요구사항이 중요한 가를 공동계획결정과정에서 인식하게 되었다. 결국 완스벡 자치단체의 주민 30명을 쓰레기처리장 시설관리 직원으로 채용하였다. 아울러 이 쓰레기 처리장 운영과정에서 생기는 소모품 일체를 이 자치단체에서 구입하도록 했다. 이 공동계획을 통해 문제를 해결하는 과정에서 적용된 주요한 지침을 보면 다음과 같다. · 광범위한 참여과정 준비 · 현 상태(예: 부족한 쓰레기 처리시설)가 모든 주민들에게 받아들일 수 없다는 일치감 확보 · 이 문제해결을 위한 합의(consensus) 확보 · 주민들간 신뢰확보를 위한 노력(언론매체에 의한 문제제기, 토론회 등) · 문제를 가장 효과적으로 다루기 위한 방법 선택 · 엄격한 안전기준의 충족에 대한 보장 · 입지를 허용하는 지역이 장기적으로 유리할 것이라는 설득(전문가집단 및 지방의원 등에 의해) · 시설입지와 관련한 모든 부정적 측면을 고려 · 상황에 적합한 합의 도출(지역주민의 선호사항 즉 고용이나 보상 등 상황고려) · 반대하는 자치단체나 주민들로 하여금 자발적으로 입지를 찾아보도록 허용 · 항상 복수대안을 고려

위의 사례외에도 타인데일 디스트릭(Tynedale District)의 쓰레기 적환장의의 입지를 둘러싼 문제가 3년이라는 기간을 걸쳐 완료된 사례도 있다.

⑤ 공동재정지원 (Joint Funding)

이는 두 개 이상의 정부기관에 의한 자원부담을 말한다. 이러한 조직들은 특정활동에 대해 구속되고 책임을 지게 된다. 따라서 보다 상호의존적이 된다. 업무활동면에서는 한 기관에 의해 수행되나 공동으로 감시 감독된다. 이와 유사한 형태로 공동의 업무활동을 위해 공동의 사무국을 만들고 연합체를 결성하는 방식도 있다. 이에 필요한 재정은 자치단체가 각자 부담 하며 (인구수 등의 기준), 광역적인 조정기능이 필요한 업무를 협의하기 위한 역할을 함.

〈 사례 〉
북잉글랜드 지방정부연합(North of England Association of Local Authorities)의 사례이다. 여기에는 40여 개 광역 및 기초자치단체가 가입하고 있으며 사무국(상근직원 약 15명)에는 지역경제 개발, 교통, 환경보전, 토지이용, 쓰레기처리 등 주요분야로 나누어 개별위원회(각 자치단체의 지방의원으로 구성)를 구성하고 있다. 각 위원회 분야별로 소속 자치단체들이 주요분야의 광역적 업무를 처리하는데 기준이 될 업무처리 지침을 개발하여 참고토록 한다. 이 조직은 각 자치단체들이 공동으로 재정부담을 하여 대외적인 활동(EU로부터 펀드확보등) 뿐만 아니라 대내적인 광역업무를 조정하는 역할을 한다. 결정된 사항은 법적 구속력은 없으며 자발적으로 운영할 수 있다. 북잉글랜드지역개발청도 넓은 의미에서 이 부류에 속한다고 할 수 있다. 이 기관은 북잉글랜드지역의 고용을 창출하고 지역산업육성을 목표로 하는데(특히, 외국기업유치), 중앙정부(Dept of Trade and Industry)의 예산지원과 이곳에 있는 자치단체들이 출연하여 지역에 기업을 유치하는 기능을 수행한다. 이 경우 북잉글랜드 지역개발청 차원의 지원과는 별도로 카운티정부는 기업이 당해 카운티에 들어올 경우 일자리 1개당 고용창출금 (자치단체별로 다르나 평균적으로 1천 파운드 정도)을 기업에 지원하고 있다.

⑥ 공동활동 (Joint Action)

이는 계획과 자금지원뿐만 아니라 활동 그 자체를 분담하여 수행하는 방식인데 공동의 업무를 세분하여 함께 수행하는 방식이다. 그 형태는 해결해야 할 문제나 업무기술 및 수행능력 등에 따라 다양한 데, 대표적으로는 광역정부가 중심이 되어 각 소속 기초자치단체에게 광역업무를 한 가지씩 배당하여 수행하게 하는 방식이 있다.

4. 자치단체간 갈등관계 형태

(1) 갈등관계 형태

갈등관계는 광역과 기초 혹은 기초자치단체간에 현안사건, 정치적 압력 및 구조적 경쟁 등의 이유로 하나의 지방정부가 다른 지방정부의 행동에 반대하는 것을 말한다. 자치단체간의 관계를 갈등관계로 몰아가는 형태는 다양한데 크게 나누어 다음의 6개 부류가 있다.

- 자주성
- 상충되는 정보 및 이론 개발
- 부정적 논평
- 경쟁적 및 고립적 계획
- 금지적 입법 및 사법적 조치
- 대응 프로그램 및 재정지원

① 자주성 조치

이는 가장 약한 형태의 갈등이며 다른 지방자치단체의 행동을 부적절하거나 중요한 것이 아니라고 여기면서 무시해 버리는 것을 말한다. 동시에, 타 자치단체의 반대행동들이 일시적일 것이라고 여기며 자체수입증가 등의 방법으로 의존성을 극복하려고 한다.

〈 사례 〉
오늘날 어떤 지방정부도 완전히 독립적이지 못하기 때문에 이에 해당하는 경우는 현실적으로 사례을 찾기가 어렵다.

② 상충되는 정보 및 이론개발

이는 정보교류나 공동학습 등의 방법과 정반대의 경우이다. 정보를 제공하지 않거나 반대조직에서 제시하는 것과 반대되는 정보나 이론을 선전함으로써 타 자치단체의 행동에 반대하는 형태이다.

〈사례〉
대부분의 기피시설(쓰레기장 등) 입지반대시 사용(환경영향평가결과 등) 한다. 갈등관계에 있는 자치단체들이 공동으로 합의하는 '환경영향평가단' 과 같은 평가기관을 이용하여 공신력을 증대시키는 형태이다 (Tynedale의 쓰레기 적환장 설치시).

③부정적 논평

다른 자치단체의 활동을 방해하기 위하여 다양한 집단에서 제기한 연구결과나 주의, 주장중에서 자기 자치단체의 이익에 도움되는 주장을 활용하는 형태이다. 비록 검토 및 논평 (Review and Comment) 시스템이 정보를 확산하기 위하여 도입된 것이라 하더라도 이것이 타 자치단체에 대한 부정적 논평 (negative comments) 으로 쉽게 이용될 수 있다. 부정적 논평의 경우 대부분의 자치단체간 분쟁 및 갈등상황 속에서 발생한다.

④경쟁적 및 고립적 계획

분쟁 및 갈등관계에 있는 자치단체에 대항하여 장기적이고도 경쟁적인 계획을 수립하는 형태이다. 자기 자치단체가 가지고 있는 인적 네트워크(국회의원, 지방의원 등)나 물적 자원을 총 동원하여 타 자치단체에 대항한다. 인접한 자치단체 혹은 분쟁관계에 있는 자치단체의 이익에 배치되게 계획을 수립하여 자기 자치단체의 이익을 강조하는 형태이다.

⑤ 금지적 입법 및 사법적 조치

광역자치단체가 분쟁이 되고 있는 문제에 대하여 전 카운티주민으로 하여금 투표를 하게 하고 이를 통해 강제적이고도 규제적인 입법적 조치

(금지적 조치를 담은)를 취하는 형태이다. 권한분쟁 등에 대해서는 법원에 호소하여 소송을 통해 해결한다.

⑥ 대응 프로그램 및 재정지원

분쟁이 되고 있는 인접 자치단체의 활동이 충분히 반대할만하고 외관상 다루기 힘들 경우 그와 정반대 효과를 가져올 수 있는 프로그램의 개발이나 자금지원 등을 통해 상쇄하는 형태이다.

〈 사례 〉
위험 폐기물처리와 관련하여 10년 이상씩 끌고 있는 영국 남부의 많은 사례가 이에 해당된다.

5. 지방자치단체간 협력관계의 특징

1) 광역자치단체와 기초자치단체간의 법적 관계

원칙적으로 광역자치단체인 카운티는 기초자치단체인 디스트릭에 대해서 비상계획상황(emergency planning situation)을 제외하고는 권한행사를 할 수 있는 여지가 없다 (Byrne, 1994: 397). 마찬가지로 디스트릭은 또한 교구(parish)에 대하여 어떤 법적인 권한을 행사할 수 없다.

2) 특별자치단체를 이용하는 경향이 강화되고 있다. 광역적이고 지역분쟁 유발적인 사무에 대해서는 일반자치단체에 의한 기능수행보다도 특별자치단체에 의해 수행하는 방향으로 나가고 있다.

3) 법률에 의존하는 강제적인 방법보다는 시간이 걸리더라도 토론과 설득을 통한 방법을 선택한다.

4) 분쟁을 쉽게 해결한 경우는 대부분 사업의 초기부터 관련 자치단체간의 실무자들과 지방의원그룹들이 공동계획 및 공동점검을 실시한 것이 특징이다. 주로 비공식적 방법에 의존하여 처음부터 실무자들 사이의 상호이해의 바탕이 만들어진 것이다.

5) 시설입지로 인한 문제점 등에 대해 완전한 정보공개 및 대비책을 통한 홍보를 전개하였다.

6) 보상방법에 있어서 경제적으로 보상해 주는 방법보다는 해당시설이 입지한 지역의 주민을 시설관리운영의 직원으로 채용하고 소모품들을 당해 지역에서 구매하는 등의 방법들이 효과적이었다. 아울러 실질적인 피해 최소화(예: 쓰레기 임시저장소의 설치시 인접 주민들의 가옥에 대하여 냄새 및 소음을 방지하기 위한 이중유리창 설치, 도로개설 등)를 위한 노력을 하였다.

7) 공정한 영향평가팀의 결과에 바탕을 두고 지방의원들이 주민설득작업을 전개한 것이 효과적이었다. Tynedale 의 경우 지방의원들은 3년간에 걸쳐 매주 주민들과 저녁시간을 이용하여 토론을 하면서 주민설득작업을 수행하였다. 그 과정에서 주민들로 하여금 적정지역을 후보지로 선택할 수 있도록 하였으며 이와 병행하여 전문가 집단에 의한 영향평가를 동시에 하였다.

제4절 우리나라에 주는 시사점: 지방정부 갈등조정 측면에서

1) 기본방향

O 갈등 및 갈등조정에 대한 인식전환이 필요하다. 지방정부간, 지방정부와 주민간 갈등을 병리적 현상으로 간주하여 회피하거나 일방적으로 와해시키려는 자세를 버리고 자연발생적으로 나타날 수 밖에 없는 현상으로 인식하는 것이 필요하다. 동시에 순기능적 측면도 있다는 것을 인식할 필요성도 있다.

O 한국적 정서에 부합하는 분쟁해소 모형이 필요하다. 분쟁조정 및 협상방안 모색에 있어서 우리의 정서와 동떨어진 서구논리식 해결은 한계가 있다.

O 사전조정의 원칙이 설정되어야 한다. 문제화단계에서부터 이해당사자의 상호의견과 이해조정을 위한 적극적인 노력, 정보제공 등이 필요, 민주적 의사결정 관행이 필요(시간이 걸리더라도 사전적 참여확대가 필수적)하다. 분쟁이 가시화 되면 행정비용이 과다하게 소요되며, 일시적인 갈등봉합은 심각한 분쟁이 야기될 수 있다.

O 당사자간 해결방식이 구축되어야 한다. 이해당사자를 일방적으로 설득하거나 초기단계에서부터 제 3자에게 화해, 중재 등을 요구하게 되면 어려워질 수 있다는 점이다. 정부와 주민간 비공식적 협의를 활성화하기 위한 채널의 확대가 필요하다. 제도적 장치에 의한 해결은 마지막 수단이어야 한다. 공모방식에 의한 자발적 입지선정방식, 공동제안방식 권장 및 이에 대한 인센티브제도 등의 정착이 필요하다.

2) 독립적 중재적 조정기관의 설치문제

이와 관련하여, 지방정부 경계위원회의 사례가 도움이 될 수 있다고 생각되며, 독립성이 확보된 조정기관의 설치가 필요하다. 특히, 이러한 독립기관의 경우에는 위원회 위원 선정과정도 중요하게 고려되어야 한다.

3) **협상문화의 배양: 타협, 협상, 중재, 조정능력 배양**

합리적인 거래원칙 조성이 필요하며, 온정적 문화대신에 합리적 기준을 통하여, 중재, 조정이 통용되는 문화가 배양되어야 할 것이다.

Regional Policy in the UK

제4부

영국의 지역혁신체제

제4부 영국의 지역혁신체제

제1장 영국의 지역혁신정책 거버넌스: 케임브리지 테크노폴을 중심으로

제1절 서론

지역혁신체제는 각 국가가 처해 있는 국가적 사정에 따라서 다양한 형태를 지니게 됨으로 각 국가별 지역혁신체제의 거버넌스 구조와 그 구조 속에 포함되어 있는 행위자들-정부, 대학, 연구소, 기업 등-이 제도 및 정책을 놓고 어떤 상호작용을 하고 있는지, 또 그로부터 어떤 성과가 나오고 있는지를 파악하는 것이 중요하다고 하고 있다 (Liu & White, 2001). 지역혁신의 성과는 일반적으로 유럽에서는 지역사회 혁신 서베이 (Community Innovation Survey, CIS)에 의해 측정되는데 (Evalngelista et al., 2001) R&D 자료, 특허관련 자료 등이 포함된다. 지역혁신성과에 영향을 미치는 많은 요인들이 있지만 가장 영향을 미치는 것은 그 지역의 혁신체제 거버넌스가 어떻게 구성되어 있고 어떻게 기능하느냐 하는 점이 중요하게 고려되고 있다. 이러한 사정은 지역혁신체제가 처음 출발하고 타 지역에 비해 빠르게 발전해 나가고 있는 유럽의 경우에 있어서 특히 이슈가 되어 왔다. 즉, 각 국가들이 가지고 있는 중앙과 지방의 다양한 기관들이 지역혁신체제를 구성하고 있고 이러한 형태는 각 국가별로 다양하게 나타나기 때문에 어떻게 하면 해당 국가의 특성에 맞는 효과적인 거버넌스가 구축될 것인가 하는 점이다. 이러한 논의는 2000년 리스본에서 열린 EU 회의에서 지역혁신체제의 구성요소들인 각 기관간 조정을 하기 위한 장치, 즉, 공개조정방법(OMC, Open Method of Co-ordination)을 EU 국가내 연구 및 혁신정책에 적용하도록 결정하기에 이르렀다(Kaiser &

Prgange, 2004). 이 제도도입 취지의 요지는 지역혁신체제에 관련되는 행위자들이 (actors) 횡적, 종적으로 많아지게 되는데 이는 행위자간 협력을 도모해 나가는 과정에서 각 행위자들이 자기들의 이익을 극대화 할려고 하기 때문에 부득이하게 거래비용(transaction costs)이 많이 발생한다는 것이다. 이러한 배경에서 개별 국가가 지역혁신체제의 거버넌스를 구성하는데 있어서 행위자 및 행위자간 역할 상호관계에 대한 규명은 중요한 이슈가 되어 오고 있다.

이하에서는 바로 이같은 배경하에서 유럽 선진국들 중에서도 비교적 지역혁신체제가 가장 성공적으로 운영되고 있다고 평가되는 영국을 사례로 하여 지역혁신정책 거버넌스가 국가적 차원과 지역적 차원에서 어떻게 구축되어 있고 운용되고 있는 지를 살펴보고 이의 정책적 시사점을 찾아 보고자 한다. 이를 위해 일정한 분석틀을 구성한 다음, 영국의 일반적 현황을 개괄적으로 살펴보고, 이어서 국가적 차원과 지역적 차원에서 지역혁신거버넌스 구조가 어떻게 구성되어 있고 운용되는지를 살펴본다. 지역적 차원의 분석을 위해서는 케임브리지 테크노폴을 사례로 선정한다 (최영출, 2006).

제2절. 이론적 논의와 연구분석의 틀

1. 지역혁신체제 거버넌스에 대한 이론적 논의

지역혁신체제(Regionanl Innovation System, RIS)란 하나의 지역정책수단으로서 지식의 창출, 이용, 확산에 도움이 되는 조직적, 제도적 장치 및 관계에 바탕을 두고 상호작용하는 여러 이해관계조직들-공공조직, 민간

조직, 회사, 연구소, 대학, 기타조직-의 집합체로 일반적으로 이해되지만 아직까지 개념적으로 완전히 합의가 이루어져 있는 것은 아니다(Doloreux and Parto, 2005: 134). 물론 혁신(innnovation)의 개념은 '지난 1950년대에 발명가들이나 연구자들이 일정한 연계없이 유리되어 있는 상황에서 생산한 지식의 확산' (Landry, R. Amara, N., Lamara, M., 2002: 683)을 설명하기 위해 만들어진 개념이나 이것이 국가혁신체제(National Innovation System, NIS)에 도입되고 다시 지역적 수준에서 지역혁신체제에 도입되었다. 1980년대 말부터는 영국, 프랑스, 이탈리아, 독일, 핀란드 등 유럽국가들과 EU에서는 RIS란 용어를 모든 경우에 직접 쓰지는 않았지만 이러한 이론적 기초에 바탕을 둔 사업들을 대대적으로 추진해 왔고 미국에서 발전된 산업클러스터 전략(Porter 1990, 1992)과 함께 이제는 선진국들에게 있어서 지역경쟁력 강화를 위한 하나의 유용한 지역개발전략 수단으로 발전해 오고 있다.

우리나라의 경우에도 1990년대에 과학기술정책연구원을 중심으로 이러한 이론에 바탕을 둔 사업이 추진되었고 산업자원부(테크노 파크, 신기술보육사업 등), 과학기술부(RRC, 지방과학관지원사업 등), 정보통신부(정보통신 창업지원센터 등) 등에서도 비록 이러한 명칭을 직접 사용하지는 않았다 하더라도 유사한 개념에 바탕을 둔 사업들이 추진되어 왔다. 그 이후 2003년 출범한 노무현정부에 들어와서는 대통령소속의 국가균형발전위원회가 중심이 되어 지역혁신체제라는 용어가 직접 사용되면서 지역혁신 및 국가균형발전을 위한 주요한 지역정책수단으로 발전되어 가고 있다(신동호, 2004a).

국내외에서 지역혁신체제를 지역정책수단으로 채택해 가는 과정에서 학계에서의 이 분야에 대한 연구도 큰 진전을 보여 온 것이 사실이다. 먼저, 외국에서 그동안 이루어진 이 분야에서의 연구는 몇 몇 학자들이 종합해서 정리해 주고 있다. Smits (2002)의 '21세기의 혁신연구' (Innovation studies in the 21st century), Doloreus & Parto(2005)의 '지역혁신체제: 현재의 담론과 해결되지 않은 이슈들' (Regional Innovation System: Current discourse and unresolved issues), Kuhlmann (2001)의 '유럽에서의 미래 혁신정책 거버넌스: 3가지 시나리오 ' (Future governance of innovation policy in Europ: three scenarios) 및 Carlsson et. al(2002)의 '혁신정책: 분석적 및 방법론적 이슈' (Innovation systems: analytical and methodological issues) 등이다.

여기에서 주장되는 내용들을 공통적인 것을 중심으로 요약해 보면, 첫째, 거시적 수준에서 지역혁신체제에 관한 연구들이 이루어지고 있으며 주로 거버넌스 형성에 초점이 주어지고 있다는 점이다. 지역혁신체제를 유지하는데 있어서 중앙정부와 지방정부와의 역할관계, 지방정부와 다양한 참여조직들간의 분권적 기능분담 등에 주로 많은 관심이 있어 왔다. 이러한 연구경향은 국내의 연구에서도 마찬가지로 나타나고 있는데 외국보다 지역혁신체제의 도입역사가 일천한 것과 최근의 지방분권, 분산화 등 분권적 패라다임의 학문적 지배경향에 영향을 받은 것으로 보인다. 둘째, Smits가 특히 강조하는 바와 같이, 기존의 연구들은 실제 지역혁신체제가 네트워크내에서 운영되고 집행되어 나가는 과정에서 발생하는 실질적 문제를 해결하는데 대안을 제시해주는데 한계가 있다.

그 결과, 지역혁신체제의 구축초기단계에서는 네트워크가 활성화되지 않아 효율성이 점진적으로 나타나게 되고 임계수준을 넘어서야만 그 효율성이 급격히 증가하는 네트워크 외부효과를 가지고 있는 점이 간과되고 있다(김선배, 2001). 지역혁신체제의 효율성이 기대한 만큼 나타나지 않은 초기단계에서는 시장실패나 시스템 실패로 인한 비효율성 발생으로 인해 지역혁신시스템의 운영이 형식적으로 흐를 가능성이 많으므로 공공부문이나 기타 주도적 역할 수행기관이 필요하게 된다. 아울러 복수의 기관이 관여하게 됨으로 그 네트워크로 구성되는 행위주체자들이 서로 이해관계를 달리하여 네트워크 내에서 기능할 때 이들 관계설정 및 역할관계, 갈등조정을 어떻게 할 것인가가 성공의 중요한 관건이 된다.

이러한 인식하에서 Smits는 그동안의 연구경향을 분석한 후 향후 지역혁신 연구의 방향을 세 가지로 제시하고 있는데 첫째는 미시적 수준에서의 지역혁신절차 및 체제에 대한 경험적 연구, 둘째는 지역혁신이론에 대한 비판적 반성, 셋째는 의사결정과정에 대한 분석 및 이에 대한 지원 분야라고 하고 있다. 그는 특히, 지역혁신 체제 내에서 이루어지는 행위자들-정부 및 다양한 행위주체들-이 혁신체제의 성공을 위해 어떠한 역할을 해야 할 것인가가 실천적 수준에서 분석되어야 한다고 주장한다. 그는 지금까지의 이론들은 네트워크 내부에서 이루어지고 있는 행위자들의 관계를 규명하지 못하였으며 특히, 네트워크 내에서의 성과나 효과성 문제에 대해서는 아무런 대답을 주지 못하고 있다(2002: 876)고 한다.

이와 관련하여 OECD 국가들의 경우에도 지난 20년동안 지역혁신체제에 관련하여 공급지향적 정책(지식의 생산)에서 -확산지향적 정책을 거쳐-보다 사용자 및 수요자 지향적 정책으로 변해오고 있다(Doloreus & Parto, 2005). 여기서 수요자는 네트워크 내의 행위자들을 지칭하는 것으로서 행위자 입장에서 네트워크내의 상호협동과 경쟁이 어떻게 이루어지며 어떻게 발전해 나가는가 하는 점이 규명되어야 한다고 한다. 이는 네트워크 내부에서 협동과 경쟁의 메카니즘에 대한 강조이다. 이와 관련하여 Smits는 더 나아가서 미시적 수준에서 지역혁신체제 네트워크내부에서 이루어지는 상호작용 운영과정에서 발생하는 문제점들을 경험적으로 분석하고 이를 극복할 수 있는 활성화대안을 제시하는 것이 중요하다고 강조하고 있다.

Linton (2002) 역시, 지역혁신에 대한 연구가 너무 거시적 수준이며 분석의 수준이 주로 국가적 수준에서 이루어진 것에 대해 비판하면서 집행수준에서 일어나는 구체적 실천적 수준의 연구가 필요함을 강조하고 있다. 그는 특히, 행위자들 수준에서 일어나는 네트워크 속에서의 성공요인을 규명하는 것이 필요함을 강조한다. 그는 기존의 10년동안 이루어진 연구들을 정리하여 성공요인을 5개로 규정하면서 정보와 지식의 상호작용이 중요하게 되는 지역혁신체제를 설명하기 위해서는 네트워크 내에서 이루어지는 사회적 상호작용을 규명하기 위해서 네트워크 분석관점에서 집행과정을 분석하는 것이 필요하다고 주장한다.

기존의 지역혁신에 대한 거시적 수준에서의 연구들은 Lechner & Dowling (2003:4)가 언급하고 있는 것처럼 혁신체제내에서의 각 행위자들의 네트워크구성과 내부에서 이루어지는 행위자들간의 동태적 과정에 대한 부분은 간과하게 된다. International Regional Science Review (2002) 25호에서는 지역혁신체제에 대한 특집호를 발간하였는 바 그간 이루어진 지역혁신체제에 대한 연구결과를 정리하면서 혁신체제내에 작동하는 행위자들이 지역적 차원에서 어떻게 기능하느냐에 대한 실천성 있는 분석이 이루어져야 함을 특히 강조하고 있다. 본 연구는 바로 이같은 배경하에서 분석의 수준을 국가적 차원과 지역적 차원으로 통합하여 지역혁신체제의 거버넌스 구조와 그 구조속에서 활동하는 행위자들의 역할을 분석하고자 한다.

2. 분석의 틀

위에서 제기한 문제인식하에서 본 연구에서는 지역혁신체제 거버넌스에 포함될 행위자들은 누구인지, 무엇을 향해서 어떻게 기능하는지를 연구하기 위한 분석틀을 설정해 보기로 한다.

지역혁신 거버넌스에 포함될 요소들이 무엇인가에 대해서는 대체적으로 일치하는 것 같다.

Fisher (2002: 20)는 혁신체제를 생산과정에 있어서 새롭고 경제적으로 유익한 지식의 창출, 이용 및 확산에 관여하여 상호작용하는 기업, 조직 및 제도와 같은 일련의 행위자 또는 실체를 포함하는 것으로 정의하면서 혁신체제의 거버넌스는 4가지 분야-제조업 분야, 과학분야, 생산자 서비스 분야 및 제도적 분야를 구성한다고 하고 있다.

Doloreux (2002) 역시 지역혁신체제의 구성요소를 기업, 제도, 지식 인프라 및 정책 등 4가지를 들고 있다. 여기서 기업은 지식을 산출하고 확산하는데 기여하는데 지역혁신체제의 이용자이면서 생산자이다. 제도는 대학, 정부 연구소 등을 의미하며 기술의 창출, 개발, 이전 및 활용에 영향을 미치는 중요한 행위자로 규정된다. 지식 인프라는 물리적 조직적 인프라를 의미하며 혁신을 지원하기 위한 기능을 수행한다. 마지막으로 정책은 지역혁신체제가 학습능력과 지식확산을 증가시킬 수 있도록 전반적인 체제를 다루는 것이다. 전체적으로 볼 때 위에서 언급한 Fisher 의 견해와 대동소이하다.

이에 대하여 Kuhlmann (2001)은 한 걸음 더 나아가 지역혁신체제 분석을 위해서는 행위주체와 이에 더하여 행위주체들이 하기로 기대되는 활동들을 어떻게 수행하고 있는지가 분석되어야 한다고 주장한다. 그는 혁신체제는 주요한 행위자들이 분석되어야 하며 이러한 주요한 행위자들로서 정부, 대학, 연구소, 기업, 기업협회, 소비자 그룹, 환경단체 등이 포함된다고 한다. 그는 더 나아가 이러한 행위자(actors)들이 다양한 정책수단을 두고 일정한 연계와 협력을 도모해 나가는 것이 지역혁신체제라고 하고 있다. 정책수단에는 광의의 정책수단과 협의의 정책수단이 있는데 전자에는 제도적 자금지원, 재정적 인센티브, 기타 지역혁신 인프라 등이 포함되고 광의의 정책수단에는 일반국민의 요구사항, 교육 및 훈련, 지원정책(경쟁정책, 구제정책) 등이 포함된다고 하고 있다. 즉, 위의 지역혁신 행위자들이 정책수단을 둘러싸고 다양한 연계와 협력을 통해서 지역의 경쟁력을 향상시키는 것으로 전제하고 있다. 이는 다른 관점에서 보면 지역혁신체제가 수행하는 활동의 내용을 제시해 주고 있다고 할 수 있는 것이며 이러한 활동을 위해서 지역혁신체제에서 활동하는 혁신주체들은 충분한 자기역할을 수행하여야 하고 이러한 기대역할은 바로 지역혁신체제의 성공을 위한 요인들이라고 할 수 있다.

이와 같은 입장에서 Albors, et al (2005)는 지역혁신체제에서 혁신활동을 기술생산과 이전과정으로 단순화하고 그의 주요내용과 단계별 세부내용을 아래 〈그림 4-1-1〉과 같이 제시하고 있다. 그는 지역혁신체제내 주요 주체들은 이러한 혁신활동을 중심으로 연계되어 있다고 하고 있다.

〈그림 4-1-1〉 지역혁신체제내 기술생산 및 이전과정

자료: Albors, et al. (2005: 416)

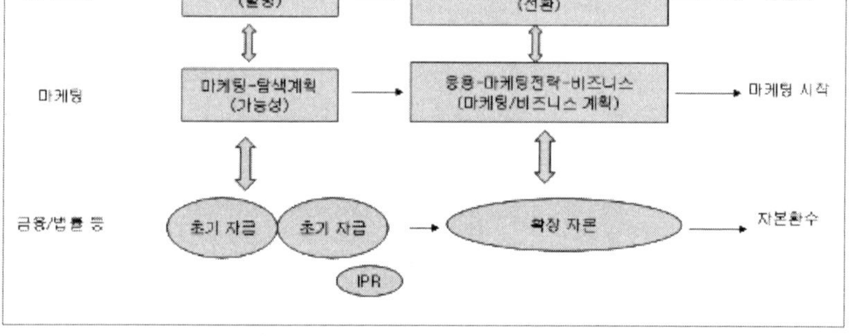

즉, 그림에서 보는 바와 같이 과학/기술 개발 부문, 마케팅 부문, 금융/법률 등 지원부문에서 각 주체들이 다양한 연계활동을 펼침으로써 시너지 효과가 발생된다고 보고 이러한 주체들이 어떻게 활동하는지가 분석되어야 한다는 점을 강조하고 있다.

여기에서는 Cooke(1998) 등의 지역혁신체제에 대한 연구 및 Albors et al. 및 Autio 등의 연구에 바탕을 둔 분석틀을 같이 제시하고자 한다. 각 분석틀은 공통점이 있으며 다만 각 국가의 특성에 따라 다소 다른 측면을 부각시키는 효과가 있을 것이라고 생각한다. 아래 〈그림 4-1-2〉은 본 연구를 위한 분석틀이라고 할 수 있으며 주요 특징과 내용을 정리해 보면 다음과 같다.

〈그림 4-1-2〉 본 연구에서의 분석틀

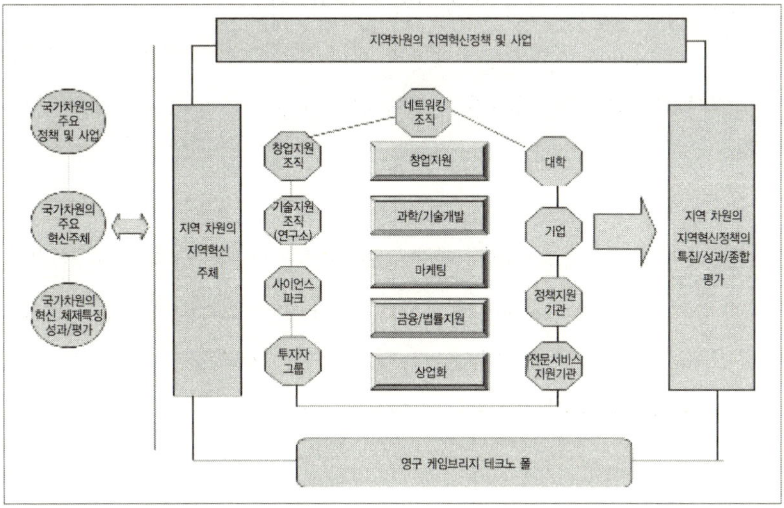

첫째, 영국 지역혁신정책의 거버넌스 분석은 국가차원과 지역차원으로 구분한다. Autio의 연구에서 볼 수 있듯이 국가 지역혁신체제의 정책수단

이 지역차원의 혁신체제에 미치는 영향도 분석의 의미가 있을 것이다. 특히 영국과 같이 유럽의 다른 나라에 비하여 상대적으로 중앙정부의 권한이 강한 국가의 경우 특히 그 필요성이 있을 것으로 인식되어 국가차원의 정책목표(정책도입시기, 정책목표, 정책수단, 주요사업), 국가차원의 혁신주체 및 혁신체제의 특징 및 성과 등도 아울러 고려하기로 한다.

둘째, 지역차원의 지역혁신정책 거버넌스 분석에 초점을 둔다. 지역혁신체제가 구성되고 운영되는 현장의 중요성을 감안하여 국가차원보다는 주로 지역적 차원에 초점을 둔다. 지역차원의 혁신체제 거버넌스 분석을 위해서는 거버넌스 내의 행위자 및 이들의 역할관계 분석이 중요하다. 행위자의 범위에는 창업지원조직, 네트워킹조직, 대학, 기업, 정책지원기관, 전문서비스 지원기관, 기술지원조직(연구소), 사이언스 파크, 투자자 그룹 등으로 설정한다(SJIC, 2004). 물론 이러한 행위자 그룹 및 행위자들의 활동대상은 명확하게 구분 짓기가 어렵기 때문에 중복의 여지가 있다. 그러나 우리나라의 지역혁신체제는 아직 초창기에 있기 때문에 정책적인 측면에서 가능한 많은 시사점을 찾기 위해서는 분석의 카테고리를 세분화하는 것이 의미가 있다고 생각한다.

셋째, 본 연구는 케임브리지 테크노폴 지역을 사례로 설정한다. 케임브리지 테크노폴은 영국내에서 뿐만 아니라 유럽에서도 타 지역에 비해 지역혁신체제가 비교적 성공적으로 운영되고 있는 지역으로 인정되고 있으며 많은 국가에서 벤치마킹을 하고 있는 지역이기도 하다.

제3절 영국의 일반적 현황

1. 개관

영국(UK, The United Kingdom of Great Britain and Northern Ireland)은 잉글랜드, 웨일즈, 스코틀랜드 및 북아일랜드 등 4개국(또는 지역)으로 구성되어 있는 나라이다. 영국은 스위스의 국제경영개발원(International Institute for Management Development, IMD)이 2006년 5월 10일에 발표한 국가경쟁력 순위면에서 선진국을 포함한 세계 61개국 중에 21위(한국은 38위)를 차지하고 있다. 2004년 발표된 경제자유도(Economic Freedom)면에서는 세계 3위(한국은 31위)를 유지하고 있으며 개방적 형태의 선진국이라고 할 수 있다.

〈그림 4-1-3〉 영국의 국회의사당

영국의 면적은 242,514㎢로서 우리나라보다는 조금 넓지만 다른 나라에 비해서는 작은 편이다. 국토여건은 우리나라와 달리 평지와 경사가 완

만한 구릉지가 많아 이용가능한 토지가 상대적으로 풍부하며 산림지역은 10% 정도에 불과하다. 전체 국토의 75% 가량이 농업용지로 사용되며, 고도의 영농기술을 바탕으로 농업이 발달되어 있다.

〈표 4-1-1〉 영국의 기본 통계

내용	잉글랜드	웨일즈	스코틀랜드	북아일랜드	영국
인구(만명)	5,009	295	507	171	5,983
면적(㎢)	130,281	20,732	77,925	13,576	242,514
인구밀도(명/㎢)	380	141	65	125	244

자료 : National Statistics Britain 2005
주: 인구, 2004년도, 면적과 인구밀도, 2002년도

19세기 영국은 철강, 석탄, 조선 등으로 대표되는 강력한 산업지역으로 특징지워진다. 그러나 기술, 시장 및 경쟁력 실패로 인한 변화에 적응하지 못하여 오랫동안 고전을 한 역사적 경험도 안고 있다.

〈그림 4-1-4〉 19세기 영국의 공업

2004년도 현재 영국의 인구는 5,983만 명이다. 지역별로 잉글랜드가 5,009만 명으로 가장 많고, 그 다음이 스코틀랜드 507만 명, 웨일즈 295만 명, 그리고 북아일랜드 171만 명이다. 인구면에서 보면 잉글랜드가 총인구의 약 80%를 점하고 있다. 인구밀도는 제곱킬로미터당 244명으로 비교적 높은 편이며, 대부분의 사람들이 도시생활을 하고 있다. 인구밀도를 지역별로 파악하면, 잉글랜드가 ㎢당 380명으로 가장 높고, 그 다음이 웨일즈 141명, 북아일랜드 125명, 스코틀랜드 65명의 순이다. 면적면에서는 잉글랜드가 영국 전체면적의 절반(53%)을 차지하며, 웨일즈, 스코틀랜드, 북아일랜드가 각각 전국토의 8.5%, 32%, 6.5%를 차지한다. 수도인 런던은 인구 700여 만 명의 세계적인 대도시이자 영국 최대의 도시이며, 그 다음으로는 버밍햄(Birmingham ; 99만 명), 리즈(Leeds ; 71만 명), 글라스고우(Glasgow ; 70만 명) 등의 순이다. 우리 나라와 비교할 때 대도시의 수가 상대적으로 적음을 알 수 있다.

2. 인구 · 사회적 변동

로마제국 당시 로마인이 영국에 침공한 이후 앵글로 색슨족(Anglo-Saxon) 등 다양한 인종이 영국에 계속 유입되었다. 그 후 영국이 세계를 지배하고 세계 각지에 많은 식민지를 거느리면서 영국은 인종 · 문화적으로 세계의 어느 나라에 못지 않는 다양성을 보이기 시작하였다. 오늘날 수도 런던과 대도시를 중심으로 앵글로 색슨계 이외에도 아랍인, 아프리카인, 아시아인들이 상당수 거주하고 있어서 가히 인종의 용광로라 할 수 있다. 종교면에서는 전통적으로 영국국교(Church of England)가 주류를 이루었지만, 현대에 와서는 개신교, 카톨릭, 이슬람교 등이 복합적으로 존재한다. 특히 근년 들어 기독교 국가인 영국에 버밍햄시와 런던근교를 중심으로 이슬람교 세력이 급격히 확장되는 것도 주목할 만하다.

언어면에서는 영어가 공용어로서 어디서나 통용되지만, 웨일즈와 북아일랜드에서는 각각 웨일즈어와 아일랜드어가 고유어로서 영어와 함께 사용되고 학교에서 가르쳐진다. 스코틀랜드인들이 사용하는 영어 또한 잉글랜드에서 사용되는 영어와 다소 차이가 있다. 따라서 영국은 다민족국가이면서 복합언어국가이다. 최근 20~30년간 영국의 인구 · 사회면에서 발생한 몇 가지 중요한 현상에 관하여 기술하면 다음과 같다[11].

첫째, 인구 출생률면에서 상당한 변화가 발생하였다. 영국의 출생률은 1960년대 초반에 절정을 이루다가 1970년에 급격한 감소현상을 보였으며 그 후 1980년부터 다시금 회복현상을 보이고 있다. 영국은 1959~1964년 기간 중에 소위 "베이비 붐(baby boom) 현상을 경험하였는데, 특히 1964년에는 약 백만 명 이상의 어린아이들이 태어났다. 그 후 출생률은 감소하기 시작하였고 이러한 현상은 1970년대 후반에 이르기까지 계속되었다. 그러나 1977년을 최저로 출생률은 차츰 증가하는 현상을 보였으며, 이는 "베이비 붐" 세대들이 결혼 적령기에 이르는 1990년을 전후로 두드러지게 나타나고 있다.

둘째, 인구구성면에서 상당한 변화가 발생하였다. 인구구성면에서 특기할 사실은 취학인구 비율이 감소한 반면 20~30대 연령층과 60세 이상 연령층의 비율이 상대적으로 증가한 것이다. 2005년을 예로 들면, 16~39세층이 20.2%로 가장 많고 그 다음이 40~60세 16.5%, 16세 미만 11.7%, 65~79세 6.9%, 그리고 80세 이상 2.2%의 순으로 나타난다. 현재 영국은 65세 이상 인구가 총인구의 약 18%를 차지하는 고령화사회를 경험하고 있으며 이것은 영국의 사회 · 정치 · 경제 전반에 걸쳐서 상당한 영향을 미치고 있다.

---

11) Richard H. Williams and Barry Wood, Urban Land Property Markets in the UK, UCL Press, 1994, PP. 17~24

셋째, 독신자 수가 급격히 증가하는 사회적 현상이 발생하였다. 예를 들어, 2001년 기준으로 혼자사는 사람비율이 전체 인구의 약 28%를 차지하고 있는 등 독신가구가 급증하고 있다. 그 원인으로는 인구의 고령화를 비롯하여 이혼율 증가, 여성의 고용기회 증가, 젊은층의 독신선호경향 등을 들 수 있을 것이다. 지난 30여 년간 지속되어 온 이러한 현상은 가구규모를 변화시키면서 결과적으로 주택의 수요공급에 큰 영향을 미쳤다.

넷째, 노동인구의 구성면에서 여성노동력이 꾸준히 신장하는 현상이 발생하였다. 특히 근년에 여성근로자의 수가 급격히 늘어나는 경향이 나타났으며 그 결과 2000년대에는 전체 근로자 구성비에서 남성과 여성의 비율이 약 6 : 4에 이르고 있다. 이러한 여성 고용기회의 증대현상은 영국사회에 다양한 변화를 가져다 주고 있다. 그러나 이러한 여성의 적극적인 경제활동 참여현상에도 불구하고 여전히 여성근로자들은 남성에 비해서 상대적으로 낮은 임금과 낮은 지위에 머무르는 경향을 보인다.

〔표 4-1-2〕영국의 인구변화

(단위 : 천 명)

기 간	인 구	출 생	사 망	순자연변화	총인구변화
1951~1961	50,290	839	593	246	252
1961~1971	52,807	963	639	324	312
1971~1981	55,928	736	666	69	42
1981~1988	56,352	745	657	88	102
1988~1989	57,065	778	639	139	171
1991~1998	57,808	748	637	112	204
1998~2001	59,267	714	630	84	239

자료 : HMSO, Social Trends, 2003.

주 1 : 인구는 해당기간의 첫해 인구수임.

주 2 : 순자연 인구변화는 출생자와 사망자의 차이를 의미하며, 총인구변화는 순 자연변화 이외 이민자수 등을 고려한 것임.

제4절 지역혁신정책 거버넌스: 국가적 차원[12)]

1. 정책목표 및 사업, 지원규모

영국에 있어서 지역혁신체제의 개념은 학계에서 1980년대에 도입되었다고 하더라도 중앙정부차원에서 이 개념을 정책화해서 본격적으로 지원한 것은 1993년 백서인 Realising Our Potential이 발표되면서부터라고 할 수 있다. 이 백서는 지역혁신에 대한 정책적 관심을 담고 있으며 기업가적 정신에 초점을 둔 다양한 정책시도를 제시하고 있다. 이때에는 EU에서도 1994년도의 Growth, Competitiveness and Employment, 1995년의 Green Paper on Innovation 등을 통해서 전 유럽의 지역혁신에 대한 뒷받침을 해 주는 시기였다. 특히, 1997년 노동당 정부가 집권하면서부터는 이전보다 구체적인 지역혁신 정책들의 방향을 제시하고 있으며 특히, 대학과 기업간의 공동협력 체제를 강조하고 있다(HMSO, 2003). 가령, 1997년 영국 정부가 3개의 정책백서로 출간한 Our Competitive Futur(1998), Excellence and Oppotunity(2000) 및 Opportunity for All in a World Innovation (2001) 등 에서는 거시적인 정책방향과 수단들이 제시되어 있다. 이들은 모두 대학이 지역의 경제적 발전을 위해서 수행해야 할 적극적 역할을 강조하고 있으며, 특히 대학의 산업과의 협력정도를 평가하고 이를 대학에 대한 인센티브로 연계시키는 내용을 담고 있다.

우선, 지역혁신정책목표 면에서는 크게 보아서 지역의 고용증대 및 지역생산성 향상, 지역균형발전으로 나눌 수 있고 이를 실천하기 위한 정책수단은 지역개발청 위주의 경쟁유도, 지역내 대학의 역할강화, 조세지원 및 다양한 인센티브 정책패키지 적용, 성과 위주의 차등적 지원정책 등을

12) DTI(2001), DTI(2003), DTI(2004a) 및 DTI(2004b)를 주로 많이 참조하여 정리함.

들 수 있다(Adams & Vigor, 2003). 이러한 세부정책들을 구체화하는데 있어서 지역혁신체제의 개념이 도입되었다. 즉, 개별정책 목표를 달성하는데 있어서 영국의 지역을 9개 지역(권역)으로 구분하고, 여기에 5개 주요 정책수단들을 적용시키며 개별 사업들을 시행하고 있는데 그 내용을 정리하면 〈표 4-1-3〉과 같다.

〈표 4-1-3〉 국가적 차원의 지역혁신정책 주요 사업(2001-2002)

(단위: 백만 파운드)

담당기관	주요 사업	예산
Small Business Service	UK online, Business Links, Phonex Fund, STEP 등	349.0
DTI	SBRI, Public Sector Research Exploitation Fund등 100개이상의 사업	160.0
DTI Agencies	Office of Science and Technology, Design Council, Companies House 등	115.0
British Trade International	Trade Fairs 등	43.6
DTLR and Agencies	Neighbourhood Renewal, Coalfield Regeneration 등	107.1
DCMS and Agencies	NESTA, Film Council, Arts Council, Tourist Boards 등	332.0
DfES and Agencies	Workforce Development, IiP, Small Firm Trading Loans 등	138.0
DWP	New Deal schemes, Prince's Trust etc	71.0
Customs and Excise	Business Advice Schemes 등	31.0
Inland Revenue	Business Support Teams 등	50.0
European Commission	ERDF, ESF	227.0
European Investment Bank	Global Loans, Venture Capital Funding 등	19.0
DEFRA and Agencies	120개 이상	3,120.0
Tax Measures	R&D tax credit, 10p starting rate for corporation tax, 20p Small Companies corporation tzx rate 등	2,590.0
Total		7,932.0

자료: Adams & Vigor(2003: 74)
주: 위 사업내용 중에서 RDA사업의 경우는 지역차원의 프로그램이어서 제외함.

위의 표에서 보는 바와 같이 국가적 차원에서 이루어지는 지역혁신체제 관련 세부 사업들의 경우 2001-2002년도에는 약 79억 파운드가 지출되었는데, 이 중에서 DEFRA와 그 산하 책임 운영기관에서는 약 120여개의 세부사업들을 가지고 있으며, 25억 파운드 이상의 예산을 지출하고 있다. 이를 다시 사업의 성격별로 유형화하면 〈표 4-1-4〉와 같이 정리되는 바, 이는 영국의 지역혁신 정책수단들의 특성을 알 수 있게 해 준다. 이 표는 영국이 지역혁신체제 시책을 펴는데 있어서 세금상의 우대를 통해서 간접적으로 유도하는 부분이 비교적 크고, 신용대출 등 직접적 지원부분은 다소 비중이 적은 편이다. 어떠한 시책의 혼합이 가장 이상적인지에 대한 합의는 없는 상태이나 미국과 유사한 시책상의 비중을 두고 있는 편이다.

〈표 4-1-4〉 지역혁신체제 정책수단 비교

(단위: %)

구분	핀란드	프랑스	네덜란드	영국	뉴질랜드	미국
세금시책	0	29	54	35	94	24
보조금	47	25	22	29	0	42
신용대출	51	32	10	2	0	1
중개제도	20	0	11	4	0	9
통합패키지	0	14	3	30	6	25
합계	100	100	100	100	100	100

자료: EU(2003).

한편, 영국 지역내 균형발전을 위한 노력도 중요한 지역정책 목적에 포함된다고 할 수 있다. 〈그림 4-1-5〉은 영국 지역을 발전수준으로 나누어 차등적으로 지원해 주는 것을 보여 주고 있다.

〈그림 4-1-5〉 영국의 권역별 구분에 따른 발전단계구분

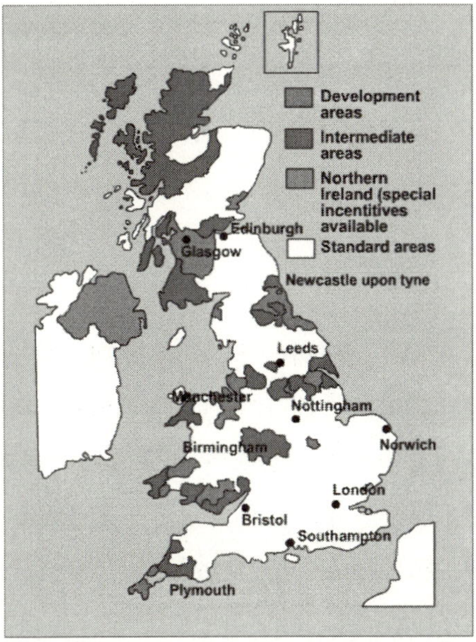

즉, 영국의 지역을 표준지역, 중간지역, 개발지역 및 북아일랜드지역으로 구분하고 이들 지역에 대한 차등적 지원을 해 주고 있다. 표준지역은 일정 평균이상의 수준을 유지하고 있는 지역이며 그 다음이 중간지역이다. 개발지역은 우리나라의 낙후지역에 해당되는 지역이며 북아일랜드 지역역시 특별한 지원을 해 주기 위해 설정한 지역권이다.

이러한 권역별 설치를 통한 차등적 지원방법 등 지역혁신을 통한 영국의 지역정책은 다양한 형태로 추진되어 오고 있다. 한편, 영국의 대학이나 연구소 등에 대해서 연구개발비로 지출되는 총 액수는(2001년-2년 기준) 〈표 4-1-5〉에서 보는 바와 같이 연간 약 24억 파운드(약 48조원)이며 통상 및 산업부(DTI)산하에 있는 과학기술연구심의회(OST)에서 지출하는 액수가 약 20%를 차지하고 있다.

〈표 4-1-5〉 영국의 연구비 지원기관 및 규모(2001-2년 기준)

(단위: 천파운드)

구분	OST Research Council	자선기관	중앙/지방 정부	기업계	EU 정부	EU 기타 기관	해외기타 기관	기타	합계
	805,360	606,885	413,163	250,232	158,455	30,409	115,605	53,309	2,433,418

자료: Robert et al. (2003)

영국 정부는 특히 1997년이래로 연구분야에 대대적인 투자를 해 오고 있다. 130개 이상의 대학교에 대하여 연구심의회(Research Council)가 80억파운드(16원)이상을 투입하고 있으며 통상 및 산업부와 교육부예산을 통하여 연구개발비 예산은 매년 5.8%의 증가세를 유지해 오고 있다. 과학기술분야에 대한 투자예산규모를 보면 교육부의 예산이 17억 파운드(2007-8)로 예정되어 있고, 통상 및 산업부의 예산이 33억파운드로서 큰 규모이며 연구개발에 대한 투자규모총액은 현재 영국 국내수입의 1.9%이나 2014년에는 2.5%로 올리는 계획을 추진하고 있다.

이 중에서 특히 본 연구와 관련되는 지역혁신분야에 대해서는 협동연구 및 기술이전네트워크 촉진을 위해서만 매년 약 1억파운드(약 2천억원)을 DTI가 Higher Education Innovation Fund 라는 재원으로 제공하고 있다. 지역혁신체제 발전을 위해 지원을 받는 대학들은 연구를 상업화하고 민간기업과 공동연구를 수행하는 실적에 따라 인센티브가 주어진다. 이러한 정책을 지역에서 총괄하는 지역개발청(RDA)들은 지역경제추진의 핵심으로서 지역혁신체제를 구축운용토록 요청받고 있으며 이에 대한 첫 번째 조치는 바로 기업과 연구분야를 연계 촉진시기기 위한 기능을 하는 Science and Industry Council(SCI)을 각 RDA들이 설치운용하는 것이다.

이 SCI들은 각 권역에서 2004년말까지 수립되어져서 운영되고 있다.

한편 기업과 대학간의 협력관계는 1990년대 후반부터 지속적으로 증가 추세에 있는데 특히, 2003년 Lambert 보고서(Lambert Review of Business-University Collaboration)이후 지역의 RDA가 중심이 되어 협력체계를 강화하는 방향으로 추진되고 있다. 아래 〈표 4-1-6〉는 대학과 기업간의 협력관계 발전정도를 나타내 주고 있다.

〈표 4-1-6〉 기업과 대학간의 상호작용

구분	1995-96	1996-97	1998-99	1999-00	2000-01	2001-02	1992-2002 증가율(%)
대학의 집행부에 기업계 대표참여(%)	N/A	N/A	N/A	35	34	36	3
대학기술의 상업화에 종사하는 직원수	N/A	N/A	N/A	1,268	1,529	1,836	45
기업계로부터 오는 연구수입	170	188	316	242	259	328	36
연구결과의 특허신청 수	306	371	628	705	896	967	27
연구결과의 특허수	45	56	162	188	234	199	6
라이선스 수	139	177	473	581	728	615	6
지적재산권 계약수입(백만파운드)	12	11	19	23	18	33	43
스핀아웃된 회사수	28	26	-	187	248	213	14
기업훈련을 받는 SET 학생수	N/A	N/A	3,000	12,000	11,500	24,000	100

자료: DTI(2004)

주: SET(Science, Engineering and Technology)를 말함.

아래 〈표 4-1-7〉는 대학과 기업간에 연구협력을 지원해 주는 지원정책을 소개해 주고 있다. 영국 정부는 특히 1997년이후 부터는 대학과 기업간의 연구개발 협력분야에 적극적 투자를 해오고 있다.

〈표 4-1-7〉 대학의 기업계와의 협력을 지원하기 위한 정책 예

정책내용	목적	내역
Science Enterprise Challenge(SEC)	과학과 기술의 상업호를 지원하기 위하여 기업가 정신을 교육시킴	1999/2000년에 12개의 센터를 설치하도록 2,890만파운드 지원함. 추가적으로 1,5000만파운드를 지원하여 39개까지 설치토록 함(대학지원)
University Challenge Fund	대학의 지적재산권의 상업화를 지원하기 위한 지원금	1999년도에 4,500만 파운드 지원
Higher Education Reach Out to Business and the Community	대학과 지역사회 연계를 증진시키기 위한 활동지원	대학에 기업과의 연락을 위한 연락사무소 설치 지원
Higher Education Innovation Fund	지식경제의 추진체 역할을 수행할 '지원대학' 에 대한 지원	그동안 각 중앙부처에서 개별적으로 운영된 대학의 지역사회관련 활동지원 프로그램을 통합한 것임(2001년)

자료: Robert et al. (2003)

이러한 정책들은 이미 그 효과가 나타나고 있다고 할 수 있는데 예를 들면, 1997년이래로 대학과 기업간의 관계에서는 이전과 완전히 다른 문화적 변화가 일어났다고 할 수 있다. 2000/2001년 기간사이에 영국 대학교로부터 스핀옵된 회사들이 약 248개가 발생되었는데 이는 그 전년도의 203개 및 그전 5년동안의 평균인 70개와 완전히 비교되는 것이었다. 영국의 대학교에 기반을 둔 회사들에게 인정된 지적재산권(IP)수는 1999/2000년 기간에 382개에서 2000/2001년에는 전년대비 38%가 증가된 527개가 되었다. 총 특허신청수도 같은 기간동안 725개에서 913개로 증가한 바 있다.

2. 혁신주체

1) 통상산업부(DTI)

영국의 지역혁신 주관부처는 통상산업부(DTI)이다. DTI는 지역정책에 관한 주무부처로서 지역혁신과 관련하여 각 부처별 사업들을 조정하는 권한도 가지고 있는데, 이는 Global Science and Innovation Forum이라는 범 정부적 기구를 통해서 수행된다. DTI는 산하에 Office of Science and Technology(OST)라는 기구를 두고 과학, 엔지니어, 기술 개발을 위해 2002-3년도에 84억파운드(약 16조원), 2004-5년도에 86억파운드(약 17 조원)의 연구개발비를 지출하도록 한 바 있다. 이러한 연구개발비는 각 지역에 설치되어 있는 GORs(Government Office for the Regions) 를 통해서 운영된다.

DTI는 2001년도에 지역의 클러스터 발전을 위한 지침서 역할을 하는 A Practical Guide to Cluster Development 를 발표하고 이를 각 지역에 설치되어 있는 지역개발청(RDA)에서 활용하도록 하고 있다. 지역개발청에게는 각 지역의 여건을 반영하는 지역혁신체제를 구축하여 운영하며, 이를 각 지역의 지역경제전략서(Regional Economic Strategy)에 포함시키도록 하고 있다. 이 전략서는 중앙정부의 의견 및 지역 내의 각 이해관계자들의 의견을 수렴하여 작성하는 것으로 중앙정부의 부처별, 분야별 목표를 설정하고 그 목표의 달성여부를 평가받도록 함으로써 각 지역에서 성공적인 지역혁신체제를 구축하는데 관심을 갖지 않을 수 없게 되어 있다.

2) 지역의 정부사무소(GORs)

GOR은 영국의 10개 중앙부처 정책을 지역에서 용이하게 투영시키기 위하여 각 9개 권역에 설치해 둔 하나의 종합 특별행정기관이라고 할 수 있다. 즉, 이 기관은 1994년도에 설치되었으며 하나의 GOR에 10개 부처의 직원이 파견형태로 근무하는 방식이다. 이 기관은 해당 중앙부처의 정책들이 지역에서 제대로 집행되도록 하기 위한 기관들인데, 각 부처별 광범위한 프로그램들을 실제 집행하고 있다. 이는 지역의 실정을 해당 중앙부처에 전달함으로써 중앙정부의 정책결정시 지역사정을 잘 반영할 수 있도록 하는데 목적을 두고 있다. 지역혁신체제의 중심기관이라고 할 수 있는 RDA와는 긴밀한 협력관계를 유지하며 RDA의 업무성과를 DTI 장관을 거쳐서 의회에 보고하는 책임을 가지고 있다.

3) **지역개발청**(RDA, Regional Development Agency)

잉글랜드 지역에 권역별로 설치되어 있는(1999년 설치) 9개의 RDA의 향후 3년간 예산현황을 보면 대략적인 업무활동의 규모를 알 수 있다. 이러한 예산은 6개의 중앙부처[13]로부터 오는데 2002년부터는 통합예산제도(single pot)를 통해서 각 부처로부터 예산이 오더라도 개별 RDA가 통합해서 용도를 설정하도록 되어 있다. 다만, 각 부처들이 부수상실(ODPM)에 각 부처의 성과요구수준을 전달하고 부수상실은 각 RDA와 성과계약을 체결하는 방식으로 개별 RDA에 대하여 성과관리중심적 운영을 하고 있다. 즉, 부수상실은 개별 RDA들에게 가령, 고용창출 수준, 창업기업 수, 토지개량면적, 지역내 기술교육받는 사람들의 수, 낙후지역에 대한 투자규모 등에 대해서 목표설정을 해 두고(성과계약 방식으로)이를 평가하는 방식으로 성과관리를 해 오고 있다.

---

13) Dept. of Trade and Industry, Office of Deputy Prime Minister, Dept of Environment Food and Rural Affairs, Dept of Education and Skills, UKTI(UK Trade and Investment), Dept of Culture, Media and Sport 등의 부처이다.

〈표 4-1-8〉 RDA의 예산규모(단위: 백만파운드)

기관	2005-2006	2006-2007	2007-2008
Advantage West Midlands	272	284	291
East of England Development Agency	129	134	138
East Midland Development Agency	156	163	167
London Development Agency	373	391	400
Northwest Development Agency	382	400	409
One North East	240	251	258
South East England Development Agency	157	163	167
South West of England Development Agency	153	159	164
Yorkshire Forward	295	310	316
Totals	2,157	2,256	2,309

개별 RDA의 직원 수는 지역의 여건에 따라 다르나 대략 250명에서 300명 수준이다. 이러한 RDA 들은 잉글랜드의 각 권역별 지역경제문제를 총괄하는 기관으로서 지역경제전략(Regional Economic Strategy)계획서를 작성하며 이 계획서에 의거하여 지역의 경제전략이 총괄적으로 포함된다.

〈그림 4-1-6〉 잉글랜드의 9개 권역(지역)

이 기관은 해당 중앙부처의 정책들이 지역에서 제대로 집행되도록 하기 위한 기관들인데 각 부처별 광범위한 프로그램들을 실제 집행하고 있으며 아울러 지역의 실정을 해당 중앙부처에 전달함으로써 중앙정부의 정책결정시 지역사정을 잘 반영할 수 있도록 하는데 목적을 두고 있다. 지역혁신체제의 중심기관이라고 할 수 있는 RDA와는 긴밀한 협력관계를 유지하며

RDA의 업무성과를 DTI 장관을 거쳐서 의회에 보고하는 책임을 가지고 있다.

3. 특징 및 평가

영국의 경우 DTI장관이 전 중앙부처의 혁신관련 정책을 조율하는 입장에서 관련부처 조정위원회의 장을 맡고 있다. 각 부처에서 개발, 집행하는 정책 중에서 지역혁신과 관련되는 정책은 DTI 장관이 팀장이 되어 조정하는 과정을 거치고 있다. 이는 지역혁신 개념이 지역에 관련된 각 부처의 정책집행 및 자원을 활용하는데 있어서 고려해야 할 핵심개념이 되어야 한다는 의미를 담고 있다.

영국 정부는 구매자로서 물품조달을 할 때 혁신정책을 연관시켰다. 중앙정부와 지방정부는 가령 2001년 기준으로 약 1,090억 파운드(약 200조원)의 재화와 용역을 구매 하였는데, 구매는 지역혁신정책의 사업과 연관성을 맺어 대학, 연구소 등과 공동연구에 의해 개발한 기업들의 제품에 인센티브를 주는 방식을 취했다. IT 산업의 경우 전 제품의 55%를 정부가 구매하고 있고 건설부문에서는 약 30%에 이른다는 점을 감안하면 이로 실질적인 혜택이 되고 있다 (DTI 2003).

지역혁신에는 여러 중앙부처가 관련되는데(가령, 과학, 기술, 교육, 고용 등) 이 부처들은 정책을 지역에서 효과적으로 실시하기 위하여 9개 잉글랜드 권역별로 통합된 정부사무소(GOR)를 설치하고 있다. 이 지역별 정부사무소는 집행과정에서의 중복이 일어나지 않도록 조정하는데 큰 역할을 담당한다.

영국의 지역혁신체제를 국가차원에서 실질적으로 평가한 연구나 보고서는 아직 없는 편이다 (Tomaney, 2005). 그러나 일반적으로 중앙정부 차원에서의 다양한 각 부처 지역혁신 관련 기능들이 DTI 장관이 주재하는 조정회의를 통해서 사전에 조정이 잘 되고 있다는 평가를 받고 있다. 그런데 영국 정부는 점차적으로 중앙정부의 지역혁신관련 기능을 지역개발청으로 더욱 더 이관하여 지역의 권한을 더욱 강화하는 방향으로 나가려고 하고 있다(Adams et al., 2003).

제5절 지역혁신체제 거버넌스: 지역적 차원(케임브리지 테크노폴)

이하에서는 위에서 언급한 바와 같이 케임브리지 테크노폴을 사례지역으로 하여 지역적 차원에서의 지역혁신정책 거버넌스를 분석해 보기로 한다.

1. Cambridge 지역의 일반적 현황

영국의 케임브리지 카운티는 동부잉글랜드 권역(6개 카운티 및 44개 디스트릭 자치단체, 4개 단층자치단체로 구성되어 있으며 인구는 약 5,462,900 명)에 위치하고 있으며 6개 카운티 중 하나로서 그 아래에는 케임브리지시를 포함한 5개의 기초자치단체가 있다. 본 연구의 주요 공간적 대상인 케임브리지 테크노폴은 중심부에 케임브리지시와 반경 약 20마일에 걸치는 케임브리지 외곽을 포함하고 있는 첨단기술이 집약된 혁신활동단지이다.

이 지역은 동부잉글랜드 지역에 위치하고 있는데 영국 전역에서 가장 빠른 성장지역이다. 〈그림 4-1-7〉에서 보는 바와 같이 이 테크노폴에 포함되어 있는 인구는 약 45만 4천명, 첨단기업수는 약 3,500개, 고용인구는 약 5만명이며 이 지역내 대학은 케임브리지 대학교를 포함하여 3개이다.

〈그림 4-1-7〉 동부 잉글랜드의 위치

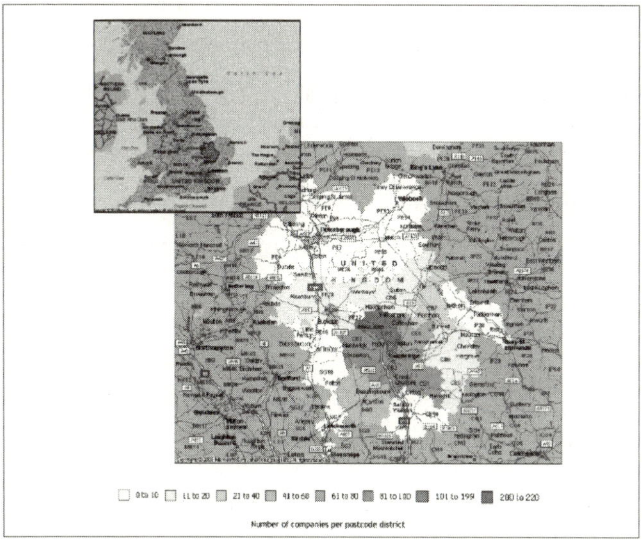

아래 〈그림 4-1-8〉은 케임브리지 테크노폴의 일반적 현황과 위치를 보여 주고 있다

〈그림 4-1-8〉 케임브리지 테크노 폴의 위치

Population	454,000
Geographic area	176,000 ha
Number of high-tech firms	3,500
Employment in high-tech firms	50,000
Number of universities	3
Key technology sectors	Information technology, mobile telecommunications, biotechnology, electronics, instrumentation, nanotechnology, inkjet printing.

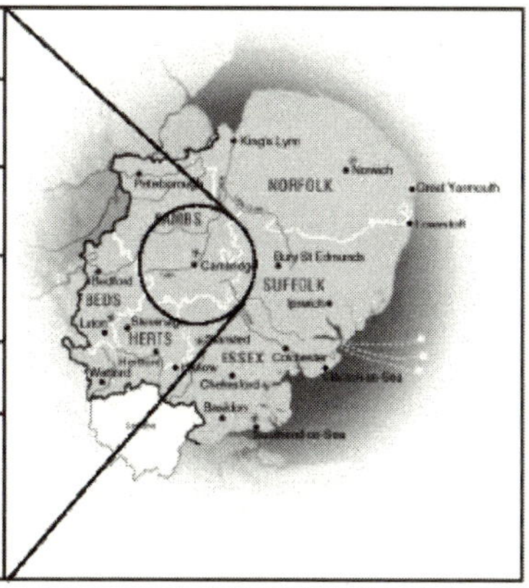

2. Cambridge 지역의 지역혁신정책의 추진과정

6백년 이상동안 케임브리지는 큰 변화없이 점진적 변화를 가져온 도시였다. 그러나 1960년대에 케임브리지 대학과 케임브리지시 및 인근지역에 큰 변화를 가져온 촉매제가 발생했다. 1960년 이후 대략 40년동안 케임브리지는 유럽에서 가장 발전하는 첨단기술중심의 클러스터지역으로 성장했고 다른 지역들이 벤치마킹을 하는 주요한 대상이 되었다. 이 과정에서 케임브리지는 영국 국내평균 성장보다 2배나 많은 경제성장을 이룩하는 지역이 되었다. 주요한 시발점은 1960년도에 일어났는데 당시 24세이던 케임브리지 대 화공학과 졸업생이 자기의 동창생과 지인을 모아서 케임브리지 컨설턴트(Cambridge Consultants)를 형성했고 이를 통하여 케임브리지 두뇌들을 영국의 산업문제를 해결하는데 활용해야겠다는 생각을 하게 되었다. 그 이래로 케임브리지 컨설턴트는 여러 주인을 거치면서, 젊은 과학자들 및 엔지니어들을 기술개척자가 되도록 고무시키고, 새로운 비즈니스를 만들어내며 고객들에게 실질적인 문제를 해결을 해 주는 역할을 하는데 초점을 두게 되었다. 이 과정에서 대학과 공식적 및 비공식적으로 긴밀한 연계를 가지게 되었고 이들은 학술연구와 이를 상업적으로 응용시키는데 있어서의 간격을 메꾸어 주었으며, 여러 가지 방법을 통하여 기술전수지식과 비즈니스창출 기술을 혼합시키는 데 상당히 중요한 역할을 수행하였다. 이것이 오늘날의 케임브리지 테크노폴의 시발점이 되었다고 보고 있다.

케임브리지 테크노폴의 발전은 '아래로부터 위로' 방식으로 이루어지는 체제였다. 1978년 약 이 지역에는 약 20개의 첨단기술 기업이 있었다. 이때 영국의 바클레이 은행은 이러한 회사들이 소규모 클러스터(mini-cluster)를 형성할 수 있다고 인지하고 케임브리지 컴퓨터 그룹을 형성하는 것을 도와주었으며 이 은행은 자기 은행직원으로 하여금 창업하는 기업인들에게 비즈니스자문과 자금 확보를 하는데 지원을 해 주는 방법으로 도움을 주도록 하였다. 1985년에 이미 첨단기술회사들의 수는 360개로 증가하였으며 이곳에서 일어난 일들은 '케임브리지 현상' 보고서(Cambridge Phenomenon Report)를 통하여 소개되었으며 여러 매체들에 의하여 많이 인용되었다. 이 보고서는 케임브리지의 첨단 기술산업의 발전과정에 대한 개관을 하고 있다(St John's Innovation Centre, 2004). 1987년 St Jone's Innovation Centre가 생겨서 혁신적 기술에 바탕을 둔 회사들을 위한 비즈니스 파크와 사이언스 파크의 역할을 하게 되었으며 이것은 많은 유사한 파크들의 설립을 위한 계기가 되었다.

이후로 케임브리지 테코노폴 지역은 괄목할 만하게 성장했으며 지금은 약 50,000명을 고용하는 3,500여개 첨단기술벤처회사들의 집결지이며 영국 경제에 대해서는 76억파운드(15조 2천억원)의 부가가치 기여를 하고 있다. 2000년도에 밀어닥친 인터넷 산업의 침체는 이 지역의 성장을 느리게 만들었으나 2004년에는 이 지역기업에 대한 투자의 규모나 수에 있어서 증가세가 다시 이어지고 있다.

3. Cambridge 지역의 지역혁신체제 거버넌스

1) 케임브리지 지역혁신체제 거버넌스 구조

케임브리지 테크노폴의 지역혁신구조는 아래 〈그림 6〉과 같이 요약될 수 있을 것이다. 즉, 영국 10개 중앙정부 부처로부터 재정지원과 감독을 받는 GOEE(Government Office East of England)가 있으며 이는 잉글랜드 9개권역에 흩어져 있는 종합특별행정기관적 성격의 중앙정부 파견기관이다. 이 GOEE는 동부잉글랜드 지역개발청인 EEDA(East of England Development Agency)와 긴밀한 유대관계를 갖는다. GOEE는 기능면에서 EEDA와는 구분된다. EEDA는 지역경제에 국한한 기능을 가지며 통상 및 산업부(DTI) 소속이다. 이 EEDA가 동부잉글랜드 지역 전체의 지역혁신체제의 종합적 정책조정 및 지원기관의 역할을 한다고 할 수 있는데 이 기관에서 작성하는 지역경제전략(Regional Economic Strategy)에서 지역혁신의 방향 및 프로그램에 대한 내용이 작성된다. 이 계획서가 네트워킹을 통한 지역혁신전략의 주요한 방향을 결정한다고 할 수 있다. 케임브리지의 주요한 지역혁신주체들은 아래 그림과 같이 대학, 기업, 창업 및 기업지원조직, 기술지원조직(연구소), 사이언스 파크/인큐베이터, 투자자그룹, 정책 및 전략지원기관, 전문서비스 지원기관등으로 구분될 수있다. 물론 EEDA는 정책 및 전략지원기관에 속하나 그 역할이 다른 기관과 달리 중추적 역할을 수행함으로 별도로 구분하여 도시해 두었다. EU를 통한 재원과 프로그램도 케임브리지의 지역혁신체제에 영향을 미치고 있다. EU로 부터는 EU 구조자금(EU Strucutral Funds)가 제공되는데 영국 전역에 대해서는 약 100억파운드(20조원)가 되며 지역의 혁신 프로젝트에 주로 사용된다. 이하에서는 지역혁신체제 각 주체별 역할 등에 대해서 살펴보기로 한다.

〈그림 4-1-9〉 케임브리지 테크노폴의 지역혁신체제 거버넌스

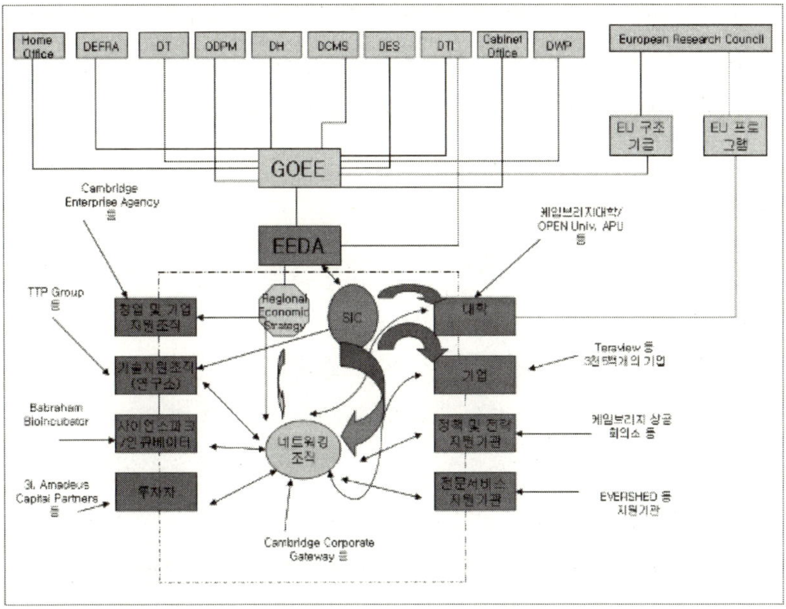

자료: 필자가 인터뷰 등을 통하여 구성

2) 주요 혁신주체와 역할

(1) 환경적 특징

우선 먼저, 케임브리지 테크노폴을 지배하는 3가지 주요한 환경적 특징을 살펴보면 다음과 같다. 첫째는 커뮤티니인 바 케임브리지에는 세계에 실질적 영향을 미치고자 하는 특별한 공감대가 있는 바 이것이 바로 커뮤니티 개념이다. 둘째는 협동인 바, 커뮤니티 개념이 전 지역을 관통하고 있기 때문에 조직이나 개인들은 서로 서로 도울려고 하는 마음이 강하다. 이것은 케임브리지 전 지역에 걸쳐서 나타나고 있는 기업교육활동에 대한 적극적 참여에 잘 반영되어 있다. 세 번째는 건설적 혼란(constructive chaos)이라고 할 수 있는데, 케임브리지 전체를 조직화하는 하나의 그룹은 없다는 것이며 새로운 조직이나 프로그램들이 지속적으로 생겨나고 있다는 점이다. 이 중에서 일부는 성공하고 일부는 실패하는 형태로서 이것이 바로 고도의 기업적 환경을 만들어 내고 있다는 점이다.

(2) 대학

케임브리지 테크노폴내에는 3개의 대학- University of Cambridgde, Anglia Polytechnic University(APU), Open University(OU) -이 존재하고 있다. 이 대학들은 이 케임브리지 지역을 포함한 인근 동부잉글랜드 지역내의 대학을 연계해 놓은 i10(www.i10.org.uk) 이라는 네트워크 체계내에서 서로 연계를 맺어 활동한다. 이 i10은 공적자금에 의해 운영되고 있는 것으로서 지역내의 혁신수요에 대응하기 위해 지역내의 고등교육기관들의 자원을 동원하고 활용하기 위한 네트워크이다. 이 i10에서는 연구자 개인 프로필, 논문, 각종 행사, 기술이전 제안, 각종 시설임대 등에 관한 정보를 제공해 주고 있다.

케임브리지대학교는 1,209년에 설립되었으며 16,500명의 학생(11,600명 학부생, 5000명의 대학원생)과 7천명의 교수진(교수 및 계약직 연구원, 연구보조원)을 가지고 있는 세계적인 대학으로서 노벨상 수상자가 80명에 이르러 단일 대학으로는 세계에서 가장 많다. 대학 내에 전 학과 및 교직원들이 기업가적 정신과 문화를 가지도록 고취시키고 이를 실천적으로 뒷받침하기 위하여 Cambridge Entrepreneurship Centre를 두고 있다. 이와는 별도로 기업계와의 연락사무소 격인 Coroporate Liasion Office를 두고 주요 기업들과 효과적인 연계기능을 수행하도록 하고 있으며 연계가 지나쳐서 어떤 경우에는 기업이 케임브리지 대학의 한 학과와 혼동될 정도로 깊이 묻혀(embedded)있다. 학과 과목을 편성할 때 교수와 파트너인 기업들과 공동으로 주요한 과목을 설정하는 등의 방법이 동원되며 이는 지식통합커뮤니티(Knowledge Integration Communities)라고 불리고 있다.

〈그림 4-1-10〉 지식 통합 커뮤니티의 개념도

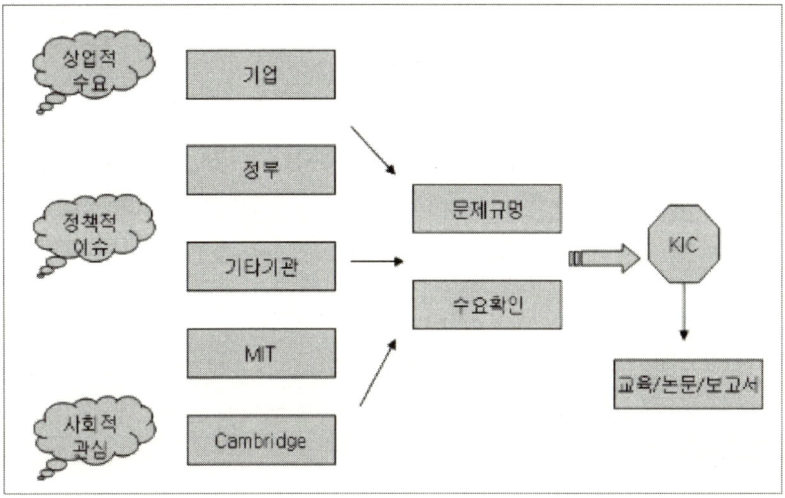

자료: CMI(2004)

이 지식통합커뮤니티(KIC)는 학계와 기업계와의 실질적인 연계를 도모하기 위한 것으로서 케임브리지대학교 내에 설치되어 있는 CMI (Cambridge-MIT Institute)에 의해 운영되고 있다. 이는 기업계의 시장수요가 학계로 전달되고 학계에서는 연구와 교육을 실시할 때 초기에 이를 반영하고 이 성과물을 다시 기업계로 전달함으로써 이른바 맞춤형 교육과 연구를 실시하고자 하는 것이다. 학과 커리큘럼을 새로 설정하는 것에서부터 석박사학위논문 주제선정에 이르기까지 광범위하게 운영되고 있다. 이에 대한 평가는 상당히 호의적이며 다른 대학에서도 많은 벤치마킹을 하고 있다.

한편, 중앙정부에서는 케임브리지 대학교의 교육과 연구대학으로서의 위상과 역할을 인정하여 2000년도에 케임브리지 대학에 6,500만 파운드(1,300억원)를 지원하여 Cambridge-MIT Institute(CMI)(www.cambridge-mit.org)를 수립하도록 하였는 바 이는 케임브리지대학교와 MIT 대학교와의 공동사업으로서 대학과 기업과의 지식교류를 촉진하기 위한 기관이다. 이 기관은 교육, 연구, 산업 부문 등에서 다양한 프로그램을 운영하고 있다. 가령, 교육부문을 예로 들면, 대학생 교류프로그램(Undergraduate Student Exchange)이 있는데 이는 양 대학의 대학생들에게 상대방 대학에서 1년동안 연구하면서 학생들의 아이디어를 제공할 수 있도록 한다. 대학생 연구기회프로그램(Undergraduate Research Opportunities Programme, UROP)은 대학생들로 하여금 교실을 떠나서 교수들의 연구에 팀원으로 활동하게 하는 것으로서 MIT에서는 30년동안 지속되어온 것이다. 또 CMI-Enterprise 프로그램은 대학생들에게 1주일동안 집중적으로 기업가정신을 배우게 하는 단기집중코스인데 이러한 프로그램도 운영하고 있다.

1985년도에 이미 케임브리지 지역에서 활동하는 첨단기업들의 창업주 25%가 케임브리지 대학이나 케임브리지 지역의 연구소 출신이었으나 최근에는 그 비율이 약간씩 줄어든 상태이다.

대학원생들을 위한 것으로서는 새로운 석사과정 제도가 있는 바 이는 MIT 대학에서 운영되던 것을 원용한 것으로서 바이오테크놀로지, 나노테크놀로지, 지속가능한 개발, 기술과 혁신관리 등 분야에서 미래의 기업가 및 비즈니스 지도자들을 양성하기 위하는 것을 목표로 하고 있다. 전문가들을 위한 프로그램으로서는 기술집약산업에 종사하는 간부들에게 열려있는 단기과정의 간부발전프로그램이 있다. 이는 케임브리지대와 MIT 대학의 유명학자 및 업계유명인사들로 하여금 강의하게 하고 있다. 한편,

중간관리자들을 위한 프로그램도 있는 바(Mid-Career Enterprise Education for Technology and Science) 이는 현재 업계에 종사하고 있는 여성들로서 과학과 기술분야 경험을 가진 사람들에게 신규창업 등의 기회에 관한 수요에 대응하기 위한 프로그램이다. 이를 통해서 벤처창업을 위한 네트워크 및 기술 및 조직내에서의 리더쉽역할등에 관해 숙지시키는 프로그램이다.

이에 더하여 케임브리지대학교에서는 Cambridge Entrepreneurship Centre 에서 현지의 기업인 100명에게 케임브리지대 대학교에서 강의할 수 있는 기회를 부여하여 현장의 지식을 학생들에게 전수할 수 있는 실질적 기회를 제공하고 있는데 성공적으로 운영되고 있다고 평가받고 있다.

한편, APU도 대학생들이 Glanmogan 대학교에서 처음 시작된 바 있는 Network 75라는 프로그램을 운용한다. 이는 초기단계에 대학생들과 기업들의 정신상태를 바꾸어 주기 위한 것인데 기업들이 학교와 계약을 맺어서 5년 파트타임방식으로 학생들로 하여금 1주일 기준으로 학교에 이틀, 기업에 3일 출근하는 방식으로 진행한다. 수업료는 Network 75라는 프로그램에 의해 지원된다. 이를 통해서 학생들의 능력을 사전에 평가하여 향후 고용으로 연결시키고 학생들은 자기들의 부족함이 무엇인지 알게 해주며 현장지식의 중요성을 배우게 해주는 수단이 된다.

한편, 케임브리지 지역에 있는 대학들은 Higher Education Regional Associations(HERAs)프로그램아래 지역수준의 대학간 협력을 도모하기 위하여 연합체인 EEUA를 결성하고 있으며 전체 가입대학은 케임브리지 소재대학만 아니라 동부잉글랜드에 소재하고 있는 11개 대학이다. 이를 통해서 이 지역내에 대학에 영향을 미치는 각종 기관들에 대한 한목소리 창구로 기능하고 있다.

대학이 기업들과 협력을 하게 하는데에는 EU나 중앙정부에서 오는 각종 재정지원이 인센티브로 작용하고 있다. 즉, EU의 구조자금은 대학이 파트너쉽을 형성했을 때 재정지원을 해 주기 때문에 조건적이며 중앙정부의 연구비 지원의 경우에 입찰능력을 증가시키기 위하여 파트너쉽이 불가피하게 되어 있는 등 정책수단이 파트너쉽과 연계되어 있다는 점이다. 물론 이러한 파트너쉽 형성에는 EEDA의 중재, 조정능력이 항상 수반되고 있다. 대학과 타 기관간의 네트워크 형성에는 비단 지역내의 기업에 국한하는 것이 아니고 지역을 넘어서서 잉글랜드의 타 지역 기업 또는 타 유럽국가의 기업까지도 포함하는데 이 경우에는 EU 가 중재노력을 해 주고 있다.

(3) 기업

약 3천 5백개의 첨단기업이 존재하고 있는데 업종별 기업들의 분포를 보면, 응용소프트웨어업종이 제일 많고 그다음이 바이오 테크놀로지, 전자장비, 생명과학, IT 관리, 산업기계, 시스템 소프트웨어, 무선 통신, 컴퓨터 저장품, 통신 하드웨어 등의 순이다. 기업규모를 보면 2001년 기준으로 1-4명 종업원이 2,860개이며 5-10명이 330개, 11-24명이 210개, 25-49명이 110개, 50-99명이 70개, 100-199명이 50개, 200명이상이 30개로 나타나 있다(University of Cambridge Centre for Technology Management, 2003). 전체 기업의 약 80%가 종업원 1-4명 수준으로 소기업 형태를 유지하고 있다. 이러한 업종의 기업들은 업종별 다양한 클러스터를 형성하고 있는데 가령 바이오 사이언스, 식품업, 자동차 등 업종별로 다양하다. 이러한 기업들은 네트워킹 추진 조직들에 의하여 상호 연계가 촉진되고 있는데 기업간 계약을 맺어서 공동벤처, 아웃소싱, 공동개발, 공동디자인 등을 수행해 나감으로써 공동협력의 정도를 높여 가고 있다. 이를 위해서는 솔직한 대화, 지식 공유, 상호신뢰 등의 조건이 중요하기 때문에 공식적, 비공식적 모임을 통해서 이러한 노력이 계속되고 있다.

3)네트워크 및 컨퍼런스

케임브리지 테크노폴 내있는 특수한 그룹들의 수요에 대응해 주기 위한 네트워킹 조직들이많이 있는 바 Cambridge Network(CN), Cambridge Enterprise Conference, High Value Manufacture Cambridge Conference 등을 예로 들 수 있다.

네트워킹 조직들은 일부는 정부의 지원에 의하여 만들어지기도 하고 일부는 지원없이 자체적으로 설립되기도 한다. 예를 들면, 케임브리지 네트워크는 현지의 비즈니스 리더들에 의해 수립되었으며 현지의 IT 회사들의 네트워크 증진과 국제적인 평판향상을 위한 것이 목적이었다. 이는 대학 및 연구소에 있는 연구자들과 기업계에 있는 사람들, 잠재적 투자자들을 서로 연결시켜 주고 아울러 이들이 전 세계적 첨단 기술 종사자들에게 쉽게 접근할 수 있는 기회를 제공해 준다. 이를 위해, 뉴스레터, 세미나, 컨퍼런스, 데이터베이스, 멤버 디렉토리[14], 가상 언론홍보실(Virtual Press Room), CV 디렉토리[15], 4R's survey[16], 공개미팅행사, 카페네트워킹[17], 이벤트 다이어리[18], SIG(Special Interest Groups)[19] 등 다양한 방법

---

14) 참여회원들의 인적사항 등 기재하게 하여 회원들에게 접근가능하도록 함.

15) 참여자들의 이력서내용을 신원을 밝히지 않은 채 기록하도록 하여 인력충원에 관심있는 사람들이 이메일로 교신할 수 있도록 해 놓음(http://www.cambridgenetwork.co.uk)

16) 4R(Remuneration, Recruitment, Rent, and Raising money)에 대해서 신생벤처들이 다른 비교대상 기업으로부터 벤치마킹을 쉽게 할 수 있도록 도와주는 기능을 수행하는 것입. 즉 신생벤처회사들이 이와 유사한 지역내 다른 벤처들로부터 이 분야에 대해서 어떻게 해쳐나가는지를 벤치마킹할 수 있도록 지원해 주는 것인데 3페이지의 온라인 서베이를 통해서 진행됨.

17) 케임브리지 네트워크가 주관하는 비공식적 모임으로서 시내의 편리한 카페에 주제를 정해 놓고 사람들이 모이게 하며 저녁 6시부터 9시까지 진행함. 같은 관심분야를 갖는 사람들에게 배지를 색깔별로 다르게 하여 확인하게 하고 와인을 마셔가면서 인적 교류를 위한 행사임.

18) 케임브리지 네트워크 자체의 행사뿐만 아니라 회원들의 각종 행사 및 타 조직의 행사들을 소개해 주는 방식

19) 회원들 중 특별한 분야, 가령 미국, 독일, 중국, 재료공학, IT 인프라, 보건, 교육훈련, 재정관리 등에 관심있는 사람들을 위하여 특별서비스를 제공하여 주는 제도

을 통하여 회원들의 네트워킹을 지원해 준다. 주로 이메일을 통하여 교신하며 지나치게 전문서비스 기관들(회계법인, 금융기관 등)이 많은 비율을 차지하지 않도록 그 수를 제한하며 3번 빠지면 향후 참석을 시키지 않는 'three no show and you are out policy'를 시행하여 불참율은 약 15-20% 정도에 머무른다고 한다.

더 나아가서 네트워크를 운영하는데 필요한 행정적 노하후를 제공하기도 하고 현지 지역에 대한 일반적 지식 및 자기 기업들의 프로필을 향상시키는데 필요한 지식 등까지 제공해 주고 있다. 이렇게 형성된 클러스터들은 업종별 등 기준에 의하여 다양한 형태로 존재하고 있다. 가령, 식품업종들인 Food East(www.foodeast.com), 항공산업관련의 Aerospace(www.easteraero.co.uk) 바이오 분야의 Biotechnology-ERBI(www.erbi.co.uk) 등을 들 수 있다. 이들의 네트워킹을 하는데 있어서 기본전략은 조금씩 다르나 기본적으로는 만남-교신-신뢰-기회인식-교섭-실천의 순서로 네트워킹을 추진시키고 있다 (Suffolk College, 2005).

이에 더하여 하나 추가할 점은 네트워킹을 해 나가는데 있어서 기업들의 발전단계를 고려하여 단계별 기업에 대한 차별적인 방법을 강구한다는 것이다. 즉, 기업들은 크게 나누어서 창업이전(잠재적 기업), 창업후 초기단계, 주식공개상장(IPO, Initial Public Offering) 준비단계, 주식공개상장 실시단계, 주식공개후 1-2년 단계 및 정착 단계로 나눌 수 있다 (Lechner & Dowling, 2003). 이 단계별로 기업들이 처한 사정이 다르기 때문에 네트워킹방법[20]도 기업의 발전단계별로 다양하게 시행한다는 점이다[21].

즉, 초기창업단계에서는 창업자의 사회적 네트워크 및 평판적 네트워크를 많이 활용하도록 조장하며 주식상장이전단계에서는 마케팅 네트워크 및 협동경쟁적 네트워크를 많이 활용토록 하는등 기업발전의 단계별로 차별적인 네트워킹을 유도한다는 점이다.

각종 네트워킹기관들은 대학, 기업, 연구소 등 주체들이 직접이나 간접의 방법을 통하여 우선 만남을 주선하는데 초점을 두고 이 만남이 성사되었을 때 상호 교신을 지속적으로 촉진시킬 수 있는 다양한 방법을 강구한

---

20) 지역혁신체제가 단계별로 발전되어가는 과정에서 어떠한 네트워크형태가 지배적으로 작용하는가? 네트워크 변화형태에 대해 Lechner & Dowling(2003: 11-15)은 다섯가지 형태로 구분하고 있다. 먼저, 사회적네트워크(social networks), 평판적 네트워크(reputational networks), 협동경쟁적 네트워크(co-opetition networks), 마케팅 네트워크(marketing networks), 지식-혁신 및 기술네트워크(knowledge, innovation and technology(KIT)networks) 등이다. 이러한 네트워크는 뒤로 갈수록 보다 정교하고 이상적인 형태의 네트워크라고 할 수 있다. 이들은 각각의 특징을 가지고 있는데, 가령, 사회적 네트워크는 가장 초기단계이며 각 행위자들의 관계는 보상체계나 징계체계위에서 유지된다. 이러한 네트워크로는 유대나 관계의 수적인 면은 유지되나 질적인 관계면은 유지되기 어렵기 때문에 질적으로 우수한 파트너를 타기 어렵게 되는 상태이다. 다음은 평판적 네트워크 형태인데 이 수준은 행위자 입장에서 자기 기관의 평판과 미래의 유리한 선택을 위해 자기들이 가지고 있는 중요한 것을 상대방에게 줄수 있는 네트워크 형태이다. 이러한 수준이 되면 다른 파트너에게 어느정도의 신뢰를 줄 수 있다. 협동경쟁적 네트워크는 '경쟁자를 가진 상태에서의 협동(co-operating with a competitor)'인데 독일, 스칸디나비아, 이태리 등의 경우에는 매우 빈번하게 발견된다. 이 단계에서는 가령, 한 회사가 자기들의 회사 규모의 제한 때문에 피크타임시에는 자기들의 프로젝트를 다른 경쟁회사에 양보하여 맡길수도 있는 상태이다. 그 이유는 경쟁회사에 하청계약형태로 일을 처리하도록 함으로써, 기존의 고객을 잃지 않게 되기 때문이다. 아울러 보다 대규모의 프로젝트라도 규모가 너무 커서 감당못할 경우에는 경쟁회사와 서로 컨소시엄형태로서 처리하는 것이 장기적으로 유리하기 때문에 이러한 형태의 처리가 가능해지는 수준이다. 이러한 네트워크 속에서 각 주체들은 경쟁자들과 중요한 정보조차 공유하며 심지어 경쟁회사를 위해 자원을 미리 보유해 주는 단계가 된다. 이러한 사례도 스칸디나비아 국가의 경우에는 발견되고 있다(Lechner & Dowling, 2003: 13). 다음은 마케팅 네트워크 단계인데, 이 단계에서는 마케팅 정보를 공유하여 부분적으로 고객관리를 같이 할 수 있는 단계에 이르는 것으로서 협동경쟁적 네트워크와 일부 중복되는 점이 있다. 마지막으로 지식,혁신 및 기술네트워크(KIT)는 가장 고도의 네트워크 단계인데 이 단계에서는 상호 신뢰에 바탕을 두고 상대주체들로 하여금 자기들이 가지고 있는 기술을 공유하게 한다던지 이를 통해서 기술의 공동개발로 이어질 수 있게 하는 단계이다. 이 단계에서는 Dyer and Singh (1998)이 강조하는 것처럼 신뢰에 바탕을 둔 네트워크 틀내에 있는 주체들끼리는 심지어 기술을 공유하는 것이나 네트워크 밖에 있는 주체들에게는 해당되지 않는다. 이러한 5개로 유형화된 네트워크 형태는 일부 중복되는 점이 없지 않으나 중요한 의미를 지니고 있다.

21) EEDA 담당자 인터뷰결과

다. 그 이후 상호 신뢰가 전제되어야 함으로 신뢰구축을 위해 노력하게 된다. 이렇게 되면 각 주체들은 상호에게 기회가 주어짐을 인식하게 되고 상호 이익이 될 수 있는 방안을 자연스럽게 찾게 된다는 것이다. 이들은 자체적으로 교섭을 시도하게 되고 결국 공동연구 등 실천적 수준에 이르게 된다는 것이다. 기본적으로 이러한 모델에 따르고 있는데 이는 중앙정부에서도 권장하고 있는 모델이다. 이러한 네트워킹 기관들은 EEDA로부터 재정적 지원을 받아 왔으나 일부 기관들-예를 들면, ERBI(East of England of Regional Biotechnology Initiative)-는 향후 재정적으로 자체 충당하는 방법을 계획하고 있다. 특히 ERBI는 신규 바이오사이언스 분야의 창설기업, 부품공급업체등에 대한 연구분야의 네트워킹뿐만 아니라 금융, 특허, 법률 및 관리분야의 유관기관들도 같이 네트워킹대상에 포함하는 등 범위를 확대해 나갈려고 하고 있다.

(4) 사이언스 파크 및 인큐베이터

케임브리지 테크노폴은 사이언스 파크 및 인규베이터들을 가지고 있는데, Babraham Bioincubator, Cambridge Science Park, Granta Park, St. John's Innovation Centre 등을 예로 들 수 있다.

가령, 케임브리지 사이언스 파크의 경우에는 1971년 10월에 처음 계획허가가 이루어졌으며 1973년 처음으로 Laser-Scan 이라는 회사가 입주한 바 있다. 이러한 조직들은 외부에 표방하고 있는 기능들보다 훨씬 다양한 기능들을 수행한다. Barbarham Bioincubator 는 창업과 초기단계의 바이오벤처를 위해 통합 실험실 및 사무실 공간을 제공한다. 더 나아가 광범위한 비즈니스, 기술 및 과학적 지도를 해 줌으로써 바이오벤처의 초기단계동안에 소실율을 줄여주는 환경을 만들어 주는 기능을 하고 있다. St John's Innovation Centre의 경우를 보면 이들이 수행하는 더욱 다양한 기능을 수행함을 알 수 있다.

〈표 4-1-9〉 St John's Innovation Centre 주요 기능

주요 기능	주요 특징
Physical Incubator	50개의 첨단기술관련 비즈니스 단지
Virtual Incubator	500여개의 입주하지 않은 막 시작단계의 벤처회사에 대한 실질적 지원
Rent-an-address	500여개의 비입주 벤처회사에 대한 메일 및 전화 서비스
High Growth Start-up Service	Cambridgeshire Business Services의 재정지원을 받아서 케임브리지 대학교와 연계하여 기업들에게 훈련서비스 제공
Enterprise Link	400여개 이상의 창업초기단계에 있는 기업들에게 네트워킹, 각종 행사 및 자문서비스
Innovation Relay Centre	유럽의 30여개국에 걸치는 기술 및 비즈니스 네트워크 기능
Gateway2Innovate	비즈니스 서비스 제공자들과의 공동협력-www.gateway2innovate.org.uk

St John's Innovation Centre에 입주해 있는 기업들은 임대조건의 융통성 및 현장에서 지원받을 수 있는 자문지문 등에 힘입어 유리한 조건에 있다. 입주해 있지 않은 기업들도 Star Service 프로그램에 의해 센터의 각종 시설들을 활용할 수 있다. 이 센터는 처음에는 신생 창업기업들을 위한 공간으로서 활용되었으나 지금은 기술이전조직으로까지 범위를 확대하고 있고 EEDA 로부터 재정지원을 받고 있다. 현재에는 여성들의 창업활동을 촉진시키기 위한 활동 및 지역의 중고등학교 학생들이 지식기반경제에 의해 창출되는 기회를 보다 잘 이해할 수 있도록 하기 위하여 지역학교를 지원하는데 적극적이다.

(5) 투자자들

케임브리지에 대한 주요 투자자들의 사례를 보면 3i, Amadeus Capital Partners, Cambridge Gateway Fund, ET Capital 등을 들 수 있다. 이 중 3i

는 투자금액이 약 63억 파운드에 이르는 최대 투자자이며 전 분야에 걸쳐 투자하고 있다. Amadeus Capital Partners의 경우는 신 기술분야에만 투자하고 있으며 288 백만파운드의 투자규모를 가지고 있다. 벤처 투자자들은 소프트웨어 및 인터넷 회사에 투자(16-26%)를 하고 있고 바이오 테크 분야에 8-8% 정도 투자를 하고 있다.

아래 〈표 4-1-10〉은 기술과 아이디어는 있지만 자본이나 경영수완이 부족한 사람들을 위한 비즈니스 엔젤 네트워크의 예를 보여주고 있다. 비즈니스 엔젤들은 주로 향후의 주식분배를 위해 신생 및 성장비지니스에 투자하는 부유한 개인들인데 대부분의 비즈니스 엔젤들은 10만파운드 이하 정도를 투자규모로 하고 있어서 50만파운드 이상을 하는 벤처투자회사들과는 구별된다. 비지니스 엔젤들은 기업활동의 전단계에서 투자를 하나 주로 신규창업단계에서 투자를 하는 것이 일반적이다.

〈표 4-1-10〉 비즈니스 엔젤 네트워크

기관	주요특징	URL
Cambridge Angels	2001년 수립, 케임브리지 내의 창업 기업들의 초기단계 투자촉진을 위한 것이 목적	www.cambridgeangels.net
Cambridge Capital Group	첨단기술에 바탕을 둔 초기기업들에게 재정지원을 하는 엔젤 투자자들의 연합체	www.cambridgecapitalgroup.co.uk
Choir of Angels	비공식적으로 결성된 지원기관	csaunders@compuserve.com
Great Eastern Investment Forum	70여개의 초기단계 기업들이 2천만 파운드의 투자금을 모으도록 도와준 비즈니스 엔젤 네트워크.	www.gelf.co.uk
Library House	이노베이션에 기초를 둔 회사들을 지원하기 위한 연구 및 데이터 서비스 기관. 유망기업들을 발굴하고 초기투자부터 정착기 까지 발전과정을 모니터링을 함.	www.libraryhouse.net

다만, 케임브리지의 경우 특이점은 단순히 자본투자만 하는 것이 아니라 자본과 전문적 지식을 같이 투자한다는 점이다.

한편, 기술개발단계를 문제진단단계-기술개발단계-개발된 기술 증명단계-기술보호단계-상업적 응용단계 등 5단계로 나눌 경우 대부분의 funding user 들-대학 및 연구소, 스핀아웃회사-대기업, 중소기업-들은 현재 운용되고 있는 투자자금이 일부 단계에서는 중소기업들에게 불리하게 운용되고 있다는 것을 인식하고 이의 취약함을 보전하기 위한 노력을 하고 있다. 즉, 투자재원들이 주로 기술개발단계와 상업적 응용단계에 치중되어 있기 때문에 자금이 풍부한 대기업과는 달리 중소기업들에게는 제 1단계인 문제진단단계, 개발된 기술 증명단계 및 개발된 기술보호단계에서는 내부자금으로 충당해야 하는 어려움이 있다는 점이다. 이를 해결하기 위한 노력이 현재 당면과제이며 EEDA 중심으로 진행중에 있다.

(6) 신생 및 성장 벤처기업을 위한 지원

케임브리지내에는 신생 벤처 및 성장벤처기업을 지원하기 위한 많은 기관들이 있다. 이러한 기관들은 매년 약 8천개의 기업들을 지원해 주는 Cambridge Business Group을 포함하고 있다. 이러한 서비스는 종종 무료로 제공되거나 공적자금으로부터 보조되기도 한다. 이 Cambridge Business Group 은 비지니스 정보, 재정카운슬링, 환경 및 각종규제관련 서비스, 마케팅 서비스 등을 지원한다. 이외에도 Gateway2Innovate 기관도 있으며 유사한 기능을 수행하고 있다.

아래 〈표 4-1-11〉는 케임브리지 대학교내에 있는 조직으로서 창업, 성장 벤처기업들을 지원해 주기 위한 조직들을 소개해 주고 있다.

〈표 4-1-11〉 케임브리지 대학교 내의 기업지원조직

조직	주요특징	URL
Cambridge Enterprise	케임브리지 대학교 내에서의 첨단벤처 지원 활동들은 Cambridge Enterprise 아래에서 통합되어 운영	www.enterprise.cam.ac.uk
Institute for Manufacturing	IFM은 교육, 연구 및 직접지원을 통해서 전략 및 성과관리, 기술관리, 국제제조업 및 공급체인망 등의 분야에서 지원	www.ifm.eng.cam.ac.uk
Judge Institute of Management	MBA 및 학부생들이 특별한 프로젝트를 통해서 현지 기업들과 협력하도록 지원	www.jims.cam.ac.uk
Corporate Liaison Office	기업들이 케임브리지 대학에 관한 적절한 정보- 가령, 연구, 지적재산권, 간부 교육 등-를 발견할 수 있도록 도와주는 역할	www.clo.cam.ac.uk

케임브리지 대학과 현지의 창업기업들과는 실질적인 연계가 이루어지고 있는데 학생들이 직접 기업에 관여하는 프로젝트를 통해서 수행된다(www.ifm.eng.cam.ac.uk/studentprojects)또한, 케임브리지 대학교 졸업생들이 현지의 창업기업들에서 근무할 수 있도록 지원해 주는 것은 주로 CambridgeMinds(www.cambridgeminds.net)를 통해서 이루어진다. 이러한 종류의 지원은 민간부문의 조직들을 통해서도 수행되는 데 이러한 조직의 예를 들면, Added Value Capital Partners(www.addedvaluecp.com), Cambridge Enterprise Accelerator(www.enterpriseaccelerator.co.uk), YTKO(www.ytko.com) 및 Saviso(www.saviso.com) 등을 들 수 있다.

(7) 전문적 서비스 공급자

케임브리지에 있는 기업가들은 소규모에서부터 대규모에 이르기까지 다양한 전문적 서비스기관으로부터 서비스를 지원받을 수 있다. 이들은

법률서비스 제공기관, 회계서비스 제공기관, 금융서비스 제공기관 등으로 크게 구분할 수 있다. 먼저 법률서비스를 전문적으로 제공하는 기관으로는 Eversheds, Hewitson, Becke and Shaw, Mills & Reeve, Taylor Vinters 등을 들 수 있다. 회계서비스 기관에는 Deloitte and Touche, Ernst & Young, PWC 등이 포함된다. 금융서비스 제공기관에는 Barclays, HSBC, LloydsTSB 및 NatWest/RBS 등이 있다. 이러한 서비스기관들은 창업초기 단계에 있는 벤처기업들에게 적절한 서비스요금부과체계를 개발해 왔고(가령, 지불연기, 요금할인 등) 첨단기술 비즈니스의 특별수요를 다루기 위한 전문직원들을 모집해 왔다.

(8) 기술공급자

케임브리지 테크노폴의 성장에는 기술제공자(technology provider)로 불리는 많은 기관들이 큰 역할을 수행했다. 이러한 기술제공자들은 3가지 유형-기술자문관, 대학연구기관, 기업의 연구개발기관-으로 분류된다. 이러한 조직들은 그들의 핵심적인 연구기능 이상을 수행한다. 예를 들면, 기술자문관들은 그들이 기술자문활동을 통해서 개발시켰던 기술적 능력을 새로운 비즈니스벤처 기업 창설을 통하여 적극적으로 활용하기도 한다. 예를 들면, 케임브리지 컨설턴트들은 잉크젯 인쇄기술부문에서 그들의 전문적 지식을 바탕으로 하여 새로운 일련의 벤처기업들을 확산시켰다. 민간기업의 연구개발조직들도 새로운 벤처기업들을 스핀옵시켜 나갔는데 가령 Toshiba Research(Europe)로부터 나온 Teraview가 그 예이다. 케임브리지 대학교는 대학내의 인력과 연구에 기반을 두고 약 180개 이상의 새로운 벤처기업들을 탄생시켰는데 이것은 대학내에 기업들의 연구개발조직들이 있음으로써 상업세계에 보다 근접할 수 있도록 한데 그 원인이 있다고 할 수 있다. 케임브리지 테크노폴내에서 활동하는 '기술공급자' 그룹의 예를 보면, 먼저, 기술 컨설턴트로서 TTP Group, Cambridge

Consultants 등이 있고, 대학의 연구기관 및 실험실로서 University of Cambridge, Microsoft Research, Unilever Centre for Molecular Informatics 등을 들 수 있다. 기업의 연구개발기관으로서는 ARM, Nokia, Toshiba Research(Europe) 등을 들 수 있다.

케임브리지 대학교는 매년 약 3천억원이상의 연구비[22]를 외부로부터 확보해 오고 있으며 이 지역의 비즈니스 및 지역투자에 결정적인 역할을 하고 있다.

한편, 민간부문의 연구소들도 큰 역할을 수행하고 있는데 신생 첨단기술 기업의 탄생과 성장에 큰 기여를 하고 있으며 형태는 다양하다. 가령, MRC Laboratory of Molecular Biology(LMB)는 세계적으로 유명한 전문가들을 보유하고 있는데 13명의 노벨상 수상자가 포함되어 있다. 이들 민간 연구소들은 대부분 핵심연구기술을 상용화하는데 상당히 엄격한 절차를 가지고 있다. 이들 연구소들은 신생창업기업들에게 실험실, 기술지원 및 전문적 자문 등을 제공해 주고 있으며 학계와 현장에서 사용되는 용어의 차이를 극복하여 동일 용어를 사용하는 것에도 신경을 쓰고 있다.

이러한 기술제공기관들은 상호 계약을 체결하여 직원 간 교류, 공동연구프로젝트 및 실험실 공동 사용 등의 방법으로 상호 유기적으로 연결되어 있다. 이러한 노력은 영국 교육부의 대학평가결과에 반영되며 이 평가결과에 따라 대학에 대한 연구비결정에 영향을 미치기 때문에 선 순환의 관계가 발생되고 있다.

22) 2001-2002년 기준으로 하여 OST(Office of Science and Technology)에서 58,969천파운드, 자선단체로부터 45,725천파운드, 중앙정부, 지방정부 및 대형병원으로부터 12,733천파운드, 기업계로부터 12,772천파운드, EU 정부로부터 8,986천파운드, 기타해외로부터 8,063천파운드, 기타기관으로부터 1,730천 파운드 등 모두 148,978천 파운드를 확보한 바 있다(St John's Innovation Centre, 2003).

(9) 정책과 전략지원

케임브리지 테크노폴의 성공은 주로 '아래로부터 위로' 의 이니셔티브 (bottom-up initiative)에 힘입은 바 크다. 즉, 첨단산업활동의 중심역할을 하면서 케임브리지 내의 발전을 위한 최고수준의 기획 및 관리 기관은 없었다는 점이다. 그러나 케임브리지 테크노폴의 성장이 지방, 지역 및 영국 전역의 경제발전문제에 연결되도록 만드는 책임을 가진 정부기관은 많았다고 할 수 있다. 이러한 기관에는 Cambridgeshire Chamber of Commerce, Greater Cambridge Partnership, 케임브리지 시, Governmen Office for the East of England, East of England Development Agency(EEDA) 등이 포함된다.

특히, EEDA, Invest East of England, 및 Greater Cambridge Partnership은 1990년대 중반에서 후반사이에 설립된 비교적 새로운 조직들이다. 현재는 이러한 조직들과 각 조직들이 수행하는 시책들사이의 연계를 강화하기 위한 노력들이 많아지고 있다. 하나의 예는 Science and Industry Council(SIC)의 설립이다. EEDA는 2004-2005년의 핵심사업으로서 SIC의 설치에 동의한 바 있는데 이를 위해 많은 재정지원을 해 주고 있다.

EEDA는 지역혁신기금(Regional Innovation Fund)[23]를 활용하며 이를 통하여 지역내의 네트워크 활성화를 위한 용도로 집행하는데 지역경제전략(Regional Economic Strategy)에서 설정된 우선순위를 고려하여 사용한다.

---

23) 지역혁신기금은 9개 영국의 지역개발청에 약 1억 5천만 파운드(약 3천억원)임 (2002년-2004년 2년동안)

제 6절 영국 지역혁신정책 거버넌스 요약 : 주요 특징 및 정책적 시사점

이상에서 분석한 영국의 지역혁신정책 거버넌스구조에 관련된 내용들을 국가적 차원과 지역적 차원으로 나누어서 요약해 보면 아래 〈표 4-1-12〉와 같다.

〈표 4-1-12〉 영국의 국가적 차원 및 지역적 차원의 지역혁신정책 거버넌스 요약

<table>
<tr><th colspan="2">구분</th><th>국가적 차원</th><th colspan="2">지역적 차원</th></tr>
<tr><td rowspan="3">정책목표 및 사업</td><td>정책목표</td><td>지역의 고용증대, 지역생산성 향상</td><td colspan="2">세계경제를 지원해 줄 수 있는 기술토대 구축, 지역경쟁력 향상 등</td></tr>
<tr><td>정책수단</td><td>지역개발청 위주의 경쟁유도, 지역내 대학의 역할강화, 인센티브 위주의 정책패키지 활용</td><td colspan="2">테크노폴의 육성, 대학과 유관기관간의 실질적 협력체계 구축,대학 및 연구소의 기술상업화촉진 등</td></tr>
<tr><td>주요사업</td><td>UK online, Business Links 등</td><td colspan="2">KIC, EEUA 사업 등</td></tr>
<tr><td colspan="2" rowspan="9">지역혁신정책주체</td><td rowspan="9">DTI, DTI내의 GSIF, GOR</td><td>창업지원조직</td><td>Cambridge Enterprise Agency 등</td></tr>
<tr><td>기술지원조직</td><td>TTP Group 등</td></tr>
<tr><td>사이언스파크</td><td>Babraham Bioincubator 등</td></tr>
<tr><td>투자자 그룹</td><td>3i, Amadeus 등</td></tr>
<tr><td>대학</td><td>Univ. of Cambridge 등</td></tr>
<tr><td>기업</td><td>Teraview 등</td></tr>
<tr><td>정책지원기관</td><td>EEDA, 케임브리지 상공회의소 등</td></tr>
<tr><td>전문서비스지원 기관</td><td>Evershed 등</td></tr>
<tr><td>네트워킹지원</td><td>Cambridge Corporate Gateway 등</td></tr>
<tr><td rowspan="2">특징 및 평가</td><td>특징</td><td>• 중앙정부수준에서는 DTI 장관이 전부처의 지역혁신관련 정책 조정권한
• 지역수준에서는 특별행정기관인 GOEE가 각 부처의 지역혁신정책을 조정
• 조달물품구입을 지역혁신정책과 연계</td><td colspan="2">• DTI 산하 지역개발청인 EEDA가 케임브리지 지역내 모든 지역혁신정책을 총괄하며 자치단체와는 독립적 기관으로서 기능수행
• 지역혁신정책 거버넌스의 활동방향이 지역개발청에서 작성하는 Regional Economic Strategy에 포함되고 있으며 이 전략지침에 의거하여 운용
• 케임브리지 대학이 기업과 커리큘럼조정 등을 비롯하여 실질적인 연계를 이루고 있으며 대학의 기능이 타 지역보다 상당히 큼.
• 각 주체들의 연계기능을 강화해 주기 위한 네트워킹 조직이 공식적, 비공식적 연계기능을 지원해 주고 있음.
• 다른 외국의 지역과는 달리 지역내 금융권을 비롯한 전문적 서비스의 지원기관이 맞춤형 서비스를 제공해 주고 있는 점 및 투자자 그룹이 안정적 투자를 해 주고 있는 점이 강점임.
• 지역혁신정책 거버넌스를 구성하는 각 혁신주체들은 Albors et al.의 네트워크 형태 분류중 가장 발전된 형태인 지역네트워크의 형태를 가진 것으로 볼 수 있음</td></tr>
<tr><td>평가</td><td>• 중앙정부수준에서는 국가차원의 지역혁신정책에 대한 공식적 평가결과는 아직 없음
• 중앙정부수준에서는 지역혁신에 관련된 중앙정부의 정책권한을 지역에 점차적으로 이양시켜 나가고 있음.</td><td colspan="2">• 2000-2004년동안 유럽의 타 지역 및 영국내 타지역과 비교해 볼 때, 케임브리지 테크노폴에 대한 투자건수, 투자금액 등은 압도적으로 높은 수준임. 이를 통해서 간접적으로나마 케임브리지 테크노폴의 지역혁신거버넌스는 비교적 양호하다고 평가할 수 있을 것임.</td></tr>
</table>

먼저, 국가적 차원에서는 다음과 같은 특징을 요약할 수 있다. 첫째, 국가적 차원에서 지역혁신정책 지원에 대한 역할방향이 명확하며 구매자, 규제자 및 지식원천 지원자로서의 역할을 명확히 설정했다는 점이다. 가령, 영국중앙정부는 정부조달물품을 구매할시 지역혁신정책의 집행과 물품조달기업을 연계시키는 전략을 선택함으로써 기업들을 지역혁신체제 내로 자연스럽게 동화시키고 있다는 점이다. 특히, 소규모 기업들의 경우 네트워크를 통한 기업 활동을 촉진시키기 위하여 기업이 생산하는 생산품을 정부의 조달물품 구입과 연계시킴으로서 자연스럽게 지역혁신정책을 유도하고 있다는 점은 주목할 만하다.

둘째, 중앙정부 수준의 지역혁신정책들은 DTI 장관이 총괄 조정하며 특히, 여러 부처에서 유사한 정책들이 사전 정책결정단계에서 조정될 수 있도록 GSIB가 실질적으로 운영된다. 이를 통해서 유사 지역혁신 정책들이 중앙정부 수준에서 사전 조정될 수 있다는 점이다.

셋째, 다양한 중앙부처의 지역혁신 관련 예산과 사업이 개별적으로 집행되는 것이 아니라 권역별 설치되어 있는 중앙정부 지역사무소에서 통합 조정됨으로써 개별 부처별 할거주의가 미연에 방지될 수 있다는 점이다. 특히, 영국 정부는 점차적으로 중앙정부에서 수행하는 권한을 지역 및 지방으로 이양하는 노력을 하고 있기 때문에 중앙정부의 지역사무소의 권한이 더욱 커질 것으로 예상된다.

넷째, 지역경제를 전담하는 지역경제 주무기관으로서 지역개발청인 EEDA가 지역혁신의 가장 중심적인 기구이며, 통합적 의사결정체제로서의 역할을 담당하고 있다는 것이다. 특히, EU 본부가 있는 브뤼셀에 지역사무소를 두고 펀드확보 및 지역에서 필요로 하는 파트너들을 섭외하고 지역혁신을 지원해 주는 기능을 담당하고 있다는 점이다. 즉, 독자적인 지역발전의 중심적 기관으로서의 기능을 하고 있다는 점을 들 수 있다. 우리나라의 경우에는, 현재의 도, 지방중소기업청 등 다양한 기관이 병렬적으로 존재하고 있다. 이러한 관점에서 본다면 지역경제를 전담하는 단일 경제전담기관의 설립도 고려해 볼 만 하다. 이 점은 특히 중요한 의미를 지닌다고 생각되는데, Koschatzky (2005: 622) 및 Kuhlmann (2001: 966)이 지적하는 바와 같이, 지역혁신과 관련하여 지역내에는 다층 거버넌스 구조가 존재하고, 지역내의 다양한 행위자들이 관여하기 때문에 관련된 이해관계자들 에게만 필요한 조정과 통합절차 권한을 맡겨 놓으면 지역간 중복투자 등에 대한 합리적인 조정이 이루어질 수 없기 때문에 중앙정부의 영향아래 있는 조정 및 규제장치가 불가피하게 필요하다는 주장과 맥락을 같이 한다고 할 수 있다.

한편, 케임브리지 지역의 지역혁신체제 거버넌스 상 나타나는 주요한 특징을 정리하면 다음과 같다. 첫째, 잉글랜드의 9개 권역에 설치되어 있는 지역개발청(Regional Development Agency)이 자기 관할지역의 지역경제문제를 책임지는 주무기관이다. 이 기관이 지역혁신체제에 대한 각종 지원 및 조정활동을 하는 주요 기관으로서 역할을 하고 있다. 이는 우리나라로 치면 특별행정기관에 해당되는 것이며 관할 자치단체와 협력을 하지만 자치단체 공무원이 아니고 중앙부처인 통상 및 산업부(DTI) 소속이다. 이 기관이 관련 지역혁신의 주체들-대학, 연구소, 기업, 전문적 지원기관 등-으로 부터 의견을 들어서 지역경제전략계획서(Regional Economic Strategy)를 작성하고 이 틀내에서 지역혁신체제의 골격을 구성하는 방식이다. 이 EEDA는 타 지역개발청과 같이 중앙부처와 성과계약을 맺어서 목표를 달성해야 하기 때문에 성과관리방식이 잘 투영되어 있다.

둘째, 중앙부처는 지역의 혁신과 관련하여 여러 중앙부처가 관련되는데(가령, 과학, 기술, 교육, 고용 등) 이 부처들은 자기들의 부처 정책을 지역에서 효과적으로 실시하기 위하여 9개 잉글랜드 권역별로 정부사무소(Government Offices for Regions)를 설치하고 있다. 이 정부사무소는 10개 중앙부처 공무원들이 파견되어 있는데 각 개별부처의 정책들은 지역내에 있는 이 정부사무소의 개별부처 소속 공무원들에게 내려지고 이 지역내에서 조정되어 다시 지역개발청으로 연결되는 형태를 취하고 있다.

셋째, 케임브리지 지역내의 유관기관들의 네트워크 형태는 Albors et al (2005)의 분류에 의할 경우 네 번째인 지역네트워크의 형태와 유사하나 다소 그 내용은 다른 형태로 생각된다. Albors et al 은 지역혁신체제내의 유관기관들이 구성하는 네트워크형태가 크게 아래 그림과 같이 4개로 구분할 수 있다고 하고 있다. 이 형태들은 오른쪽으로 갈수록 발달된 형태인데 케임브리지 지역의 경우 아래 〈그림 4-1-11〉에서처럼 각 주체들간 및 주체들에 속하는 기관들이 다른 지역에 비하여 볼 때 상대적으로 강하게 얽혀 있으나-EEDA 와 대학, 대학과 기업 등- 일부 주체들의 경우는 다소 약한 형태를 취하고 있다고 판단되기 때문에 종국적으로는 〈그림 4-1-12〉의 형태를 취하고 있다고 평가된다.

〈그림 4-1-11〉 혁신주체간 네트워크 형태

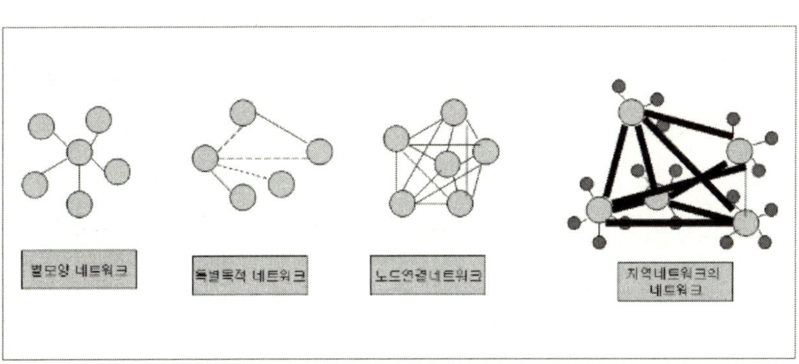

자료: Albors et al. (2005: 416)

〈그림 4-1-12〉 케임브리지의 추정된 지역혁신 네트워크 형태

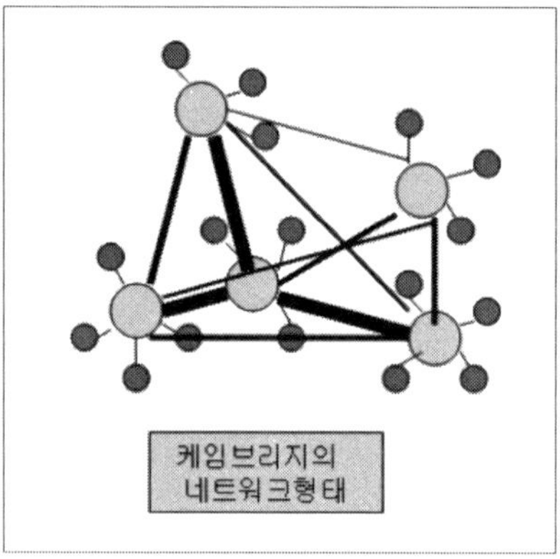

네트워킹 조직들은 정부의 지원을 받기도 하고 민간에 의하여 설립되기도 한다. 정부의 지원에 의하여 설립된 기관들은 정부지원이 줄어 들었을 때 자생력이 떨어지는 경향이 있는 반면에 민간에서 설립된 기관들은 큰 기복없이 운영되는 특징을 지니고 있다고 평가되고 있다.

넷째, 케임브리지 지역은 지역혁신체제 거버넌스에 있어서 EEDA와 케임브리지 대학이 가장 큰 주도기관으로서의 역할을 수행하고 있다고 평가된다. 대학이 지식통합 커뮤니티 프로그램(Knowledge Integration Community, KIC)에 의해 기업과 커리큘림조정에서부터 석박사 학위논문 주제선정에 이르기 까지 초기단계에서 상호 협력하고 대학생들이 현지 기업에서 인턴쉽 등으로 활동할 수 있는 프로그램이 다양한 형태로 운영되고 있다. 심지어 1주일 기준으로 하여 2일은 학교, 3일은 현지 기업에서 보냄으로써 일찍부터 첨단기업기술을 이용한 창업에 관심을 가지게 하고 학교에서 배운 지식을 응용하게 하는 등 초기단계에서부터 지식과 기술의 응용에 관심을 갖도록 하고 있다는 점이다.

다섯째, 케임브리지 지역에서 이루어지는 혁신주체간의 활동들은 그 비중으로 볼 때 창업후 초기단계에 있는 기업지원과 기술이전, 상업화 부문에 초점이 주어져 있다고 할 수 있다. 대학내에 Institute for Manufacturing을 1997년에 설치하고 이를 통하여 기술이전의 많은 사례를 제공해 줄 뿐만 아니라, 대학원생들의 현장 근무 등을 통한 다양한 방법을 통하여 기술이전에 적극적으로 관여하고 있다. 한편, 사이언스 파크 및 비즈니스 파크 등이 케임브리지 지역에서 활발한 것은 창업초기 기업을 지원하기 위한 것이며, 그 결과 여전히 많은 창업기업들이 케임브리지 지역을 선호하고 있다. 특히 인큐베이터들은 기업의 초기단계에 대한 지원뿐만 아니라 시작-생존-성장에 이르기까지 체계적으로 관리하는 단계에 까지 이르고 있다. 이를 통해서 관리능력이나 자원이 부족한 창업조기의 기업들이 많은 혜택을 입고 있다.

여섯째, 케임브리지 지역의 네트워킹 조직들의 기능은 타 지역에 비해 훨씬 강한 것으로 평가된다. EEDA에서 설치한 SIC(Science and Industry Council)의 지원을 받아 다양한 네트워크를 구성하고 있고 업종별, 규모별, 단계별 기업 등으로 구분지어 이를 효과적으로 지원해 주고 있는 것으로 평가받고 있다. 창업된 기업의 발전단계별 가지는 애로사항을 해결하기 위하여 발전단계별 네트워크 지원활동은 기업입장에서 보면 유익한 제도라고 할 수 있다.

일곱째, 지역내의 지방정부나 시민단체, 소비자 단체 등은 지역혁신체제 내에서 큰 역할을 한다고 할 수 없다. 다만, 지방정부인 케임브리지 시는 EEDA의 집행위원회(Board of Executives)에 지방의원이 멤버로 들어가서 활동하는 정도이며 자체적으로 지역혁신체제의 활동에 큰 영향을 미치는 것으로 보이지는 않는다. 시민단체나 소비자 단체 등도 하나의 주체로서가 아니라 기업가 단체에게 건의하고 의견을 개진하는 수준에 그치고 있는 것을 알 수 있다.

한편, 케임브리지 지역내의 지역혁신체제에 있어서 나타나고 있는 문제점을 정리하면 다음과 같다. 첫째, 다층거버넌스 구조 및 이로 인해 관련되는 여러기관이 혼재하기 때문에 다소의 혼란이 여전히 존재하고 있다. 즉, EEDA가 중심적인 지역혁신체제의 주도 기관이라 하더라도 여전히 기관간 권한이 분산된 결과로 유관 기관들을 통합할 수 있는 자원 및 권한이 제한된 경우가 있다. 그 결과 관련된 기관들은 자기들이 보호해야 할 이해관계자들의 이익을 지나치게 강조한 나머지 협조가 잘 안되는 경우가 종종 발생한다. 특히, 영국의 경우 정부로부터 보조를 받는 기관들은 목표달성을 위한 기관의 성과목표를 설정하고 이를 위한 성과계약을 맺기 때문에 이러한 성과를 달성하기 위한 노력이 지나치다 보니 기관간 협조가 잘 안되는 경우가 발생한다는 것이다.

둘째, 다양한 노력이 진행되어 옴에도 불구하고 초기창업 상태에 있는 기업 및 소규모 벤처기업들은 여전히 대학측에서 기꺼이 이러한 기업들에게 공동으로 협력할 의지가 있다는 것을 알지 못하고 있다는 점 및 대학이 그들에게 제공할 수 있는 것이 무엇인지에 대해서 정확히 알고 있지 못한 경우가 많다는 점이다. 이러한 점은 대학 스스로가 소위 '세번째 흐름' (the third stream)[24]에 부합하는 활동을 위한 전략이 어떤 것이어야 하는지 그리고 현지의 비즈니스 협력이 어떻게 이 '세번째 흐름' 과 부합해

24) 대학은 기본적으로 두가지 흐름을 충족시키기 위하여 설립되었는데 교육과 연구이다. 세 번째 흐름이라는 것은 대학과 사회와의 상호작용을 의미하는 것으로서 학문적 환경밖에서 지식이나 기타 대학의 능력을 활용하여 지식창출, 이용, 응용 등을 하는 것을 의미한다(Molas-Gallart, et al., 2002: iii-iv).

야 하는지에 대한 대학의 명확한 견해가 아직 정립이 안되었기 때문이라고 한다[25]. 대학에서의 이 분야에 대한 명확한 견해가 정립이 되어 있지 않으면 명확한 메시지가 현지의 비즈니스 업계에 전달될 수 없기 때문에 이 문제가 해결되어야 한다고 보고 있다. 특히, 이 문제는 현재 각 학과별로 진행되고 있는 각종 공동협력활동들이 종합적으로 조정되기 어렵기 때문에 시급히 해결되어야 될 과제로 보고 있다.

셋째, 대학의 파트너쉽이나 기타 지역내에서 활동하는 네트워크에 대하여 중앙정부의 지원방식은 지나치게 경쟁과 실적위주로 흐르다 보니 개별기관들이 때로는 자기 기관들의 실적을 위해서 기관끼리 '협력하는 것' 이 아니라 '경쟁하는 것' 으로 흐르기도 한다는 점이다. 이는 특히, 대학의 파트너쉽 형성에서 나타나고 있는데, 학생들 유치, 연구비 확보 등의 경우에 나타나고 있다(Kitagawa, 2004).

넷째, 위의 논의와 일부 중복되기는 하지만 대학의 파트너쉽의 철저한 성과와 실적위주의 인센티브를 이용하여 대학에 대한 지원을 해준 결과 대학간 격차가 더욱 심해지는 현상이 발생하고 있다. 연구비 부분에 있어서 과대지원받는 대학과 과소지원받는 대학이 발생하고 있다는 점이다. 아울러 중앙정부의 간섭정도가 여전히 심하다고 인식하고 있는 점이 문제로 남아 있다.

기타, 정부자금지원이 끝났을 때 많은 네트워크 지원기관 및 파트너쉽을 형성하고 있는 기관들이 비효율적으로 운영되고 있는 점 및 중앙정부나 지방정부는 네트워크 중개기관들이 학계와 산업계간에 효과적인 협력

25) 인터뷰 결과.

을 창출해 낼 것이라는 지나친 기대를 하는 경우가 많다고 지적된다.

이상의 특징을 바탕으로 하여 케임브리지 지역의 지역혁신체제 거버넌스에 대한 분석에서 다음과 같은 정책적 시사점을 찾을 수 있을 것 같다. 첫째, 다양한 중앙부처의 지역혁신 관련 예산과 사업이 개별적으로 집행되는 것이 아니라 권역별 설치되어 있는 중앙정부 지역사무소에서 통합조정됨으로써 개별 부처별 할거주의가 미연에 방지될 수 있다는 점이다. 둘째, 지역경제를 전담하는 지역경제 주무기관이 지역혁신의 가장 중심적인 기구로서 통합적 의사결정체제로서의 역할을 담당하고 있다는 것이다. 우리나라의 경우에도 현재의 도, 지방중소기업청 등 다양한 기관이 병렬적으로 존재하고 있다. 이러한 관점에서 본다면 지역경제를 전담하는 단일 경제전담기관의 설립도 고려해 볼 만 하다. 셋째, 지역경제를 전담하며 케임브리지 지역혁신의 중심적 축인 EEDA는 다른 지역개발청과 마찬가지로 중앙정부와 지역혁신의 네트워크 등에 관한 공공서비스 합의문(Public Service Agreements)이라는 성과계약을 맺고 성과관리시스템에 의해 운영되기 때문에 실적중심적 운영을 하고 있다. 이 합의문에는 지역혁신지표(regional innovation indicator)들이 포함되어 있어서 계량적으로 평가받고 향후 예산지원과 연계되도록 되어 있다. 적어도 지역혁신체제 거버넌스를 구축하는데 있어서는 지역별 특성을 고려하되 성과중심적 관리가 필요할 것이며 이의 결과에 따라 차등지원할 수 있는 장치가 필요할 것이다. 다섯째, 지역내에서 지역혁신에 대한 문화적 변화가 일어나야 한다는 것이며 이를 위해 각 네트워킹 주체들이 다양한 시도를 하고 있다는 것이다.

즉, 네트워크 기관들은 공식적 미팅뿐만 아니라 길거리 카페에서 모임을 주선하는 등의 비공식적 방법 등 다양한 만남의 장을 주선하여 혁신주체간에 신뢰관계가 형성되도록 한다는 점이다. 신뢰와 개인간 관계는 거버넌스 체제에서 대단히 중요한 요소이다. 높은 정도의 사회적 자본이 수반되어야 하기 때문에 시간을 요하는 문제이다, 케임브리지 지역에서는 이러한 문제인식하에서 네트워킹 추진조직들이 기본적인 신뢰관계 형성에 많은 자원을 투입해 오고 있다는 점이다. 케임브리지의 경우에도 네트워크와 파트너쉽을 통한 지식의 공유는 대면관계에 의한 접촉을 통하여 많이 이루어지고 있다는 점이며 이는 지리적 근접성(geographical proximity)이 지역혁신체제에 있어서 중요하다는 점을 말해 준다.

본 연구는 영국의 케임브리지의 테크노폴 지역을 사례로 하여 이 지역의 지역혁신체제의 거버넌스 구조에 대한 사례분석을 시도해 보았다. 지역혁신체제 거버넌스는 그동안 많은 연구에서 지적되었듯이 국가적 특성과 지역적 특성이 공히 반영되어 나타나기 때문에 어느 제도가 일방적으로 우수하다고 평가할 수 있는 성격은 아니다. 그럼에도 불구하고 케임브리지 지역사례는 우리나라보다 적어도 10년은 먼저 시작되었고 어느 정도 정착이 되었다는 점에서 시사점을 주고 있다고 생각된다. 다만, 외국의 지역사례연구라는 특성 때문에 정확히 시스템을 이해한다는 것이 어렵다는 점이다. 구조가 복잡하고 우리와 문화가 다른 특성상 연구 수행상 많은 한계가 있다는 점이다. 이러한 점은 향후 보완적인 연구를 통해서 수정보완해 나갈 것이다.

참고문헌

강현수. 정준호. (2004). 세계의 지역혁신 사례분석. 응용경제, 제6권 제2호.

권기철. (2003). 네트워킹 정책의 접근법에 관한 연구. 경제연구, 제21권 2호.

권오혁. (2004). 지역혁신체계론의 이론적 전개와 정책적 함의에 관한 비판적 검토. 응용경제, 제 6권 제2호.

김명엽. (2002). 지역혁신시스템에 관한 이론적 연구.지리학연구, 제22권 2호.

김선배. (2001). 전략산업중심의 지역혁신체제 구축방안. 한국산업연구원.

김선배. (2003). 국가균형발전을 위한 지역혁신체제 정책모형. 충북개발연구, 제25호.

김성태. 노근호. (2004). 지역혁신 클러스터 추정과 지역경제성장에 미치는 효과분석. 응용경제, 제6권 제2호.

김태환. 김선희, 양진홍. 이승복. (2004). 지역발전을 위한 지방분권 실태와 지역화 방안연구. 국토연구원 연구보고서(국토연 2003-15).

박삼옥. (2002). 네트워크 세계의 산업. 대한지리학회지, 37권 2호.

박삼옥. (2005). 호남장수지역의 산업연계와 혁신네트워크. 대한지리학회지, 제40권 제1호.

박삼옥. 남기범. (2000). 중소기업 육성을 위한 지역혁신체계 및 산업지구 개발방향. 국토계획, 35권 3호.

배준구. (2005). 지역혁신정책의 외국사례: 프랑스를 중심으로. 2004년 한국지방정부학회 동계학술대회논문집.

신동호. (2004a). 지역혁신체제와 성장동력산업의 조화.

신동호. (2004b). 독일 도르트문트의 지역혁신체제. 지역연구, 7권 3호.

신동호. (2004c). 일본 쯔쿠바 연구학원도시의 지역혁신체제. 국토계획 39권.

신동호. (2004d). 프랑스 소피아 앙티폴리스의 지역혁신환경. 국토계획, 39권.

이근. 이철우. (2004). 산업별 기술체제와 국가 및 지역혁신체제. 21세기 발전모델 포럼.

이성근. (2002). 지역기술거점의 형성과 지역혁신네트워크 구축에 관한 연구. 한국지역개발학회지, 제30집.

장재홍. (2003). 국가균형발전을 위한 지역혁신체계구축방향. 산업경제, 산업연구원.

최영출. (2006). 영국 케임브리지 지역혁신정책상의 거버넌스 구조. 한국경제지리학회지, 제9권 제1호.

Albors, J., Sweeney, E., & Hidalgo, A. (2005). Translational technology transfer networks for SMEs. Production Planning & Control. Vol. 16, No. 4. pp. 413-423.

Antonnelli, C. (2000). Collective knowledge communication and innovation: the evidence of technological districts. Regional Studies 34, pp. 535-47.

BioValley. (2005). http://www.biovalley.de.

Bullinger, H., Auernhammer, K. & Gomeringer, A. (2004). Managing innovation networks in the knowledge-driven economy. International Journal of Production Research. Vol. 42, No. 17.

Chiesa, V. & Toletti, G. (2004). Network of collaboration for innovation: the case of biotechnology. Technology Analysis & Strategic Management, Vol 16, No. 1, pp. 73-96.

CMI(Cambridge-MIT Institute). (2004). Knowledge Integration Communities. Cambridge: CMI.

Cooke, P. & Morgan, K. (1998). The associational economy: firms, regions and innovation. Oxford: Oxford University Press.

Cooke, P. (2002). Knowledge Economies: Clusters, Learning & Cooperative Advantage. Routledge.

Doloreux, D. & Parto, S. (2005). Regional Innovation Systems: Current discourse and unresolved issues. Techonology in Society. vol. 27. pp. 133-153.

DTI. (2001). Business Clusters in the UK-A Fist Assessment.

DTI. (2004). Science & Innovation Investment Framework 2004-2014. London: HMSO.

European Commission, Innobarometer 2002. Innovation Paper No. 33. European Commission Innovation Directorate.

Evangelista, R., Iammarino, S., Mastrostefano, V., & Silvani, A. (2001). Measuring the regional dimension of innovation. Technovation 21, pp. 733-745.

Fischer, M. (2002). A System Approach of Innovatio. In Fisher, M. & Atalik, G.(ed) (2002). Regional Development Reconsidered. Springer: Berlin.

Fitsch, M. (2001). Co-operation in Regional Innovation System. Regional Studies, Vol. 35, No.4, pp. 297-307.

Freel, M. (2002). Sectoral patterns of small firm innovation, networking and proximity. Research Policy 32, pp. 751-770.

Freel, M. (2000). External linkages and product innovation in small manufacturing firms. Enterpreneurship and Regional Development 12, pp. 245-266.

Hager, M. (2002). Studying Closure Amonst Nonprofit Organisations Using Event Structure Analysis and Network Methods. Health Care Organisational Conference. Berkeley, California.

Harmaakorpi, V. & Melkas, H. (2005). European Planning Studies Vol. 13, No. 5.

Harrison, B. (1992). Industrial districts: old wine in new bottles. Regional Studies 26. pp. 469-483.

HMSO. (2003). Lambert Review of Business-University Collaboration. London: HMSO.

Huggins, R. (2000). The success and failure of policy-implanted inter-firm network initiatives: motivations, processes and structure, Entrepreneurishp & Regional Development 12, pp. 111-135.

Human, S. & Provan, G. (1997). Strategic network structures and outcomes: lessons learned among US entreprenurs, in Frontiers of Entrepreneurship Research, Proceedings of the 1997 Babson College Entrepreneruship Research Conference, Babson College, Wellesley, MA.

Kaiser, R. & Prange. H. (2004). Managing diversity in a system of multi-level governance: the open method of co-ordination in innovation policy. Journal of European Public Policy, Vol. 11, No. 2. pp. 249-266.

Kitagawa, F. (2004). Universities and Regional Advantage: Higher Education and Innovation Policies in English Regions. European Planning Studies. Vol. 12, No. 6. pp. 835-852.

Kuhlmann, S. (2002). Future governance of innovation policy in Europe-three scenarios. Research Policy 30, pp. 953-976.

Kuipers, B. & Berlant, D. (1988). Using incomplete quantitative knowledge in qualitative reasoning. In proceedings AAA-88.

Kuipers, B. (1994). Qualitative Reasoning: Modeling and Simulation with Incomplete Knowledge, MIT Press.

Landry, R., Amara, N., Lamara, M. (2002). Does social capital determine innovation? To what extent?. Technological Forecasting & Social Change. No. 69. pp. 681-701.

Lechner, C. & Dowling, M. (2003). Firm networks: external relationships as source for the growth and competitiveness of entrepreneurial firsm. Entrepreneuriship & Regional Development 15, pp. 1-26.

Linton, Jonathan. (2002). Implementation research: state of the art and future directions. Technovation 22. pp. 65-79.

Liu, X. & White, S. (2001). Comparing innovation systems; a framework and appliication to China's transitional context. Research Policy, Vo. 30, pp. 1091-1114.

Lundvall, B. (1995). National System of Innovation: Towards a Theory of Innovation and Interactive Learning. London: Pinter.

Moars-Gallart, J., Salter, A., Patel, P. & Scott, A. Duran, X. (2002). Measuring Third Stream Activities. Sussex: University of Sussex.

Nooteboom, B. (1999). Innovation, learning and industrial organisation. Cambridge Journal of Economics 23. pp. 127-150.

OECD. (2001). Innovative Cluster: Drivers of National Innovation System. OECD

Ostgaard, T. & Birley, S. (1994). Personal networks and firm competitive strategy. Journal of Business Ventureing 9, pp. 281-305.

Oughton, C. & Whittam, G. (1997). Competition and co-operation in the small firm sector. Scottish Journal of Political Economy 44. pp.1-30.

Patrucco, P. (2003). Institutional Variety, Networking and Knowldege Exchange: Communication and Innovation in the Case of the Brianza Technological District. Regional Studies, Vol. 37, No. 2, pp. 159-172.

Pihkala, T., Varamaki, E. & Vesalainen, J. (1999). Virtual Organisation and the SMEs: a review and model development, Entrepreneurship and Regional Development 11, pp. 335-349.

Robert, D., Druilhe, C., Minshall, T. (2003). Notes on technology transfer activities at the University of Cambridge. Cambridge: University of Cambridge Centre for Technology Management.

Romijin, H. & Albaladejo, M. (2002). Determinants of innovation capability in small electornics and software firms in southeast England. Research Policy 31, pp. 1053-1067.

Romijn, H. & Albu, M. (2001). Innovation, Networking and Proximity. Poicy Review Section.

St. John's Innovation Centre. (2003). Innovation and Technology Audit for the East of England.

St. John's Innovation Centre. (2004). Cambridge Technopole. Cambridge: St. John's
Innovation Centre

Smits, Rudd. (2002). Innovation studies in the 21st century: Questions from a user's perspective. Technological Forecasting & Social Change. No. 69. pp. 861-883.

Suffolk College. (2005). C2I Final Evaluation Report. Suffolk College.

Stevenson, W., Zinzow, H. & Sridharan, S. (2003). Using Event Structure Analysis to Understand Planned Social Change, International Journal of Qualitative Methods 2 (2), Spring 2003.

Storper, M. & Harrison, B. (1991). Flexibility hierarchy and regional development: the changing structure of industrial production systems and their forms of governance in the 1990s. Res. Policy 20. pp. 407-422.

Vatcheva, I. & de Jong, H. (1999). Semi-Quantitative Comparative Analysis.

Vatcheva, I., de Jong, H., Gouze, J. & Mars, N. (2002). Discrimination of Semi-Quantitative Models by Experiment Selection.

제2장 한국, 영국 및 아일랜드의 지역혁신체제의 네트워크 작동과정

제1절 서론

지역혁신체제(Regional Innovation System, RIS)란 하나의 지역정책수단으로서 지식의 창출, 이용, 확산에 도움이 되는 조직적, 제도적 장치 및 관계에 바탕을 두고 상호작용하는 여러 이해관계조직들-공공조직, 민간조직, 회사, 연구소, 대학, 기타조직-의 집합체로 일반적으로 이해되지만 아직까지 개념적으로 완전히 합의가 이루어져 있는 것은 아니다(Doloreux and Parto, 2005: 134). 물론 혁신(innovation)의 개념은 '지난 1950년대에 발명가들이나 연구자들이 일정한 연계없이 유리되어 있는 상황에서 생산한 지식의 확산' (Landry, R. Amara, N., Lamara, M., 2002: 683)을 설명하기 위해 만들어진 개념이나 이것이 국가혁신체제(National Innovation System, NIS)에 도입되고 다시 지역적 수준에서 지역혁신체제에 도입되었다. 1980년대 말부터는 영국, 프랑스, 이탈리아, 독일, 핀란드 등 유럽국가들과 EU에서는 RIS란 용어를 모든 경우에 직접 쓰지는 않았지만 이러한 이론적 기초에 바탕을 둔 사업들을 대대적으로 추진해 왔고 미국에서 발전된 산업클러스터 전략(Porter 1990, 1992)과 함께 이제는 선진국들에게 있어서 지역경쟁력 강화를 위한 하나의 유용한 지역개발전략수단으로 발전해 오고 있다.

우리나라의 경우에도 1990년대에 과학기술정책연구원을 중심으로 이러한 이론에 바탕을 둔 사업이 추진되었고 산업자원부(테크노 파크, 신기술보육사업 등), 과학기술부(RRC, 지방과학관지원사업 등), 정보통신부(정보통신 창업지원센터 등) 등에서도 비록 이러한 명칭을 직접 사용하지는 않았다 하더라도 유사한 개념에 바탕을 둔 사업들이 추진되어 왔다. 그 이후 2003년 출범한 노무현정부에 들어와서는 대통령소속의 국가균형발전위원회가 중심이 되어 지역혁신체제라는 용어가 직접 사용되면서 지역혁신 및 국가균형발전을 위한 주요한 지역정책수단으로 발전되어 가고 있다(최영출, 2005).

국내외에서 지역혁신체제를 지역정책수단으로 채택해 가는 과정에서 학계에서의 이 분야에 대한 연구도 큰 진전을 보여온 것이 사실이다. 먼저, 외국에서 그동안 이루어진 이 분야에서의 연구는 몇 몇 학자들이 종합해서 정리해 주고 있다. Smits, (2002)의 '21세기의 혁신연구' (Innovation studies in the 21st century), Doloreus & Parto, (2005)의 '지역혁신체제: 현재의 담론과 해결되지 않은 이슈들' (Regional Innovation System: Current discourse and unresolved issues), Kuhlmann, (2001)의 '유럽에서의 미래 혁신정책 거버넌스: 3가지 시나리오 ' (Future governance of innovation policy in Europ: three scenarios) 및 Carlsson et. al, (2002)의 '혁신정책: 분석적 및 방법론적 이슈' (Innovation systems: analytical and methodological issues) 등이다.

여기에서 주장되는 내용들을 공통적인 것을 중심으로 요약해 보면, 첫째, 거시적 수준에서 지역혁신체제에 관한 연구들이 이루어지고 있으며 주로 거버넌스 형성에 초점이 주어지고 있다는 점이다. 지역혁신체제를 유지하는데 있어서 중앙정부와 지방정부와의 역할관계, 지방정부와 다양한 참여조직들간의 분권적 기능분담 등에 주로 많은 관심이 있어 왔다. 이러한 연구경향은 국내의 연구에서도 마찬가지로 나타나고 있는데 외국보다 지역혁신체제의 도입역사가 일천한 것과 최근의 지방분권, 분산화 등 분권적 파라다임의 학문적 지배경향에 영향을 받은 것으로 보인다. 둘째, Smits가 특히 강조하는 바와 같이, 기존의 연구들은 실제 지역혁신체제가 네트워크내에서 운영되고 집행되어 나가는 과정에서 발생하는 실질적 문제를 해결하는데 대안을 제시해주는데 한계가 있다.

이러한 배경하에서 본 연구의 목적은 첫째, 미시적 수준에서 국내외(한국, 영국, 아일랜드) 지역혁신체제의 네트워크 활성화과정을 비교분석하여 지역혁신체제의 네트워크 작동과정에서 나타나는 장애요인과 성공요인을 규명하는 것, 둘째, 이를 기초로 지역혁신체제가 수립되고 정착되어 나가는 활성화과정에서 네트워크에 관여하고 있는 각 행위주체들(actors)에게 성공적 관여를 위한 행동방향을 제시하는 것, 셋째, 본 연구에서 적용하려는 연구방법론의 유용성을 검증하고 이를 통해 지역혁신체제 연구자들에게 새로운 연구방법론적 틀을 제시하고자 함이다.

제2절 이론적 논의와 분석의 틀

1. 이론적 논의

지역혁신체제에 관한 기존의 국내외 연구들은 연구의 성과면에서 많은 진전이 이루어져 왔음에도 불구하고 몇가지 한계점을 지니고 있다. 즉, 지역혁신체제의 구축초기단계에서는 네트워크가 활성화되지 않아 효율성이 점진적으로 나타나게 되고 임계수준을 넘어서야만 그 효율성이 급격히 증가하는 네트워크 외부효과를 가지고 있는 점이 간과되고 있다. 지역혁신체제의 효율성이 기대한 만큼 나타나지 않은 초기단계에서는 시장실패나 시스템 실패로 인한 비효율성 발생으로 인해 지역혁신시스템의 운영이 형식적으로 흐를 가능성이 많으므로 공공부문이나 기타 주도적 역할 수행기관이 필요하게 된다. 아울러 복수의 기관이 관여하게 됨으로 그 네트워크로 구성되는 행위주체자들이 서로 이해관계를 달리하여 네트워크 내에서 기능할 때 이들 관계설정 및 역할관계, 갈등조정을 어떻게 할 것인가가 성공의 중요한 관건이 된다.

이러한 인식하에서 Smits는 그동안의 연구경향을 분석한 후 향후 지역혁신 연구의 방향을 세 가지로 제시하고 있는데 첫째는 미시적 수준에서의 지역혁신절차 및 체제에 대한 경험적 연구, 둘째는 지역혁신이론에 대한 비판적 반성, 셋째는 의사결정과정에 대한 분석 및 이에 대한 지원 분야라고 하고 있다. 그는 특히, 지역혁신체제내에서 이루어지는 행위자들-정부 및 다양한 행위주체들-이 혁신체제의 성공을 위해 어떠한 역할을 해야할 것인가가 실천적 수준에서 분석되어야 한다고 주장한다. 그는 지금까지의 이론들은 네트워크 내부에서 이루어지고 있는 행위자들의 관계를 규명하지 못하였으며 특히, 네트워크 내에서의 성과나 효과성 문제에 대해서는 아무런 대답을 주지 못하고 있다(2002: 876)고 한다.

이와 관련하여 OECD 국가들의 경우에도 지난 20년동안 지역혁신체제에 관련하여 공급지향적 정책(지식의 생산)에서 -확산지향적 정책을 거쳐-보다 사용자 및 수요자 지향적 정책으로 변해오고 있다(Doloreus & Parto, 2005). 여기서 수요자는 네트워크 내의 행위자들을 지칭하는 것으로서 행위자 입장에서 네트워크내의 상호협동과 경쟁이 어떻게 이루어지며 어떻게 발전해 나가는가 하는 점이 규명되어야 한다고 한다. 이는 네트워크 내부에서 협동과 경쟁의 메카니즘에 대한 강조이다. 이와 관련하여 Smits는 더 나아가서 미시적 수준에서 지역혁신체제 네트워크내부에서 이루어지는 상호작용 운영과정에서 발생하는 문제점들을 경험적으로 분석하고 이를 극복할 수 있는 활성화대안을 제시하는 것이 중요하다고 강조하고 있다.

Linton, (2002). 역시, 지역혁신에 대한 연구가 너무 거시적 수준이며 분석의 수준이 주로 국가적 수준에서 이루어진 것에 대해 비판하면서 집행수준에서 일어나는 구체적 실천적 수준의 연구가 필요함을 강조하고 있다. 그는 특히, 행위자들 수준에서 일어나는 네트워크 속에서의 성공요인을 규명하는 것이 필요함을 강조한다. 그는 기존의 10년동안 이루어진 연구들을 정리하여 성공요인을 5개로 규정하면서 정보와 지식의 상호작용이 중요하게 되는 지역혁신체제를 설명하기 위해서는 네트워크 내에서 이루어지는 사회적 상호작용을 규명하기 위해서 네트워크 분석관점에서 집행과정을 분석하는 것이 필요하다고 주장한다.

기존의 지역혁신에 대한 거시적 수준에서의 연구들은 Lechner & Dowling(2003:4)가 언급하고 있는 것처럼 혁신체제내에서의 각 행위자들의 네트워크구성과 내부에서 이루어지는 행위자들간의 동태적 과정에 대한 부분은 간과하게 된다. International Regional Science Review(2002) 25호에서는 지역혁신체제에 대한 특집호를 발간하였는 바 그간 이루어진 지역혁신체제에 대한 연구결과를 정리하면서 혁신체제내에 작동하는 행위자들이 어떻게 기능하느냐에 대한 실천성있는 분석이 이루어져야 함을 특히 강조하고 있다.

한편, 국내의 지역혁신에 관련된 연구를 간단히 살펴보기로 한다. 1999년부터 2005년 5월까지를 대상으로 하여 본 연구진에서 잠정적으로 내용분석한 결과에 의하면 지역혁신 용어가 포함된 석박사 학위논문이 86건, 학회지를 포함한 각종 잡지에 기고된 논문이 431건, 단행본이 190건 정도에 이른다. 물론 단행본의 경우는 지역혁신에 관련된 학술서적뿐 아니라 연구소 및 각종 지방자치단체에서 연구보고서로 발간된 것까지 포함한다. 이를 다시 내용분석을 통하여 잠정적으로 분석한 바에 의하면 지역혁신체제의 개념, 이론(권오혁, 2004; 김명엽, 2002 외), 지역혁신체제의 모형구축(김선배, 2002; 이근, 이철우, 2004, 이성근, 2002 외), 외국의 지역혁신사례분석(강현수, 2004; ; 배준구, 2005; 신동호, 2004 외), 혁신네트워크(박삼옥, 송경언, 정은진, 2005 ; 신동호, 2002; 권기철, 2003 외), 지역혁신과 경제성장 등 관계분석(김성태, 노근호, 2004 외), 기타 등으로 나눌 수 있다.

이러한 연구들이 대부분 간과하고 있으면서도 아주 중요한 과제중의 하나는 바로 혁신체제내부의 네트워크와 파트너쉽 확보문제이다(강현수, 정준호, 2004: 39-40). 영국의 지역혁신체제 담당부처인 DTI(Department of Trade and Industry) 보고서에서는 지역혁신체제의 성공요인중 가장 중요한 10가지를 들고 이중에서도 잘 작동할 수 있는 네트워크 확보가 가장 중요한 관건이라고 강조하고 있다(DTI, 2001; 강현수, 정준호, 2004). 이러한 지적은 OECD 연구보고서와 (2001) EU의 혁신스코아보드(Innovation Scoreboard)(EC, 2002)에서도 나타나고 있으며 거래비용접근법에서 강조하는 행위주체들의 기회주의적 행동을 예방하고 신뢰수준을 확보하는 것이 중요하다는 점을 강조한다.

물론 우리나라에서도 위에서 예시한 바와 같이 혁신네트워크에 관한 연구들이 38건정도 수행되어 왔으나 대부분이 네트워크에 참여하는 행위주체자들의 동태적, 행태적 측면을 강조하는 미시적 수준이 아니라 분석수준을 지역수준으로 하고 연구방법도 정태적인 방법을 택함으로써 혁신체제의 내부적인 네트워크 운영과정에서 일어나는 동태적 측면에 대한 설명을 해주지 못하고 있다. 이는 혁신체제만 구성되면 행위주체들간의 연계나 파트너쉽은 당연히 이루어진다는 막연한 환상에 빠지게 되게 만들고 지역혁신체계의 구성 초기단계에서 실패로 이어지게 하는 중요한 계기가 될 수 있다. 네트워크 내에서 이루어지는 행위주체들간의 동태적 과정은 설문조사를 간단히 실시하여 파악해 낼 수 있는 것이 아니며 아래 연구방법에서 제시하고 있는 바와 같이 사회적 네트워크 분석방법과 같은 특별한 방법론이 동원되어야 가능하다.

본 연구는 바로 이같은 배경하에서 분석의 수준을 기존의 지역수준에서 집단수준으로 낮추어 지역혁신체제의 네트워크 활성화과정을 동태적으로 비교분석하고자 한다. 이를 통해 그동안의 학문적 갭을 보완하고 아울러 지역혁신체제의 실천적 운영과정에서 필요한 정보와 지식을 제공하고자 한다.

2. 분석의 틀 설정

본 연구의 수행을 위해 본 연구에서 설정한 연구의 분석틀과 이에 포함되어 있는 주요 연구대상들을 내용별로 정리해 보기로 한다.

〈그림 4-2-1〉 본 연구의 잠정적 분석틀

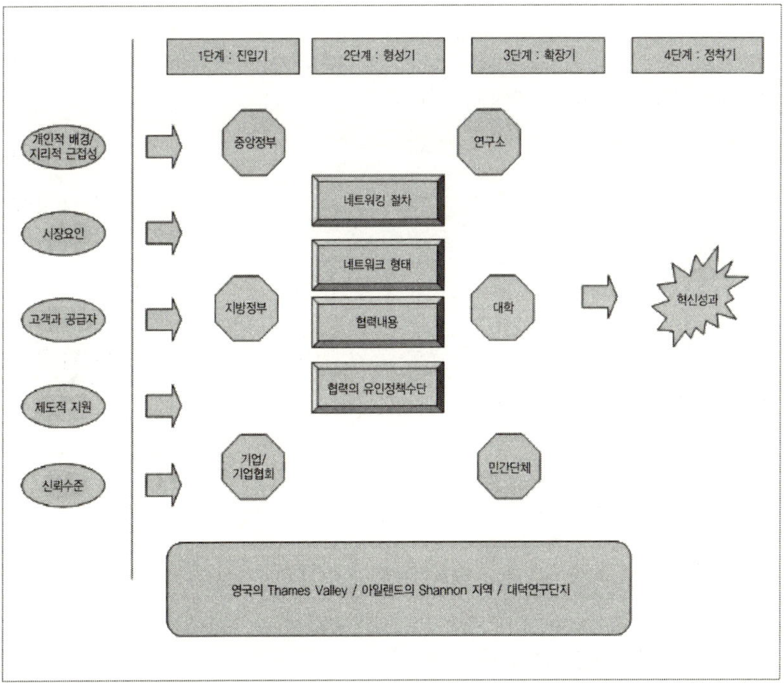

1) 환경적 영향요인

지역혁신체제의 네트워크 작동과정에 영향을 미치는 요인에 대해서 다양한 견해가 존재하는 것이 사실이며 실증적 연구들도 많다. 그러나 여기에서는 Landry et, (2002: 684-685)이 제시하는 지역혁신이론별 주요요인 구분과 Romijn, H. & Albu, M. (2001)의 영향요인을 종합하여 환경적 요인으로 잠정적으로 제시하기로 한다.

Landry et al 은 지역혁신체제의 네트워크에 미치는 요인을 5가지 이론으로 분류하고 있다. 공학적 혁신이론(engineering therories of innovation: 기술적, 물리적, 인적, 재정적 요인), 시장견인 혁신이론(market pull theories of innovation: 시장), 사슬연결 혁신이론(chain-link theories of innovation: 고객과 공급자), 기술적 네트워크 혁신이론(technological network theories of innovation: 기술적 네트워크수준), 사회적 네트워크 혁신이론(social network theories of innovation: 신뢰수준) 등이다. 각 이론에서는 네트워크에 미치는 영향요인을 구분지어서 제시하고 있다. 한편, Romijn, H. & Albu, M. (2001)은 영국에서의 혁신과정에 대한 사례연구에서 지역적 근접성, 교육서비스, 컨설팅 서비스, 연구개발 보조금 등이 네트워크 성공을 위해 큰 영향을 미치는 것으로 분석하고 있다. 본 연구에서는 이러한 요인들을 종합하여 다음과 같이 5개의 환경적 요인으로 잠정적으로 구분하여 보기로 한다.

- o 인적요인(개인적 배경)/지리적 근접성
- o 시장요인(수익 가능성 등)
- o 고객과 공급자 요인(태도)
- o 제도적 지원요인(각종 보조금, 지원제도 등)
- o 신뢰요인(상호간 신뢰수준)

각 사례지역의 환경적 요인들에 대해서 위의 기준을 적용하여 분석한다. 아울러 이러한 요인들이 네트워크 구성 및 운영과정에서 어떻게 동태적으로 작용하는지를 분석한다. 다만, 본 연구에서는 환경적 요인중 개괄적 사항을 중심으로 간단히 언급할 것이다.

2) 지역혁신체제의 발전단계

지역혁신체제가 어느 수준의 발전단계에 있느냐에 따라 네트워크 구성 및 운영은 달라진다는 연구는 많이 있어 왔다. 본 연구에서도 Lechner & Dowling (2003)의 분류방식을 잠정적으로 수용하여 지역혁신체제의 발전단계를 4단계로 나누고자 한다. 1단계는 진입기, 2단계는 형성기, 3단계는 확장기, 4단계는 정착기로 설정한다. 이 단계구분 역시 이론적으로는 용이하나 현실적으로는 명확한 단계구분이 어렵다는 전제하에서 포괄적으로 논의할 것이다.

3) 네트워크

본 연구의 핵심인 네트워크 부문은 위의 그림에서 나와 있는 바와 같이 세분화하여 분석한다. 네트워크는 기본적으로 자기중심적 네트워크 (egocentric network)로서 일정한 단계를 밟아 발전되어 가는 것으로 인식하고 있다(Lechner and Dowling, 2003). 이러한 네트워크 단계내에서 각각의 주체들은 어떻게 장애물을 극복하고 지속되어 나가는가? 또 다음단계로 발전되어 나가는 가가 중요한 관심거리가 된다.

(1) 행위주체자

Kuhlman, (2001: 962)은 지역혁신체제내에서 활동하는 지배적인 행위주체자들로서 연구기관(대학, 국립 연구기관, 계약에 의해 수행하는 민간연구기관 등), 민간단체(소비자 그룹, 환경단체, 각종단체), 기업협회(다국적 기업협회, 중소기업협회, 산업협회), 정부기관(국회, 과학기술부, 지역정부, 기타 연구관련 부처 등)으로 크게 4그룹으로 나누어 설명하고 있다. 외국의 많은 연구들도 이러한 분류방식에 의해 진행되고 있어서 비교의 용이성을 위해 이러한 분류에 의하기로 한다. 이러한 주체들중에서 누가, 어떤 방법으로 각 단계별로 네트워크를 주도적으로 운영해 나가는지를 분석한다.

(2) 네트워킹 절차

Steward and Conway(2000)은 네트워킹 절차을 위해서 3가지 구성요소를 제시하고 있는데 이는 네트워크 구성원의 다양성, 네트워크의 형태(configuration), 네트워크 절차 등이다.

① 구성원

네트워크 다양성 문제는 누가 네트워크에 구성원으로 되어 있는 가 하는 문제로서 네트워크의 응집성과 생존, 혁신을 위한 잠재력 및 확산에 영향을 미친다고 본다. 그는 'homophily'와 ' heterophilous' 개념을 사용하여 개별주체들이 상호 유사성이 있는(homophily) 경우와 유사성이 없고 상호 거리감이 있는(heterophilous) 주체들 사이의 관계를 놓고 볼 때 오히려 후자가 새롭고 신선한 성과를 낳을 가능성이 더 크다고 하고 있다. 그는 이러한 두 요소들이 적절히 혼재되도록 균형있게 네트워크를 구성하는 것이 유리하다가 주장한다. 따라서 구성원의 적정규모를 고려하여 무임승차자가 발생하지 않도록 하는 등 네트워크 구성시부터 고려해야 할 요인들이 많다는 점을 지적한다.

② 네트워크 형태

이들은 네트워크 형태문제를 다시 '상호 맞물린 네트워크' (interlocking

network)와 '방사형태의 네트워크' (radial network)로 나누어 설명하고 있는데 전자의 경우는 하나의 개별 주체가 일단의 주체들그룹과 연계를 하는 경우 이러한 주체들 그룹이 상호 연계되어 있는 경우를 말하고 후자는, 이와 달리, 개별주체가 일단의 주체들 그룹과 연계를 하는 경우 이러한 주체들 그룹이 상호 연계되어 있지 않은 상태의 네트워크 형태를 말한다. 상호 맞물린 네트워크가 강한 경우는 장점도 있으나 이것이 계속되면 지나치게 정적(personal)으로 흐르게 되어 '무지의 결합' (pooling of ignorance)을 만들어 낸다고 지적한다. 네트워크 속에서도 '핵심 영역' (primary zone)이 있는데 이 핵심영역은 네트워크의 중심인물들을 포함하며 이 영역내에서는 각각의 행위주체들이 직접 연결되어 있는 반면에, '2차 영역' (secondary zone)은 핵심영역내의 행위주체들이 바깥의 다른 네트워크와 관계를 맺고 있는 2차적 영역을 말한다. 이 2차적 영역내에 있는 행위주체들은 핵심영역내의 주체들을 통해서만이(즉 간접적으로) 핵심영역내의 다른주체들과 연계를 맺을 수 있다. 이러한 구분방법을 통해서 내부 네트워크를 분석해야만 주요 행위주체자들이 누구인지, 어떻게 네트워크를 확장해 나가는지를 분석할 수 있다는 것이다.

③ 네트워킹 절차

다음은 네트워킹 절차문제이다. 이는 네트워크 구성 행위주체자들이 어떻게 상호작용을 해 나가는 가를 분석하기 위한 것이다. 상호 문화적 배경과 이해관계가 다른 주체들이 어떠한 기제를 통해서 '공통성' (commonness)를 확보해 나가는 가 하는 문제이다. 네트워크 형성, 네트워크 발전, 네트워크 확장 등 3단계로 나누어 각각의 주체들의 역할을 사건별로 분석하는 방법이다. 이러한 네트워크 분석방법은 EU에서 SPRINT(Strategies Programme for Innovation and Technology Transfer)라는 이름으로 유럽의 주요 15개국가들에 대한 분석방법으로 소개된 바 있다. 이 방법을 통해서 네트워크내의 운영과정을 분석하게 되면 유럽의 주요 국가들과의 비교를 용이하게 할 수 있는 장점이 있다.

④ 네트워크의 형태 변화단계

지역혁신체제가 단계별로 발전되어가는 과정에서 어떠한 네트워크형태가 지배적으로 작용하는가? 네트워크 변화형태에 대해 Lechner & Dowling, (2003: 11-15)은 다섯가지 형태로 구분하고 있다. 먼저, 사회적 네트워크(social networks), 평판적 네트워크(reputational networks), 협동경쟁적 네트워크(co-opetition networks), 마케팅 네트워크(marketing networks), 지식-혁신 및 기술네트워크(knowledge, innovation and technology(KIT)networks) 등이다.

이러한 네트워크는 뒤로 갈수록 보다 정교하고 이상적인 형태의 네트워크라고 할 수 있다. 이들은 각각의 특징을 가지고 있는데, 가령, 사회적 네트워크는 가장 초기단계이며 각 행위자들의 관계는 보상체계나 징계체계위에서 유지된다. 이러한 네트워크로는 유대나 관계의 수적인 면은 유지되나 질적인 관계면은 유지되기 어렵기 때문에 질적으로 우수한 파트너를 찾기 어렵게 되는 상태이다. 다음은 평판적 네트워크 형태인데 이 수준은 행위자 입장에서 자기 기관의 평판과 미래의 유리한 선택을 위해 자기들이 가지고 있는 중요한 것을 상대방에게 줄수 있는 네트워크 형태이다. 이러한 수준이 되면 다른 파트너에게 어느정도의 신뢰를 줄 수 있다. 협동경쟁적 네트워크는 '경쟁자를 가진 상태에서의 협동(co-operating with a competitor)'인데 독일, 스칸디나비아, 이태리 등의 경우에는 매우 빈번하게 발견된다. 이 단계에서는 가령, 한 회사가 자기들의 회사 규모의 제한 때문에 피크타임시에는 자기들의 프로젝트를 다른 경쟁회사에 양보하여 맡길수도 있는 상태이다. 그 이유는 경쟁회사에 하청

계약형태로 일을 처리하도록 함으로써, 기존의 고객을 잃지 않게 되기 때문이다. 아울러 보다 대규모의 프로젝트라도 규모가 너무 커서 감당못할 경우에는 경쟁회사와 서로 컨소시엄형태로서 처리하는 것이 장기적으로 유리하기 때문에 이러한 형태의 처리가 가능해지는 수준이다. 이러한 네트워크 속에서 각 주체들은 경쟁자들과 중요한 정보조차 공유하며 심지어 경쟁회사를 위해 자원을 미리 보유해 주는 단계가 된다. 이러한 사례도 스칸디나비아 국가의 경우에는 발견되고 있다(Lechner & Dowling, 2003: 13). 다음은 마케팅 네트워크 단계인데, 이 단계에서는 마케팅 정보를 공유하여 부분적으로 고객관리를 같이 할 수 있는 단계에 이르는 것으로서 협동경쟁적 네트워크와 일부 중복되는 점이 있다. 마지막으로 지식, 혁신 및 기술네트워크(KIT)는 가장 고도의 네트워크 단계인데 이 단계에서는 상호 신뢰에 바탕을 두고 상대주체들로 하여금 자기들이 가지고 있는 기술을 공유하게 한다던지 이를 통해서 기술의 공동개발로 이어질 수 있게 하는 단계이다. 이 단계에서는 Dyer and Singh (1998)이 강조하는 것처럼 신뢰에 바탕을 둔 네트워크 틀내에 있는 주체들끼리는 심지어 기술을 공유하는 것이나 네트워크 밖에 있는 주체들에게는 해당되지 않는다.

이러한 5개로 유형화된 네트워크 형태는 일부 중복되는 점이 없지 않으나 중요한 의미를 지니고 있다. 지역혁신체제가 발전되어 가는 과정에서 선진국의 경우 어떠한 네트워크로 발전되어 갔으며 각 단계별로 장애물은 어떻게 극복하였는가 하는 점이 관심거리가 될 것이다.

(3) 협력의 내용

궁극적으로 네트워크내의 행위자들이 추구하는 협력의 내용은 무엇이며 내용별로 어떠한 동적과정이 유발되었으며 처리해 나갔는가 하는 점이 분석대상이다.

Chiesa, V & Toletti, G. (2004)는 네트워크 내에서 이루어지는 협력의 내용형태를 4가지로 구분하고 있다. 연구협력(research collaboration), 특허협력(patenting collaboration), 개발 및 승인협력(development and approval collaboration), 상용화 협력(commercialisation collaboration)이다. 이러한 협력내용을 바탕으로 하나의 실증적 연구를 수행하면서 구분의 유용성을 증명하고 있다. Fritsch (2001)은 각 행위주체별로 상호간 협력내용을 구체화하면서 세부지표로 나타내고 있다. 그는 정보목적의 접촉빈도, 정보 및 경험의 조직화된 교류정도, 프로젝트 기획과 운영에의 관여정도, 장비 및 실험실의 공동이용, 공동의 R&D 프로젝트, 연구계약건수, 석박사 논문 협력정도 등 7개의 지표로서 협력의 내용을 제시하고 있다. 지역혁신체제의 네트워크가 구성되는 이유도 결국은 이와 같은 협력을 이룩해 내기 위한 것이므로 네트워크 운영목표라고도 할 수 있다. 이러한 목표를 두고 네트워크가 어떻게 움직이며 내부적으로 어떤 양태를 보이는지를 분석하고자 하는 것이다

(4) 협력의 유인정책수단

Kuhlmann(2001: 963)은 Meyer-Krahmer and Kuntze의 이론을 빌려서 협의의 협력 유인정책수단과 광의의 협력유인 정책수단으로 크게 두가지로 구분하고 있다. 협의의 정책수단에는 제도적 자금지원(국가연구기금, 대학 및 기타 고등교육기관 기금, 기타 각종 국가기관에서 수여하는 기금), 재정적 인센티브(간접적인 방법에 의한 각종 지원프로그램 등), 기타 지역혁신 인프라(정보 및 각종 자문기관에 의한 지원, 각종 기술지원센터 등)가 포함된다. 광역의 정책수단에는 일반 대중의 지지, 기술평가, 교육, 훈련, 경쟁정책, 규제완화조치 등이 포함된다. 이러한 정책수단들이 네트워크내에서 어떻게 유인정책으로서의 기능을 수행하는지도 분석된다.

4). **혁신성과**

혁신성과에 대해 Romijin & Albaladejo (2002)는 특허의 수등을 고려하여 산출물 혁신지수(Product Innovation Index)를 개발하여 사용하고 있다. 그러나 OECD에서는 R&D 규모나 특허수에 관한 통계로는 많은 단점이 있다고 지적하면서 CIS(Community Innovation Survey)지수를 제시하고 있다(Evangelista et al., 2001). 이는 지역혁신에 관한 Oslo 매뉴얼을 보완한 것이며 유럽의 13개국 41,000개의 각종 유관기관들에 대해 조사를 시행한 후 만들어진 지수체계이다. 이 CIS에 의할 경우 지역혁신체제의수행능력은 크게 5개차원 25개의 세부지표로 구성되어 있다. 5개의 차원은 혁신의 확산정도(1개), 정보흐름(2개), 정보소스(8개), 혁신에 대한 장애물 극복(7개), 혁신정책(7개) 등으로 구성되어 있다. 그러나 본 연구에서는 위의 지표들은 참고로 하나 지역내의 충분한 자료가 없다는 한계때문에 혁신 성과에 관해서는 정성적 판단으로 대체하기로 한다.

제3절. 지역혁신체제 네트워크 작동과정의 비교연구

1. 조사설계

1) 연구대상

본 연구의 사례연구 대상은 한국의 대덕연구단지, 영국의 Thames Valley, 아일랜드의 Shannon 지역 등 3개 지역으로 한다. 영국의 Thames Valley를 선택한 이유는 농촌지역이 많이 포함되어 있고, 중소기업 위주로 구성되어 있는 산업구조의 특징상 한국에 많은 시사점을 줄 수 있다는 점이 고려되었고, 아일랜드의 경우는 지역에서 대학의 구체적인 역할과 이로 인해 부수적으로 발생되는 대학내 구성원간 갈등 및 대학과 기업 및 자치단체간의 네트워크 운영과정상의 경험을 노하우로 얻기 위한 것이다. 특히, 두 나라의 지역혁신체제는 서로 다르나 공간적으로 가깝고 영어권이어서 제한된 연구기간상의 한계를 극복하기 위한 것도 고려되었다.

(1) 영국 Thames Valley

이곳은 영국의 Berkshire와 Oxfordshire 지역을 포함하는 곳으로서 농촌지역을 많이 포함하고 있다는 점과 중소기업위주로 구성되어 있다는 점이 특징이다. 유럽의 3국 바이오벨리가 주로 대기업위주로 구성되어 있는 반면 이곳은 1990년초에 클러스터가 이루어진 이후 약 2000개의 IT, BT 등의 중소기업 위주로 구성되어 있다는 점과 지역개발청(regional development agency)이 초기에 지역혁신체제를 주도하여 성공적으로 구축하였다는 점이 특징적이다. 지방정부가 아닌 중앙정부의 특별행정기관에 해당하는 지역개발청이 주도하고 관련지방정부들이 유기적으로 협조관계를 구축하였다는 점에서 우리나라와 다소 유사한 점이 있다고 하겠다. 우리나라의 경우 지역균형발전 차원에서 농촌지역도 첨단산업유치

등에 관심을 보이고 있다는 점 및 중소기업위주라는 점, 아울러 중앙정부의 특별지방행정기관에 해당하는 지역개발청이 초기에 주도하였다는 점을 고려하여 사례분석대상지역에 포함시킨다.

(2) 아일랜드의 Shannon 지역

아일랜드의 Shannon 지역은 아일랜드의 중서부 지역으로서 인구 36만에 걸치는 지역이다.

1970년대에는 전형적인 농촌지역이었으나 지역내 대학의 선도적인 역할로 인해 지역혁신이 이루어졌다고 평가받고 있다. 아일랜드 인구 310만명을 감안할 때 약 9%에 해당하는 주민이 살고 있는 지역인데 지역혁신체제면에서 유럽의 다른 지역과는 특이한 점을 가지고 있다. 이 지역은 지역의 대학들이 중심이 되어 지역혁신을 선도한 지역으로서 대학간, 대학학과 및 단과대학간, 구성원 사이 및 지역의 유관 기관간 갈등 및 협력체제를 분석하는 데 대단히 유익한 시사점을 줄 수 있는 지역이다. 이 지역의 혁신중심역할을 한 기관은 University of Limerick 및 특별행정기관 지역개발청이라고 할 수 있는 Shannon Development였다. University of Limerick는 대학의 의사결정기관인 집행부를 구성하면서 34명의 구성원 중에 Limerick 시장을 비롯하여 지방정부 공무원, Shannon Development 간부, 중앙정부의 보조금위원회 위원, City-Enterprise Board 위원, 지방정부내 위원회 위원 등을 대학의 집행부 위원으로 포함시키고 대학의 운영과정에서 지역혁신 방향과 맥락을 같이하였다. 인근의 대학인 National University of Ireland Gallway 및 University of College Cork 등을 연결하여 Atlantic University Association(AUA)을 구성하여 대학끼리의 연계 및 중복투자를 조정하였으며 개별 학과 및 단과대학 수준에서도 특화된 노력을 하도록 유도하는 등 특징적인 점을 많이 가지고 있다. 이 사례는 다른 사례와는 달리 지역혁신체제 네트워크내의 대학간, 대학내 학과 및 단과 대학간 지역혁신과 관련한 갈등 조정 및 대학과 지방정부와의 사이에 이해관계 차이로 생기는 갈등조정 및 협력체계 수립에 좋은 사례가 될 수 있을 것이다.

(3) 대덕연구단지

대덕연구단지는 우리나라의 대표적인 연구단지로서 국제 비교 연구로서의 시사점을 살리기 위하여 사례연구에 포함시키도록 한다.

2) 연구내용에 따른 연구방법선정

네트워크내에서 각 행위자들은 자기들의 외부관계를 확장해나가는데 관심을 가진다. 처음에는 개인적 네트워크(personal network)를 활용하지만 시간이 지나면서 더 높은 수준의 네트워크로 발전시켜 나가는 경향이 있다. 개인적인 네트워크의 유형이 서로 다름에 따라 서로 다른 전략을 선택하게 된다(Ostgaard and Birley, 1994; Human and Provan, 1997). 네트워크내부에서 일어나는 구체적인 사건별 분석은 계량적 방법보다는 질적인 방법이 보다 우수하며 사례연구중심이 되는 것이 바람직하다(Pihkala et al., 1999; Huggins, 2000). 이같은 입장에서 본 연구는 연구방법으로서 크게 2가지 방법을 택한다. 이는 심층인터뷰와 사회적 네트워크 분석(Social Network Analysis) 방법들이다. 이 방법들은 서로 독립적으로 별개로 사용하는 것보다는 서로 보완적으로 사용하는 것이 타당하다. 따라서 외국에서도 이러한 방법들은 서로 복합적으로 사용하고 있다(Hager, M., 2002). 우리나라에서는 이들 방법을 사용하여 작성한 논문을 찾기 어렵기 때문에 각각의 방법에 대해서 간단히 설명하고자 한다.

(1) 심층인터뷰

아래 기술하는 사회적 네트워크 분석을 위해 반구조화된 인터뷰 설문지를 이용한다. 대상자는 4개 지역에 대해 5-8명 정도로 하며 전체 지역에 대해서 30명 내외가 되도록 한다. 작성된 설문지를 이용하여 인터뷰를 실시한다. 대상자는 네트워크를 총괄하거나 가장 깊이 관여하고 있는 기관(나라마다 다름), 대학, 연구소, 협회, 민간단체, 지방정부 공무원, 기업체 등의 담당자로서 직접 관련 경험이 있는 사람들로 구성한다.

(2) 사회적 네트워크 분석(Social Network Analysis)

이 분석방법은 인간, 집단, 조직 기타 정보나 지식을 처리하는 단위들 사이의 관계와 흐름을 도식화하고 측정해 주는 분석방법이다. 네트워크상의 노드(nodes)는 사람과 집단이 되며 링크(links)는 노드사이의 흐름이나 관계를 보여준다 (Hager, 2002). SNA는 인간관계에 대해서 시각적이고 수학적인 분석을 제공해 준다. 이를 통해서 네트워크상의 행위자들사이의 관계강도를 측정해 줄 수 있다. 설문지 분석을 위해서는 UCINET6 프로그램을 활용한다.

3) 인터뷰 및 설문조사

본 연구에서는 3개 비교지역을 선정하여 현장방문하고 관련자들에 대한 인터뷰 및 설문조사를 실시하였다. 설문조사는 2006년 7월과 8월 동안에 영국과 아일랜드에 대하여 현장을 방문하여 실시하였으며 한국의 경우에는 10월과 11월에 실시하였다.

2. 3개지역 비교분석

1) 영국의 Thames Valley

영국의 Thames Valley지역을 포함한 남동부 잉글랜드는 약 38만개의 업체가 등록되어 있으며 매년 280억 파운드 정도의 제조업품을 수출한다. 아래 그림에서 보는 바와 같이 남동부의 여러지역중 하나인 Thames

Valley 지역은 Thames Valley 강을 따라 인접지역으로 구성되어 있다. 주요한 지역혁신 구성인자로서는 기업지원기관으로서 Thames Valley Chamber 및 Business Link Berkshire가 있으며 교육 및 훈련기관으로서는 Thames Valley University, Berkshire Learning and Skills Council, East Berkshire College, University of Reading 등이 있다. 전문적 서비스 기관으로서는 Barclays, Ernst & Young, Norton Practice, Pricewaterhouse - Coopers 등이 있으며 법률서비스 기관으로서는 Boyes Turner, Clarks Solicitors, Olswange, Legal and General 등이 있다. 지방정부로선 Reading Borough Council, West Berkshire Council 등이 있으며 관할지역개발청으로서 SEEDA(South East England Development Agency)가 있다. 아울러 정부사무소로서 GOSE(Government Office for the South East)가 있고 남동부잉글랜드 지역의회인 SEERA(South East England Regional Assembly)가 있다. 연구개발기관으로서는 Great Western Enterprise 및 UCB Celitech 등이 있다.

〈그림 4-2-2〉 Thames Valley 지역의 위치

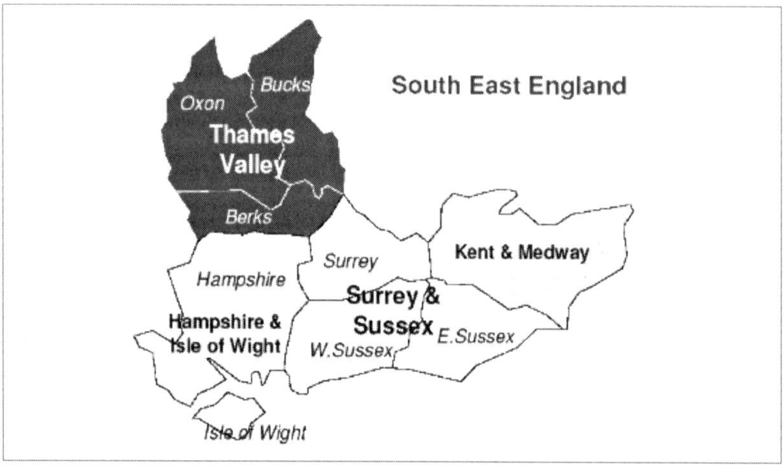

Thames Valley 지역만의 작업장 수는 약 2001년 기준으로 57,787개이며 종업원 수는 641,000명이다. 이는 인근의 케임브리지 지역이 작업장 수가 34,809개, 종업원 수가 383,000인 것과 비교하면 오히려 케임브리지 지역보다 더 크다고 할 수 있다. 환경적 요인면에서 보면 영국의 타 클러스터 지역에 비해 더 유리한 편이며 다만, 케임브리지 지역이나 기타 많이 알려진 지역보다는 외부에 덜 알려져 있는 것이 특징이다. 지역혁신의 발전단계는 확장기 정도에 있다고 할 수 있으며 211개 유럽의 세부권역별로 볼 때 1인당 GDP면에서 18위를 차지하고 있을 정도로 유리한 여건에 있다(The University of Reading, 2003). 아래 〈그림 4-2-3〉은 인터뷰를 통한 설문조사 결과를 이용하여 Thames Valley 지역의 네트워크 구성인자들의 네트워크 구성형태를 설명해 주고 있다.

아래 그림에서 보는 바와 같이 Thames Valley 내에서의 지역혁신주체간 관계를 보면 가장 중심이 되는 기관은 남동부 잉글랜드 지역개발청으로서 이 지역개발청이 중심이되어 각 네트워크 주체들이 연결되어 있는 것을 볼 수 있다.

〈그림 4-2-3〉 Thames Valley 지역의 네트워크 형태

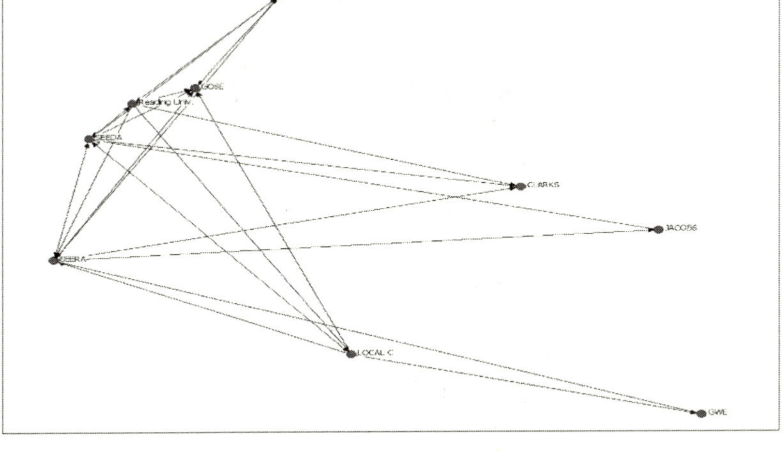

전문적 서비스기관이나 지방정부는 큰 역할을 하지 못하고 있으며 오히려 권역별로 설치되어 있는 지역개발청이 중심이 되어 지역혁신네트워크가 구성되어 있는데 이는 영국의 전형적인 지역혁신네트워크의 구성형태와 맥을 같이 한다고 할 수 있다.

2) 아일랜드의 Shannon 지역

Shannon 지역은 아래 〈그림 4-2-4〉에서 보는 바와 같이 아일랜드의 서부 지역에 위치해 있다. 이 아일랜드 Shannon 지역은 Shannon 개발청(Shannon Development)이 역시 큰 역할을 하고 있는 것으로 나타나고 있다. 그러나 이러한 기관외에도 University of Limerick, Limerick Institute of Technology, Institute of Technology Tralee, Tipperary Institite, Teagasc/The National Food Centre, County Enterprise Boards, Limerick Development Board 등이 있다.

〈그림 4-2-4〉 Shannon 지역의 위치

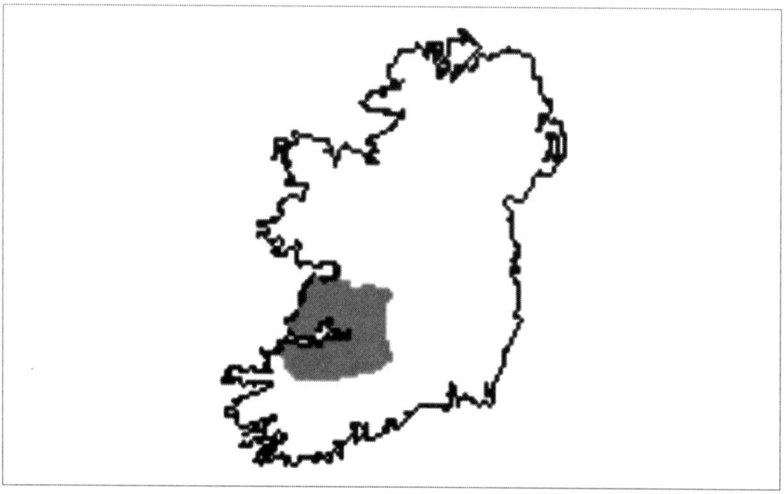

이 Shannon 지역에서는 주로 디자인에 초점을 두고 Design Network를 활성화시키고 있다. 'Design Shannon;이라는 기치아래 지역의 전체 자원들이 결집되었다고 할 수 있으며 디자인센터들을 총괄하는 우산(umbrella)으로서의 역할을 하고 있다. 이 Shannon 지역은 지역경제활성화를 위한 전략으로서 디자인 전략에 초점을 두고 민간부문, 대학교육기관, 및 정부개발기관 등의 참여에 의하여 네트워크 체제가 구축되어 있다고 할 수 있으며 전자제품, 제조업, 재료 및 기계공학제품, 소프트웨어, 패션 및 의복디자인, 정밀공학설계, 농촌산업 분야 등에서 디자인 산업의 네트워크에 전력을 기울이고 있는 점이 특징이다. 벤처케피털, 정보, 기술자문, 교육 및 훈련지원 등 전 분야에 걸친 지원을 위해 지역경제전략계획(regional economic strategy)속에 지원책이 포함되어 있다. 한편, 다른 나라와 차이가 나는 것은 권역내에 Limerick Development Board 라는 조직이 있어서 지역내의 노사관계 증진, 지역내 갈등조정 등을 위해서 노력하고 있다는 점이다. 이 기관은 지역내의 시정부공무원, 의원, 노동조합, 지역유지 등 각계각층으로 구성되는 약 30명내외의 위원들로 구성되어 있는데 지역내의 기업지원활동을 갈등조정측면에서 지원해 주는 지역내 갈등관리 기능을 수행하는 조직이라고 할 수 있다.

Shannon 지역의 특징은 무엇보다도 대학이 대학간의 연계강화 및 중복투자를 미연에 방지하는 기능을 하는데 있어서 다른 지역보다도 두드러진다고 할 수 있다. 대학의 집행부 구성에 다양한 주체들을 참여시키는 동시에 갈등이 생기기 이전에 Limerick Development Board 라는 조정기관이 갈등을 사전에 인지하고 조정해 주는 역할을 한다는 점에서 기업활동에 필요한 지원이 용이하게 수행된다는 점이다.

〈그림 4-2-5〉 아일랜드 Shannon 지역의 네트워크 형태

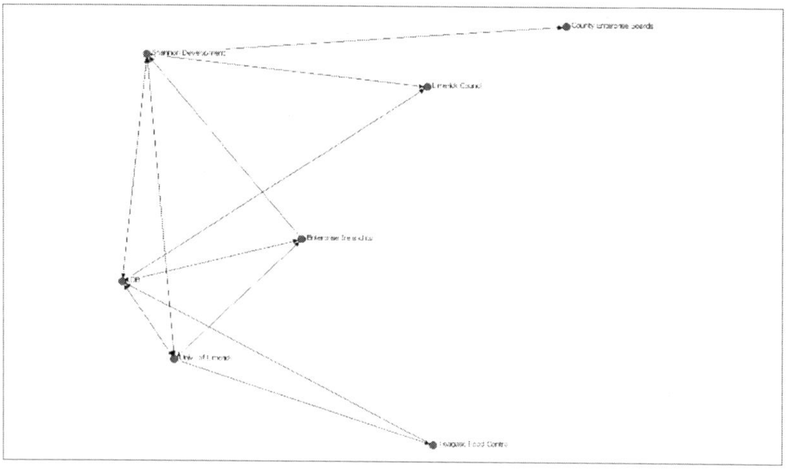

위의 그림에서 보는 바와 같이 아일랜드 Shannon 지역의 경우는 타 지역의 경우와는 달리 지역개발청이라는 Shannon Development 외에도 Limerick Development Board 라는 지역내의 갈등조정기관이 지역의 경제활성화에 크게 기여하고 있는 것으로 나타나고 있다. 지역혁신체제를 구성하는데 있어서 단순히 지역경제개발기능을 가지는 개발청과 같은 공식적인 정부기관외에도 지역의 다양한 주체들이 참여하는 Limerick Development Board 라는 갈등조정기관이 오히려 큰 역할을 한다는 것은 새로운 시사점이라고 하겠다. 이 LDB 는 기술혁신정보를 주는 기관은 아니나 대학간, 대학과 지원기관간 등 다양한 주체들의 활동에 있어서 조정자적 역할을 하는 것으로 인식할 수 있겠다.

3) 한국의 대덕연구단지

우리나라의 대덕연구단지는 위에서 분석한 영국이나 아일랜드와는 달리 지역개발청이라는 기관이나 지역내 갈등조정기관같은 것이 없다. 우

리나라의 지역혁신체제는 지극히 최근에 도입된 개념으로서 갈등조정이라는 측면보다는 기업체, 연구소, 지원기관 간 등의 네트워크에 더욱 초점을 두고 있으며 이를 조장해 주는 기능을 강조해 오고 있는 것이 특징이다. 그런면에서 아직 지역혁신체제의 초기 단계라고 할 수 있겠다.

〈그림 4-2-6〉 대덕연구단지의 네트워크 형태

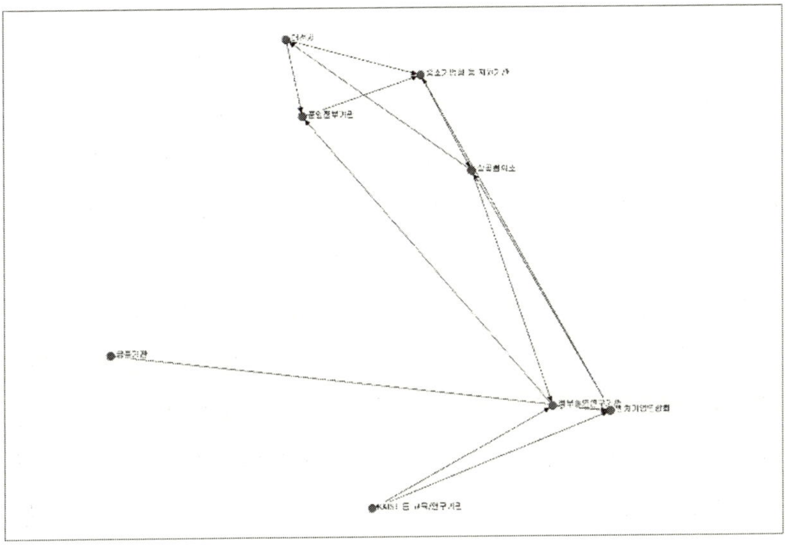

우리나라 대덕연구단지의 네트워크 형태에 대한 설문지 결과를 분석해 보면 위의 그림과 같은 형태를 보여주고 있다. 이는 위에서 분석한 두 나라와는 큰 차이를 보여 주는 것으로서, 우리나라는 지역개발청과 같은 기관이 없는 관계로 중심적 역할을 수행하는 네트워크의 핵심조직이 뚜렷하게 나타나지 않는 형태를 가지고 있다. 정부출연기관과 벤처기업연합회와 같은 기관들이 중심적 위치를 차지하나 지배적 위치를 점하지 못하고 있다. 그리고 금융기관같은 기관들은 전체적으로 네트워크속에서 기능하는 것이 아니라 약간 분리되어 있는 모습을 가지고 있다. 이는 아직

우리나라의 대덕연구단지도 지역혁신체제 네트워크의 초기단계수준이며 정착된 단계가 아님을 알 수 있다.

4) 비교종합

한국, 영국, 아일랜드의 3개 지역의 클러스터에 대한 네트워크 구조 및 그 운용과정을 살펴 본 바 다소의 차이가 있음을 알 수 있다. 우선 우리나라를 제외한 영국과 아일랜드의 경우에는 권역내 지역개발청이 중심적인 지역혁신네트워크 유지 기능을 수행하는 반면에 우리나라의 경우에는 이들 나라와 같은 기관이 없는 관계로 핵심적인 중추기능을 수행하는 기관이 없다. 이는 아직 우리나라의 지역혁신체제가 형성기에 있는 까닭도 있거니와 기본적으로 중추적 역할을 맡을 수 있는 기관이 여전히 부재하기 때문에 향후에도 이러한 현상은 지속될 것으로 생각된다. 아울러 지역혁신체제내 구성기관들 사이의 갈등이나 조정이 필요한 영역이 있을 때 이를 제도적으로 뒷받침해주는 기관이 없다는 점도 문제점으로 등장한다. 지역혁신체제는 구성만 되었다고 이해관계자들이 쉽게 네트워크를 형성하여 운영되는 것이 아니다. 다양한 이해관계자들은 서로의 이익을 추구하고자 하며 경우에 따라서는 기술정보라고 하는 고도의 비밀을 요하는 업무를 수행하는 주체들이다. 이러한 까닭에 아무런 조정기제가 없이 쉽게 주체들이 협력을 할 것이라고 가정하는 것은 상당히 순진한 생각이라고 할 수 있다. 우리의 경우에도 지역혁신네트워크를 주도적으로 이끌어갈 수 있는 중심기관이 있어야될 뿐 아니라 혁신주체간의 갈등을 조정, 중재해 줄 수 있는 기관이 구성되는 것이 필요할 것이다. ‘

제4절 결론

지금까지의 많은 연구들이 대부분 거시적 수준에서의 지역혁신체제의 도입을 위한 연구라면 본 연구는 미시적 수준에서의 집행과정에 대한 연구로서 그 결과는 실제 지역혁신체제 운영을 위한 운영적 차원에서의 정책결정가들에게 도움을 줄 수 있을 것이다. 특히, 다양한 행위주체들이 수반되고 때로는 경쟁관계에 있는 행위주체자들이 거래비용 이론에서처럼 위험회피나 기회주의적 행태를 지속시킬 때 지역혁신체제는 겉으로는 존재할 수 있어도 내실을 기하기가 어렵다는 것이 선진국의 경험에서 나오고 있다. 따라서 이해관계가 다를 수 있고 높은 신뢰수준이 수반되어야 하는 네트워크 운영상에서의 예상되는 문제점 및 극복방안을 제시함으로써 우리나라의 지역혁신체제가 시행착오를 줄이면서 정착되는데 기여를 할 수 있을 것이다. 유럽의 많은 연구자들이 지적하는 바와 같이 지금까지는 지역혁신체제에 대한 전체통합적 접근방법(holistic approach)이 시도되지 못했다. 본 연구는 네트워크 운영상에 일어나는 문제들을 점검해 봄으로써 Lechner & Dowling(2003: 4)이 제시하는 바와 같이 지역혁신체제의 다양한 발전수준에서 제기되는 문제를 네트워크 구성형태라는 측면에서 한번 검토해 본다는데 의미가 있다고 할 수 있겠다. 그러나 본 연구는 여러 가지 특성이 서로 다른 3개국을 비교해 보는 과정에서 동일하게 비교할 수 있는 기준마련의 어려움이나 자료구득의 어려움 때문에 여러 가지 연구상의 한계점을 가지고 있다. 향후에는 이러한 문제점이 더욱 해결될 수 있는 진전된 연구가 계속되는 것이 필요할 것이다.

참고문헌

강현수. 정준호. (2004). 세계의 지역혁신 사례분석. 응용경제, 제6권 제2호.

권기철. (2003). 네트워킹 정책의 접근법에 관한 연구. 경제연구, 제21권 2호.

권오혁. (2004). 지역혁신체계론의 이론적 전개와 정책적 함의에 관한 비판적 검토. 응용경제, 제 6권 제2호.

김명엽. (2002). 지역혁신시스템에 관한 이론적 연구.지리학연구, 제22권 2호.

김선배. (2001). 전략산업중심의 지역혁신체제 구축방안. 한국산업연구원.

김선배. (2003). 국가균형발전을 위한 지역혁신체제 정책모형. 충북개발연구, 제25호.

김성태. 노근호. (2004). 지역혁신 클러스터 추정과 지역경제성장에 미치는 효과분석. 응용경제, 제6권 제2호.

박삼옥. (2002). 네트워크 세계의 산업. 대한지리학회지, 37권 2호.

박삼옥. (2005). 호남장수지역의 산업연계와 혁신네트워크. 대한지리학회지, 제40권 제1호.

박삼옥. 남기범(2000). 중소기업 육성을 위한 지역혁신체계 및 산업지구 개발방향. 국토계획, 35권 3호.

배준구. (2005). 지역혁신정책의 외국사례: 프랑스를 중심으로. 2004년 한국지방정부학회 동계학술대회논문집.

신동호. (2004). 독일 도르트문트의 지역혁신체제. 지역연구, 7권 3호.

신동호. (2004). 일본 쯔쿠바 연구학원도시의 지역혁신체제. 국토계획, 39권

신동호. (2004). 프랑스 소피아 앙티폴리스의 지역혁신환경. 국토계획,

39권.
신동호외. (2006). 세계적 혁신지역을 간다. 서울: 한울아카데미.
이근. 이철우. (2004). 산업별 기술체제와 국가 및 지역혁신체제. 21세기 발전모델 포럼.
이성근. (2002). 지역기술거점의 형성과 지역혁신네트워크 구축에 관한 연구. 한국지역개발학회지, 제30집.
장재홍. (2003). 국가균형발전을 위한 지역혁신체계구축방향. 산업경제, 산업연구원.
최영출. (2005). 영국의 지역혁신체계 운영과정과 정책적 시사점. 한국비교정부학보, 제9권 제2호.
Antonnelli, C. 92000). Collective knowledge communication and innovation: the evidence of technological districts. Regional Studies 34, pp. 535-47.
BioValley. (2005). http://www.biovalley.de
Bullinger, H., Auernhammer, K. & Gomeringer, A. (2004). Managing innovation networks in the knowledge-driven economy. International Journal of Production Research. Vol. 42, No. 17.
Chiesa, V. & Toletti, G. (2004). Network of collaboration for innovation: the case of biotechnology. Technology Analysis & Strategic Management, Vol 16, No. 1, pp. 73-96.
Cooke, P. & Morgan, K. (1998). The associational economy: firms, regions and innovation. Oxford: Oxford University Press.
Cooke, P. (2002). Knowledge Economies: Clusters, Learning & Cooperative Advantage. Routledge.
Doloreux, D. & Parto, S. (2005). Regional Innovation Systems: Current discourse and unresolved issues. Techonology in Society. vol. 27. pp. 133-

153.
DTI. (2001). Business Clusters in the UK-A Fist Assessment.
European Commission, Innobarometer 2002. Innovation Paper No. 33. European Commission Innovation Directorate.
Evangelista, R., Iammarino, S., Mastrostefano, V., & Silvani, A. (2001). Measuring the regional dimension of innovation. Technovation 21, pp. 733-745.
Fitsch, M. (2001). Co-operation in Regional Innovation System. Regional Studies, Vol. 35, No.4, pp. 297-307.
Freel, M. (2002). Sectoral patterns of small firm innovation, networking and proximity. Research Policy 32, pp. 751-770.
Freel, M. 92000). External linkages and product innovation in small manufacturing firms. Enterpreneurship and Regional Development 12, pp. 245-266.
Hager, M. (2002). Studying Closure Amonst Nonprofit Organisations Using Event Structure Analysis and Network Methods. Health Care Organisational Conference. Berkeley, California.
Harmaakorpi, V. & Melkas, H. (2005). European Planning Studies Vol. 13, No. 5.
Harrison, B. 91992). Industrial districts: old wine in new bottles. Regional Studies 26. pp. 469-483.
Huggins, R. (2000). The success and failure of policy-implanted inter-firm network initiatives: motivations, processes and structure, Entrepreneurishp & Regional Development 12, pp. 111-135.
Human, S. & Provan, G. (1997). Strategic network structures and outcomes: lessons learned among US entreprenurs, in Frontiers of

Entrepreneurship Research, Proceedings of the 1997 Babson College Entrepreneruship Research Conference, Babson College, Wellesley, MA.

Kuhlmann, S. (2002). Future governance of innovation policy in Europe-three scenarios. Research Policy 30, pp. 953-976.

Kuipers, B. & Berlant, D. (1988). Using incomplete quantitative knowledge in qualitative reasoning. In proceedings AAA-88.

Kuipers, B. (1994). Qualitative Reasoning: Modeling and Simulation with Incomplete Knowledge, MIT Press.

Landry, R., Amara, N., Lamara, M. (2002). Does social capital determine innovation? To what extent?. Technological Forecasting & Social Change. No. 69. pp. 681-701.

Lechner, C. & Dowling, M. (2003). Firm networks: external relationships as source for the growth and competitiveness of entrepreneurial firsm. Entrepreneuriship & Regional Development 15, pp. 1-26.

Linton, Jonathan. (2002). Implementation research: state of the art and future directions. Technovation 22. pp. 65-79.

Lundvall, B. (1995). National System of Innovation: Towards a Theory of Innovation and Interactive Learning. London: Pinter.

Nooteboom, B. (1999). Innovation, learning and industrial organisation. Cambridge Journal of Economics 23. pp. 127-150.

OECD. (2001). Innovative Cluster: Drivers of National Innovation System. OECD

Ostgaard, T. & Birley, S. (1994). Personal networks and firm competitive strategy. Journal of Business Ventureing 9, pp. 281-305.

Oughton, C. & Whittam, G. 91997). Competition and co-operation in the small firm sector. Scottish Journal of Political Economy 44. pp.1-30.

Patrucco, P. (2003). Institutional Variety, Networking and Knowldege Exchange: Communication and Innovation in the Case of the Brianza Technological District. Regional Studies, Vol. 37, No. 2, pp. 159-172.

Pihkala, T., Varamaki, E. & Vesalainen, J. (1999). Virtual Organisation and the SMEs: a review and model development, Entrepreneuriship and Regional Development 11, pp. 335-349.

Romijin, H. & Albaladejo, M. (2002). Determinants of innovation capability in small electornics and software firms in southeast England. Research Policy 31, pp. 1053-1067.

Romijn, H. & Albu, M. (2001). Innovation, Networking and Proximity. Poicy Review Section.

Smits, Rudd. (2002). Innovation studies in the 21st century: Questions from a user's perspective. Technological Forecasting & Social Change. No. 69. pp. 861-883.

Stevenson, W., Zinzow, H. & Sridharan, S. (2003). Using Event Structure Analysis to Understand Planned Social Change, International Journal of Qualitative Methods 2 (2), Spring 2003.

Storper, M. & Harrison, B. (1991). Flexibility hierarchy and regional development: the changing structure of industrial production systems and their forms of governance in the 1990s. Res. Policy 20. pp. 407-422.

The University of Reading. (2003). Research and Development in the Thames Valley. Research Report.

Vatcheva, I. & de Jong, H. (1999). Semi-Quantitative Comparative Analysis.

Vatcheva, I., de Jong, H., Gouze, J., Mars, N. (2002). Discrimination of Semi-Quantitative Models by Experiment Selection.

색 인

(4)
4R′s survey 265

(A)
Adam Smith Institute 69
Aerospace 266
Amadeus Capital Partners 270
APU 263

(B)
Barbarham Bioincubator 268
BCE(Bound Committee for England) 88
Biotechnology-ERBI 266
Bridgend County Borough 60

(C)
Cambridge Consultants 274
CIS(Community Innovation Survey) 307
CMI(Cambridge-MIT Institute) 261
CMI-Enterprise 262
Concordat 139
CSG(Consultative Steering Group) 128
CV 디렉토리 265

(D)
DEFRA 243
DIY방식 74
DTI 246

(E)
EC(European Commission) 182, 194
EEUA 263
Ernst and Young회사 78
EU 구조자금 258

(F)
Food East 266

(G)
GLA산하 54
GLC 67
GOEE(Government Office East of England) 169
GONE(Government Offices North East) 153
Gwynedd Council 60

(I)
IRA 62

(J)
JSDD 121

(L)
LGA(Local Government Association) 195
LGC 76, 102
LGR과정 65

(M)
Michael Clarke 74
Michael Heseltine 73
MORI 서베이 79
MOU(Memorandum of Understanding) 138

(N)
NHS 130

(O)
OECD 114, 118

(P)
Public Administration 65

(R)
RDA(Regional Development Agencies) 116
Realising Our Potential 242
Redcliffe-Maud Commission 68

(S)
SFIE 보조금 183
Shannon 314
SIG(Special Interest Groups) 265

Steve Leach 65

(T)
TTP Group 273

(W)
Wheatley Report 71

(ㄱ)
가상 언론홍보실 265
가치추진적 13
감정국 42
개발계획규칙 33
거래비용 228
건설적 혼란 259
경제공황 161
경찰공동위원회 203
경찰특별자치단체 195
계획주체 32
고든 브라운 노동당 정부 147
공공서비스 합의문 284
공공서비스협약 138
공공조사 213
공동공간개발부 121
공동위원회 209
공동지역계획회의 121
공업배치법 176
공학적 혁신이론 300
공항법 38
과학기술부 293
과학기지 171
광물계획 34
광역런던 28, 208
광역런던시 54
광역맨체스터 54, 201
광역의회법 89
광역자치단체 협의회 75
광역자치단체연합 195
교구 52, 141
교육개혁법 26
교통수단 36
교통특별자치단체 195
구역위원회 60
구조변화 70
국가기간도로법 37
국가혁신체제 229, 293
국립공원청 35
국립하천공사 33
국회법 22
굿 프라이데이 63
권한이양 126
글라스 고우 239
기간 지방정부 57
기능배분 19
기능분담 20
기술적 네트워크 혁신이론 300
기술제공자 273
기업가적 정부 14
기업적 문화 14
기초자치단체 협의회 75
기초자치단체연합 195
기피시설 191

(ㄴ)
나노테크놀로지 262
네트워킹방법 266
넥스트스텝 15
노동당 135
노드 311
노르폭 36
노프트라인-베스트팔렌주 119
농촌계획법 32
농촌디스트릭 63
니더작센주 119
님비현상 189

(ㄷ)
다기능적 특성 12
단일개발계획 33
단층 중간체제 77
단층 카운티 77
단층자치단체 67
대도시자치단체연합 195
대인사회서비스 23

대처정부 14
덤핑통제 28
데리 63
데이터베이스 265
도시개발자 25
도시디스트릭 63
도식화 112
디스트릭스 24, 28
디스트릭스 계획 32

(ㄹ)
라인란트-팔츠주 119
런던시경 41
런던지하철 38
리젼 51
리젼-디스트릭 체제 61
리즈 239
링크 311

(ㅁ)
마케팅 네트워크 267
머시사이드 28, 54, 201
메클렌뷰르크-포아포메른주 119
멤버 디렉토리 265
무지의 결합 303
문화의 철학 14
미들랜드 54
민관파트너십 25

(ㅂ)
바넷산식 137
바덴-뷔르템베르크주 119
바러 25
바이레른주 119
바이오벤처 268
바이오테크놀로지 262
방사형태의 네트워크 303
버밍햄 55, 239
번문욕례주의 11
베인즈 보고서 208
벤치마킹 193
벨페스트 63
보상법 32
보수당정부 23
부령 206
부존광물 34
분권적 기능분담 294
분권적 패러다임 230
불이행 권한 199
브로즈 36
브로즈법 36
비대도시 카운티 55
비대칭적 이양 125
비도시지역 70
비용/편익분석 104
비주거레이트 42
비카운티바러 63

(ㅅ)
사무배분 21
사슬연결 혁신이론 300
사이언스 파크 258
사회적 네트워크 혁신이론 300
산업자원부 293
산업클러스터 전략 229
상호 맞물린 네트워크 302
샤이어 58
선도자치단체 209
선택권 27
성인교육지원위원회 27
성장벤처기업 271
세금변경권 128
세번째 흐름 282
세필드시 39
셔 58
소방특별자치단체 195
소위원회 209
수도법 29
수석행정관 150
순지출규모 45
슐레스비히-홀슈타인주 119
스코틀랜드 60
스코틀랜드 지방정부법 145
스코틀랜드법 128

스핀옵 248, 273
시민헌장 15
시스템다이내믹스 112
시장견인 혁신이론 300
신공공관리 14
신도시건설 44
신생 벤처 271
신페인 62
실천적인 가치추진적 관리 14
쓰레기규제 28
씰리 제도 58

(ㅇ)
아일랜드공화국 62
앵글로 색슨족 239
여유자원 44
연구심의회 246
연방국가 124
영국 감사위원회 13
영국 정부 계획제도 31
영국국교 239
영국의 NHS 13
영속성 15
외국인직접투자 177
요크셔 54
우산 315
웨일즈 정부법 134
유보권한 131
의무경쟁입찰 23
의사결정구조 197
이벤트 다이어리 265
이양권한 129
익명성 15, 16
인과관계 모델 112
인큐베이터 258
임대료환불 31

(ㅈ)
자르란트 119
자문위원회 209
자문조정그룹 128
자유민주당 135
자유민주당(FDP) 119
자유재량 20
작센-튀링겐주 119
재정관리제도 15
재판관 199
저소득 민간전세자 31
전국지방정부연합 195
전략지침 33
전체통합적 접근방법 319
정밀성 진단 15
정보통신부 293
정책패키지 242
정치적 역학관리 19
조세지원 242
조직간 이론 65
주계획회의 121
주식공개상장 266
주식공개상장 266
주택법 30, 41
주택수입계정 31
준정부기관 25
중립성 15, 16
중복성 69
중앙부처사무소 127
중앙정부기구 25
중재자 199
지리적 근접성 285
지방분권화 112
지방산업유치 44
지방의원 중임제 210
지방재정법 41
지방정부 검토 67
지방정부검토제도 70
지방정부법 41
지방정부법 59
지방정부법 22
지속가능한 개발 262
지식통합 커뮤니티 프로그램 280
지식통합커뮤니티 261
지역 레이트 표 43
지역개발청 149, 153, 246, 278, 308
지역거버넌스 126

지역경제전략 169, 251, 258, 275
지역경제전략계획서 278
지역경제전략서 249
지역고용프리미엄 177
지역불균형 162
지역사회 혁신 서베이 227
지역선택보조금 176, 185
지역선택보조금제도 177
지역수도공사 29
지역의회 153
지역혁신기금 275
지역혁신지표 284
지적재산권 248

(ㅊ)
차량정비검사 37
책임성확보 86
초광역권 111
초광역지방정부 112
최선의 가치 23
추밀원 139

(ㅋ)
카디프 60
카운슬세 42
카운슬주택 30
카운티 24, 28
커뮤니티 52
케임브리지 컨설턴트 256
케임브리지 테크노폴 236, 256
켈트문화 60, 62
퀴스텐란트주 119
클러스터 256, 266
클러스터지역 256

(ㅌ)
타인데일 디스트릭스 215
타인 · 웨어 54
토양오염 28
토지개간 35
통촌형 디스트릭스 57
통합예산제도 250
통합예산제예산제도 151
투자선택지원책 176
투자선택지원책 182
투자인센티브 117
특별기구 22
특별목적 200

(ㅍ)
파트너십 146
퍼스넬리티 11
평가심판소 43
프레임워크 11, 12
프로이센주 119
프리셉트 59

(ㅎ)
하드만 검토 172
학교위원회 47
할거주의 277, 284
항구보건청 29
행위주체 295
행정문화 11, 15
헤센주 119
혐오시설 191
협동경쟁적 네트워크 267
협의의 정책수단 306
확산효과 71
환경보호법 28
훈령 32
휘틀리 보고서 69
휘틀리 위원회 61